bank&complic

W0182048

Fraud Management

2. Auflage

Abwehr von Kriminalität in der Organisation von Kreditinstituten und Finanzdienstleistern

Dirk Scherp

Postfach 45 02 09 · 50877 Köln

Bibliografische Information der Deutschen Nationalbibliothek: Die Deutsche Nationalbibliothek verzeichnet diese Publikation in der Deutschen Nationalbibliografie; detaillierte bibliografische Daten sind im Internet über http://dnb.ddb.de abrufbar.

Der Inhalt dieses Buches wurde auf FSC-zertifiziertes Papier gedruckt.

Druck: ICS Communikations-Service GmbH, Bergisch Gladba

Art.-Nr. 22.463-1500
ISBN 978-3-86556-442-9

Inhaltsverzeichnis

Vorwort

Die regulatorischen Rahmenbedingungen haben sich seit der ersten Auflage dieses Buches in schneller Folge und mehrfach geändert. Das hat nicht nur dazu geführt, dass der vormalige § 25c KWG jetzt in § 25h KWG verankert ist, sondern auch inhaltliche und terminologische Klarstellungen zur Folge, die in den Auslegungs- und Anwendungshinweisen der Deutschen Kreditwirtschaft zum Ausdruck gekommen sind. Dabei ist auch die mit der Bekämpfung von „sonstigen" Straftaten in enger Beziehung stehende Geldwäscheprävention einem ständigen Wandel unterworfen. Mehrere, zum Teil recht abseitige Gesetze, haben hier Änderungen herbeigeführt und die Vierte EU-Geldwäscherichtlinie ist auf der Zielgeraden zu ihrer Verabschiedung. Auch die MaRisk-Novelle aus dem Jahr 2012 hat Einfluss auf die Organisation der Kriminalprävention genommen, da Zuständigkeiten zum Teil angepasst, zum Teil neu definiert werden mussten.

Diese Änderungen, die in vielen betroffenen Häusern zu einer Korrektur der gesamten Compliance-Architektur geführt haben dürften, haben wir in der 2. Auflage so weit wie möglich berücksichtigt und eingearbeitet. Konstruktive Kritik aus der Leserschaft haben wir aufgenommen und versucht, umzusetzen: noch weniger juristische Dogmatik, noch mehr praktikable Anwendungshinweise waren der Leitgedanke dieser aktualisierten Auflage.

Daher kann das Buch im Einzelfall nicht das vertiefende Nachschlagen in den Rechtskommentaren oder der Fachliteratur sowie die Einholung von Rechtsrat ersetzen.

Noch hat die Eindämmung der Finanzkriminalität nicht überall die Bedeutung und die Anerkennung erlangt, die ihr gebührt. Schaden vom eigenen Institut abzuwenden; Straftäter, auch wenn sie aus den eigenen Reihen kommen, zu entlarven und ihrem Tun Einhalt zu gebieten, sind eminent wichtige

Aufgaben im Umfeld der Finanzbranche, um Ansehen und Vertrauen in der Öffentlichkeit zurückzugewinnen. Das wird aber nur gelingen, wenn es dabei stets professionell und rechtmäßig zugeht und die Grenzen des Rechts und der Verhältnismäßigkeit gewahrt werden. Es würde mich freuen, wenn dieses Buch dazu einen Beitrag leisten kann.

Frankfurt am Main, im Mai 2015

Dirk Scherp

A Die Bekämpfung strafbarer Handlungen im Institut

1. Die Aufgabe im Überblick

Mancher Leser dieses Buches mag schon einmal eine E-Mail wie diese bekommen haben:

> Lieber Freund, Mein Name ist Steven Erwin. Ich arbeite mit einem Finanzierungs Haus hier in den Niederlanden. Während meiner letzten Sitzung und Prüfung der Bankkonten in unserer Bank, meine Abteilung fand ein ruhendes Konto mit einer enormen Summe von US $ 55,500,000.00, die von einem verstorbenen Herrn Williams aus England vor abgelagert wurde sein Tod. Aus unserer Untersuchung hatte er keine nächsten Angehörigen, diese Mittel zu erreichen. Nach Ansicht der niederländischen Bankenregulierung nur ein Ausländer als nächsten Angehörigen stehen, angesichts der Tatsache, dass der Hinterleger war ein nicht-Niederländisch. Ich brauche Ihre Erlaubnis, als Partner unserer verstorbenen Kunden zu stehen, so dass die Mittel freigegeben und sofort auf Ihr Bankkonto überwiesen. Am Ende der Transaktion 40% wird für Sie sein, und 60% für mich und meine Kollegen. Ich arbeite noch an der Finanzhaus und das ist der Grund, warum ich noch eine zweite Partei mit zu arbeiten. Ich habe in meinem Besitz aller erforderlichen Unterlagen zu haben, diese Transaktion erfolgreich durchgeführt. Weitere Informationen werden nach dem Eingang der Ihre prompte Antwort zur Verfügung gestellt werden. Beachten Sie auch, dass diese Transaktion ohne Risiko, ist alles, was ich brauche deine Ehrlichkeit und Vertrauen. Bitte antworten Sie mir mit Ihren privaten E-Mail (für vertrauliche Gründen), so dass ich Ihnen mehr Details und erläutern die Verfahren der Vorschlag an Sie. Bitte bitte antworten zurück zu mir dringend obwohl meine private E-Mail (steven.erwins@aim.com) Mit freundlichen Grüßen Steven Erwin

Ich habe genau diese E-Mail vor wenigen Tagen bekommen, als ich mit der Bearbeitung der zweiten Auflage befasst war.

„Das ist doch zu dumm", werden Sie vermutlich denken, verehrter Leser – „da fällt doch wirklich niemand mehr drauf rein".

Oder Sie werden sich fragen, ob das nicht eher etwas mit Geldwäsche zu tun hat, als mit Betrug und Prävention.

Und dennoch: Die Absender würden solche E-Mails nicht massenweise versenden, wenn sie nicht doch den einen oder anderen Erfolg verbuchen könnten. Das Bundeskriminalamt berichtet in seinem Jahresbericht 2013 der Zentralstelle für Verdachtsmeldungen von 3.493 Meldungen im Zusammenhang mit dem Phänomen „Financial Agents", das sind rund 18 Prozent des gesamten Verdachtsmeldeaufkommens (vgl. BKA, 2013).

Seit 2006 wird dieses Phänomen beim BKA registriert und gesondert ausgewiesen. Damals waren es noch 285 Meldungen, die sich bis 2011 kontinuierlich auf 3.992 Meldungen gesteigert haben.

Nicht wenige der Betroffenen werden auch auf die üblichen Forderungen der E-Mail-Verfasser reagiert haben und Geld zur „Vorfinanzierung" der Transaktion überwiesen haben, das sie dann, ebenso wie die angeblichen 40 Prozent der Gesamtsumme, nie wiedergesehen haben. Die Dunkelziffer dürfte angesichts des oben registrierten Meldeverhaltens der Institute aus der Finanzbranche noch wesentlich höher liegen, zumal viele Betrugsopfer sich scheuen, von sich aus die Ermittlungsbehörden einzuschalten.

Aber was hat das alles mit der Verpflichtung der Institute zu tun, gemäß § 25h KWG Vorkehrungen gegen „sonstige" Straftaten zu treffen, die das Vermögen des Instituts schädigen können?

Es hat mindestens so viel damit zu tun, wie die Schlagzeilen über die Verurteilung einiger Prominenter wegen Wirtschafts- und Steuerdelikten oder die Meldung in der FAZ vom 06. Januar 2015 (S. 29): „Anklageschrift gegen S&K-Gründer offenbar fertig".

In der Meldung wird über die mutmaßlichen Straftaten bei der Immobilieninvestmentgruppe S&K berichtet, deren Inhaber und Betreiber verdächtigt werden, mehrere tausend Anleger um mehr als 100 Mio. € – „wenn nicht sogar um das Doppelte dieser Summe" – betrogen zu haben.

Meldungen wie diese deuten darauf hin, dass sich in der justiziellen Aufarbeitung seit der Finanzkrise die Akzente verschoben haben, nicht jedoch die grundsätzlichen Gegebenheiten der Prävention gegen „sonstige strafbare Handlungen" im Institut. Der nette E-Mail-Schreiber Erwin und die S&K Finanzgruppe müssen Konten führen und geführt haben, um ihre Transaktionen abzuwickeln. Für Fonds der S&K-Gruppe wurden Depots errichtet und Verwahrstellen gefunden, Investorengelder sind sicher nicht in bar geflossen.

Die Tathandlungen mögen komplizierter, die Tatzusammenhänge komplexer geworden sein. Dafür sprechen rund 1.500 Seiten Anklageschrift.

Vorstandsetagen der großen deutschen Banken sind keine terra incognita der Ermittler mehr. Die gesamte Top-Liga der deutschen Wirtschaft scheint betroffen zu sein.

Auch wenn die Wirtschaftsdelikte in Deutschland laut Kriminalstatistik geringfügig rückläufig zu sein scheinen, bleiben die Fallzahlen beim Betrug und dem Betrug mit Kapitalanlagen auf hohem Niveau. Der Untreuetatbestand des Strafgesetzbuches (§ 266 StGB) ist zur meistdiskutierten Vorschrift in den strafrechtlichen Fachblättern geworden.

Auch die in der ersten Auflage gestellten Fragen bleiben aktuell und werden durch neue Fallkonstellationen ergänzt: Ist die Finanzkrise schuld? Geben

Banker wie der „Cityboy" den Takt an? Hat die „große Gier" alles und jeden erfasst oder fehlt es nur an der „richtigen Corporate Governance", einer „Ethik des Erfolgs", an zupackendem Wertemanagement und durchsetzungsfähiger Compliance?

„Ist die Deutsche Bank eine kriminelle Vereinigung?" (Hetzer in: Die Kriminalpolizei 1/2014, S. 26) oder handelt es sich nur um eine „Kultur des Wegsehens"? (so Der Spiegel 2/2014, S. 61).

Egal, ob Milliardenschaden in den Finanzzentren der Welt oder ungetreuer Eingriff in ein Kundenkonto bei einem örtlichen Finanzinstitut: Für das betroffene Haus entsteht ein Reputationsschaden, auch wenn der Kunde entschädigt wird. Die Bankenbranche büßt weiter Vertrauen ein, die bösen Ahnungen der Finanzkrise scheinen sich in jedem Einzelfall zu bestätigen.

Daran ändern auch Freisprüche oder mit Bußgeldzahlungen teuer erkaufte Verfahrenseinstellungen wegen „geringer Schuld" für Führungskräfte wenig. Im Gegenteil: Die Behauptung, dass „organisierte Unverantwortlichkeit" auch in Banken und bei Finanzdienstleistern nur durch Einführung eines Unternehmensstrafrechts mit der Möglichkeit der Verhängung von „Verbandsgeldstrafen" gegen das betroffene Unternehmen selbst bekämpft werden könne, hat sich in der Politik bereits durchgesetzt.

Sollte das „Verbandsstrafgesetzbuch" legislative Wirklichkeit werden, stellen sich den Präventions-Beauftragten in den Instituten bald völlig neue Herausforderungen. Die fachgerechte Umsetzung der nunmehr in den §§ 25h ff. KWG enthaltenen Präventionsvorschriften wird noch mehr als bisher einen Gesamtüberblick über das Institut, sein Geschäftsmodell und die Geschäftsorganisation verlangen, zu dem auch die sichere Beherrschung der institutsinternen Governance-Regeln und der gesellschaftsrechtlichen Erfordernisse (Wer darf was im Unternehmen? Welche Zustimmungs- und Genehmigungsprozesse sind einzuhalten?) gehören werden.

Wer im Institut Kriminalprävention verantwortet, darf die Augen nicht mehr vor „Management Override“ und pflichtwidrigen Gremienentscheiden verschließen, will er nicht selbst als Beschuldigter in den Fokus der Ermittler geraten. Ernstzunehmende Stimmen warnen im Hinblick auf die internen Ermittlungen bereits vor einem „Wettrüsten mit Strafverfolgungsbehörden“ (Eckert, in: Unternehmensjurist 4/2013, S. 35).

Insofern verschieben sich auch in der zweiten Auflage dieses Buches die Akzente: „Betrugsprävention“ ist nicht mehr genug; umfassende „Kriminalprävention“ tritt in den Vordergrund. Zwar bleibt der individuell begangene Betrug einzelner, häufig interner Täter oder kleiner Tätergruppen ein wesentliches Bedrohungsszenario in den Instituten. Doch müssen organisationsspezifische Ansätze, prozessorientierte Kontroll- und Ermittlungshandlungen und Erklärungsmuster hinzutreten, die sich von der Betrachtung des Einzelfalles (und des Einzeltäters) lösen, um erfolgreich zu sein.

Andererseits sollte den Verantwortlichen klar sein, dass sich Kriminalität nicht vollständig verhindern, bekämpfen oder gar „ausrotten“ lässt. Kriminalität ist „ubiquitär“ – das heißt, sie kann immer und überall zu Tage treten, unter allen Umständen, in allen Systemen und daher auch in jedem Unternehmen. Auch wo sie nicht zu Tage tritt, ist sie vorhanden – die Kriminologen nennen das „Dunkelfeld“.

Daher gilt: Präventionsprogramme, Compliancesysteme und Kontrollmechanismen müssen angemessen auf die Risikolage reagieren. Interne Ermittlungen haben rechtsstaatlichen Ansprüchen zu genügen.

Überzogene Überwachung verhindert keine Kriminalität, sondern zerstört das Betriebsklima und die Unternehmenskultur. Illegale Aufklärungsmaßnahmen können der Reputation des Instituts mehr schaden, als der eine oder andere Schadensfall, der durch unternehmerische Fehlentscheidung, aber nicht durch kriminelles Tun ausgelöst wurde.

Und schließlich: Überbürokratisierte Kontrollsysteme verhindern allenfalls schnelle, verantwortungsbewusste Entscheidungen, aber nicht die Begehung von Straftaten zum Nachteil des Instituts durch einen entschlossenen Täter.

Zur weiteren Annäherung an das Aufgabengebiet dient zunächst ein Blick auf die gesetzliche Entwicklung.

1.1 Entstehung und Entwicklung der Norm

§ 25h KWG hat eine längere Entwicklung hinter sich, bis die jetzt gültige Formulierung vorlag.

Mit den Gesetzespaketen zur Neuregulierung der Finanzmärkte im Jahre 2002, dem Vierten Finanzmarktförderungsgesetz und dem Finanzkonglomerategesetz wurde die Aufgabe der „Betrugsbekämpfung" in dem 1997 eingeführten § 25a KWG erstmals als „besondere organisatorische Pflicht von Instituten" gesetzestechnisch verankert und gleichrangig neben die Geldwäschebekämpfung gestellt.

Dennoch führte diese gesetzestechnische Hervorhebung der „Betrugsbekämpfung" als eigenständige Aufgabe nicht annähernd zu den organisatorischen Veränderungen und Vorkehrungen, die dem in der Geldwäschebekämpfung betriebenen Aufwand vergleichbar wäre. Erst wiederkehrende Ankündigungen von Wirtschaftsprüfern, die Organisation der „Betrugsbekämpfung" zukünftig gleichen Prüfungsmechanismen wie bei der Geldwäschebekämpfung unterziehen zu wollen und die abermalige neue Verortung der Prävention gegen „sonstige Straftaten" in § 25c KWG im Jahr 2011 als selbstständige Aufgabe, zu deren Erfüllung interne Sicherungsmaßnahmen zu ergreifen sind, führte zur verstärkten Beachtung dieser finanzwirtschaftlichen Pflichtaufgabe.

Dazu ist das Gesetz zur Umsetzung der Zweiten E-Geld-Richtlinie vom 01. März 2011 im Bundesgesetzblatt verkündet worden (BGBl. I 2011, S. 288), das mit Inkrafttreten zum 30.04.2011 den damals neuen § 25c KWG als Grundlage der Bekämpfung von Straftaten durch Institute geschaffen hat.

Mit der Neuregelung wurde eine weitgehende Gleichstellung der beiden Themenbereiche – Geldwäschebekämpfung und Kriminalitätsbekämpfung – vollzogen.

Schon durch die Neufassung des Gesetzestextes im Jahr 2008 stand nicht mehr nur der „interne Täter", der „unzuverlässige" Mitarbeiter im Blickpunkt. Vielmehr hatte seitdem die „Verhinderung von betrügerischen Handlungen" jeglichen schädigenden Angriff auf das Institut im Rahmen des angemessenen Risikomanagements möglichst zu unterbinden.

Damit rückten auch Schadhandlungen Dritter, die nicht bei einem Finanzdienstleister angestellt sind, in den erweiterten Fokus. Es galt, schädigende Handlungen dort abzuwehren, wo sich der Täter die Mechanismen oder Systeme der angebotenen Finanzdienstleistungen zunutze macht, um die Bank selbst oder, unter Ausnutzung ihrer Dienstleistungen, deren Kunden zu schädigen. Solche Angriffe Dritter, die die vorhandenen Systeme des Instituts nutzen, nehmen mit der Erweiterung automatisierter Dienstleistungsangebote stark zu.

„Phishing" und „Skimming" sind Beispiele der Schädigung des Kunden durch Missbrauch von Finanzdienstleistungen. „Phishing" bezeichnet den Missbrauch von Daten eines Internetbenutzers, die auf technischem Wege oder durch fingierte Abfragen an den Dateninhaber selbst erlangt wurden. Die Täter machen sich die kommunikativen Techniken des Internets zu eigen, fälschen elektronische Nachrichten oder ganze Webseiten und kommen dadurch in den Besitz von Benutzernamen, Passwörtern, Konto- und Kreditkarteninformationen sowie Sicherheitsmerkmalen wie PIN- und TAN-Nummern. Zumeist wird der Empfänger solcher gefälschten Nachrichten aufgefordert, geheime Zugangsdaten preiszugeben, nicht selten kommen aber auch Trojaner und Schadware zum Einsatz – die Daten werden auf dem Kommunikationsweg einfach abgegriffen. „Skimming" betrifft ebenfalls die Ausspähung von Kreditkarten- oder Debitkartendaten. Ziel der Täter ist das gleichzeitige Erlangen von PIN-Nummer des Kartennutzers und der auf dem Magnetstreifen enthaltenen Daten. Die Magnetstreifendaten werden durch ein Lesegerät, das ohne Kenntnis des Benutzers zusätzlich am Geldautomaten angebracht wird, ausgelesen. Die PIN wird meist durch Anbringung einer Miniaturkamera erfasst, wenn der Benutzer sie eingibt.

Technische Blockaden, wie Antiskimming-Module, regelmäßige physische Untersuchungen der Automaten auf Manipulationen und Anbringung versteckter Kameras haben Abhilfe geschaffen. Die Datenübertragungssysteme sind sicherer geworden, wenn der Nutzer bereit ist, Sicherungstechniken anzuwenden. Doch unangreifbar sind sie nicht. Jeder technische Fortschritt fordert die kriminelle Gegenseite zu neuen Anstrengungen heraus, die Sicherungen zu überwinden. Auch in dieser Beziehung hat das Wettrüsten, wie unzählige Hacker-Attacken beweisen, ungeahnte Ausmaße angenommen.

In den folgenden Ausführungen können und wollen wir uns jedoch nicht mit den spezifisch technischen Erscheinungsformen und Ausprägungen betrügerischer Handlungen befassen. Eine solche Darstellung würde zu weit führen und auf technische Details und Entwicklungen eingehen müssen, die sich vorliegend nicht umfassend darstellen lassen. Die wirksame Bekämpfung IT-technisch begangener Kriminalität, mag man sie nun Cybercrime, Computerkriminalität oder Internetkriminalität nennen, ist Sache von IT-Spezialisten. Das kann und will dieses Buch nicht leisten.

Fest steht aber: Die Abwehr von kriminellen Handlungen, die unter Ausnutzung modernster Kommunikationstechnik erfolgen, ist Teil der Sicherheitsarchitektur einer Bank oder eines Finanzdienstleisters. Sie muss, unter Einbeziehung des zugehörigen Datenschutzes, in die geschäfts- und kundenbezogenen Sicherungssysteme des Instituts integriert sein und in enger Anbindung an die übrigen Maßnahmen der Geschäftsorganisation zur Verhinderung von strafbaren Handlungen funktionieren.

Auch außerhalb der technisch-manipulativen Tatbegehungsweisen sind eine Vielzahl von betrügerischen Angriffen Dritter gegen Institute und ihre Kunden denkbar: Anlagebetrüger richten Konten ein, um die Assets ihrer zahlungswilligen Klientel entgegenzunehmen. Stoßbetrüger brauchen Sammelkonten, um die Einzahlungen ihrer Opfer in kürzester Zeit poolen und abverfügen zu können. Nicht selten legen sie dem tausendfach versandten betrügerischen Rechnungsformular gleich den Überweisungsträger des kontoführenden Instituts bei, um bei dem Empfänger die routinemäßige und nahezu reflexhafte Zahlungsbereitschaft auszulösen.

Ungetreue Mitarbeiter brauchen Girokonten, um sich ihren selbstgewährten Zusatz-Bonus zu überweisen, wenn sie nicht gleich das Mittel der Barauszahlung am Automaten wählen, um mit der „Ersparnis von Kontogebühren" den Controller von der Richtigkeit der Vorgänge zu überzeugen.

Beispiele für den Missbrauch von Bankdienstleistungen zu betrügerischen Zwecken gibt es unzählige, einige sind exemplarisch in diesem Buch aufgeführt.

Der Schutz des Instituts und seines Vermögens (sowie der Kunden und des Kundenvermögens) ist damit zweigeteilt: Gegen Handlungen, die aus dem Institut heraus, also durch Mitarbeiter zulasten des Instituts oder des Kunden erfolgen, sind Schutzmechanismen zu implementieren. Angriffe Dritter auf das Vermögen des Instituts sind ebenfalls bestmöglich systemisch zu verhindern.

Der Schutz des Kunden und seines Vermögens ist hingegen im Gesetzestext nicht ausdrücklich erwähnt. Er ist allenfalls Reflex des Selbstschutzes, den die Institute zu leisten haben und beruht auf der Tatsache, dass Schadensersatzpflichten und Reputationsschäden drohen, wenn Kunden durch kriminelle Handlungen Dritter oder von Mitarbeitern geschädigt werden.

Daran hat inhaltlich auch die neuerliche, zweimalige Verschiebung der Vorschrift, nunmehr in § 25h KWG, nichts geändert. Nachdem die Vorschrift mit dem CRD-IV Umsetzungsgesetz kurzfristig in § 25g KWG verankert war, wurde sie mit dem sogenannten Risikoabschirmungsgesetz vom 07.08.2013 mit Wirkung vom 30.01.2014 (Tag der Verkündung) in § 25h KWG verortet.

Mehrere Änderungen anderer Finanzmarktgesetze, zuletzt eine KWG-Änderung durch das Gesetz zur Anpassung von Gesetzen auf dem Gebiet des Finanzmarktes vom 15.07.2014, machten immer wieder redaktionelle Anpassungen erforderlich. Wesentliche inhaltliche Änderungen sind hierdurch jedoch nicht vorgenommen worden.

Gegen Angriffe Dritter auf das Vermögen des Kunden kann das Institut schutzpflichtig sein, wenn diese Angriffe direkt unter Ausnutzung von Finanzdienstleistungen und unter Einschaltung des Instituts vorgenommen werden. Eine allgemeine Beratungs- oder Warnpflicht dem Kunden gegenüber entsteht daraus jedoch nicht. Es ginge, wie noch zu zeigen sein wird, zu weit, den Kunden vor jedwedem Kriminalitätsrisiko oder Verlustrisiken aus Hoch-Risiko-Geschäften schützen zu wollen.

Ein kurzer Rückblick auf den Regelungszusammenhang vor 2011 soll helfen, die seinerzeitige Erweiterung des Aufgabenspektrums besser einzuordnen und die weitere Entwicklung im Rahmen der Gesetzgebung zur Bewältigung der Finanzkrise im Gesamtzusammenhang zu sehen:

1.2 Die bisherige Regelung: § 25c KWG (alt)

Im Kreditwesengesetz war die Pflicht der Institute, „interne Sicherungsmaßnahmen“ zu schaffen, seit 2008 wie folgt geregelt:

> *Institute haben unbeschadet der in § 25a Abs. 1 dieses Gesetzes und der in § 9 Abs. 1 und 2 des GWG aufgeführten Pflichten im Rahmen ihrer ordnungsgemäßen Geschäftsorganisation und des angemessenen Risikomanagements zur Verhinderung von betrügerischen Handlungen zu ihren Lasten interne Grundsätze und angemessene geschäfts- und kundenbezogene Sicherungssysteme zu schaffen und zu aktualisieren und Kontrollen durchzuführen.*

Durch das Wort „unbeschadet" wurde klargestellt, dass die internen Sicherungsmaßnahmen zur „Betrugsabwehr", hier „Verhinderung von betrügerischen Handlungen zu ihren Lasten" genannt, gleichrangig mit den Maßnahmen des Risikomanagements (§ 25a KWG, MaRisk) und mit der allgemeinen Compliance, der bankaufsichtsrechtlichen (Wertpapier-) Compliance (WpHG, MaComp) und der Geldwäschebekämpfung (GwG) einhergehen. Damit war die lediglich beiläufige Betrachtung des Themas Betrug und seine Behandlung als unselbstständiger Anhang der Geldwäschebekämpfung endgültig passé.

Der Frage, welche internen Sicherungsmaßnahmen nunmehr im Einzelfall zu treffen sind, welcher Umfang an Sicherung und Kontrolle für welches Institut angemessen ist und wie bei ihrer Implementierung vorgegangen werden kann, werden wir uns im Teil C dieses Buches ausführlich widmen. Vorab nur so viel: Was „angemessen" ist, hat die BaFin in ihrem Rundschreiben 8/2005 (GW) unter Bezugnahme auf den damaligen § 25a Abs. 1 Satz 3 Nr. 6 KWG wie folgt umschrieben:

> *„Angemessen sind dabei solche Maßnahmen und Systeme, die der Risikosituation des einzelnen Instituts entsprechen und diese hinreichend abdecken. Die Sicherungssysteme haben sich insbesondere an der Größe, Organisation und Gefährdungssituation des einzelnen Instituts, insbesondere dessen Geschäfts- und Kundenstruktur auszurichten."*

Und weiter heißt es:

> *„Was angemessen ist, beurteilt sich – wie auch sonst im Rahmen der Schaffung von Risiko-Management-Systemen – auf der Grundlage der eigenen Gefährdungsanalyse des Instituts bezüglich der Risikostruktur der von dem Institut angebotenen Dienstleistungen. Die Systeme sind laufend neuen Erkenntnissen und Gefährdungslagen anzupassen."*

Es geht also bei der Frage der Angemessenheit um den institutsbezogenen, individuellen und risikogerechten Zuschnitt der Maßnahmen durch geeignete Prozesse, Organisationsrichtlinien und Dokumentation sowie eine Sicherstellung der erforderlichen technisch-organisatorischen Ausstattung, kurz: die Verfolgung des risikobasierten Ansatzes.

Der gesetzgeberische Wille, der in § 25c KWG (alt) zum Ausdruck gekommen war, umfasste die Verpflichtung zur Betrugsprävention durch Gestaltung der Geschäftsorganisation, zur Schaffung kundenbezogener Sicherungssysteme, zur Schaffung interner Grundsätze und eines entsprechenden Kontrollumfeldes.

Keine Erwähnung fand die Pflicht zur Sachverhaltsermittlung im Einzelfall. Das sind aber zweierlei Gegenstände: Das Gesetz verlangt zum einen generelle, vorbeugende Maßnahmen, also Prävention. Zum anderen soll auf Einzelfälle angemessen reagiert werden, was eine repressive (Strafverfolgung durch Strafanzeige) Vorgehensweise voraussetzt. Im Zusammenhang institutsinterner Vorgehensweise nennen wir den verfolgenden Teil hier „responsives" Handeln, da repressives Vorgehen ausschließlich staatlichen Organen vorbehalten ist und die richtige „Response" auch in der Geltendmachung zivilrechtlicher Ansprüche (Schadenersatz) oder in arbeitsrechtlichen Maßnahmen liegen kann. Zudem verlangt das Gesetz, wie noch zu zeigen sein wird, nur die Prüfung der Erstattung einer Strafanzeige. Ob tatsächlich ein Sachverhalt bei den Ermittlungsbehörden angezeigt wird, unterliegt hingegen einem breiten Ermessensspielraum.

„Responsives" Handeln bedeutet also, dass der entdeckte Vorfall eine Reaktion erfährt und nicht unbeantwortet bleibt. Welche Antwort in der jeweiligen Situation angemessen ist, wird anhand der Ergebnisse der Untersuchungen entschieden.

1.3 Prävention und Ermittlung

Präventives und responsives Vorgehen unterscheiden sich in Technik, Mitteln und Zielen des Herangehens ganz grundsätzlich. Während Prävention auf die Erkennung und Verhinderung zukünftiger, noch nicht verwirklichter Risiken und Gefahren ausgerichtet ist, verfolgt die Ermittlung das grundsätzliche Ziel, bereits begangene Taten aufzuklären und die erforderlichen Beweismittel bereitzustellen, um den Täter zur Verantwortung ziehen zu können.

Der entdeckten Tat eine Folge zu geben, das Geschehene mithin nicht einfach nur reaktionslos zur Kenntnis zu nehmen, kann zwar auch wieder präventive Wirkung entfalten, da potenzielle zukünftige Täter abgeschreckt werden und sich ein anderes Angriffsziel suchen. Diese generalpräventiven Wirkungen sind aber nicht der wesentliche oder ausschließliche Zweck responsiven Handelns. Im Gesetzestext des § 25h KWG geht die Differenzierung zwischen Prävention und Tataufklärung leider fast vollständig verloren, wodurch insbesondere in methodischen Fragen eine Vielzahl von Friktionen und Verwerfungen geschaffen werden. Hauptgrund mag die Unentschlossenheit des Gesetzgebers sein, wie die Verpflichteten mit aufgeklärten Taten umzugehen haben. Weder kommt im Gesetz ein „Null-Toleranz-Prinzip" zur Anwendung, das eine Pflicht zur Erstattung von Strafanzeigen vorausgesetzt hätte, noch werden dem Anwender klare Vorgaben gemacht, wie eine Untersuchung angemessen durchzuführen sei und welche Reaktionsmechanismen welchem Ergebnis angemessen sind.

Die Methode der Wahl zur Tataufklärung ist die Ermittlung, die das Gesetz jetzt „Untersuchung" des Sachverhalts nennt und bei Vorliegen bestimmter Voraussetzungen zur Pflicht macht. Ist sie abgeschossen, können die vorliegenden Indizien und Beweise bewertet und auf ihre Verwertbarkeit im zivilrechtlichen, arbeitsrechtlichen oder strafrechtlichen Verfahren begutachtet werden, um anhand einer Prognose über die Erfolgsaussichten zu einer Entscheidung über die weitere responsive Vorgehensweise zu gelangen.

Interne Ermittlungen, ihre rechtlichen und methodischen Voraussetzungen und Möglichkeiten beschreiben wir im Teil D dieses Buches.

Davon zu unterscheiden sind aber die Präventionsmaßnahmen, die der Gesetzgeber als dem Risikomanagement zugehörig bezeichnet und die in ihrer Gesamtschau eine Systematik der weitgehenden Straftatenverhinderung ergeben und bewirken sollen. Prävention hat nicht nur gänzlich andere rechtliche Voraussetzungen, sie hat auch völlig verschiedene Methoden und setzt eine grundsätzlich andere Denkweise voraus als die Ermittlung.

Solch deutliche Differenzierung scheint dem Gesetzgeber in seiner kriminalpolitischen Konzeption und der damit einhergehenden „Bekämpfungs-Rhetorik" nicht wichtig zu sein. Der Begriff der „Bekämpfung" – sei es die Bekämpfung der organisierten Kriminalität, die Geldwäschebekämpfung, die Bekämpfung der Terrorismusfinanzierung, die Rauschgiftbekämpfung und nicht zuletzt die Kriminalitätsbekämpfung, hat die klare konzeptionelle Trennung zwischen Prävention und Ermittlungen so sehr überlagert, dass eine rechtliche und methodische Trennlinie kaum noch gezogen werden kann.

Auch dieses Buch kann sich der entsprechenden Rhetorik nicht entziehen und verwendet bisweilen den Begriff der Kriminalitätsbekämpfung, da er nun in den neuen gesetzlichen Formulierungen seinen Niederschlag gefunden hat. Wir werden aber versuchen, die jeweiligen Methoden der Kriminalprävention und der Ermittlung voneinander getrennt zu sehen. Der teilweise heftigen Kritik, gerade vonseiten der Strafrechtswissenschaft, die an den neueren kriminalpolitischen „Bekämpfungs"-Konzepten geübt wird, schließen wir uns aufgrund vielfältiger Erfahrungen in den letzten Jahren an. Fischer (Strafgesetzbuch und Nebengesetze, 57. Aufl., 2010) schreibt im Hinblick auf den Geldwäschetatbestand und die Geldwäschebekämpfung:

> *„Entgegen den martialischen Absichtserklärungen „funktioniert" der Tatbestand in der Wirklichkeit eher virtuell: (...) das Konzept hat sich als eklatant unwirksam erwiesen. (...) Eine Verminderung der sogenannten organisierten*

Kriminalität ist nicht eingetreten. Die Relation der Gesamtkosten des Konzepts zu diesen tatsächlichen Erfolgen ist katastrophal. Nach rationalen Maßstäben ist das Konzept gescheitert. (…)

Dem hinter der Geldwäschebekämpfung stehenden kriminalpolitischen Konzept erteilt Fischer eine klare Absage:

„Seine Legitimierung weist Züge der Irrationalität auf. Seine Versprechungen stützt es auf eine Dynamik ständiger Erweiterung; stets fehlt zum großen Erfolg noch eine letzte Ausweitung des Tatbestands oder der Ermittlungsmöglichkeiten."

Harsche Worte eines amtierenden Vorsitzenden Richters am Bundesgerichtshof, die nur widerspiegeln, wie die Praxis inzwischen kriminalpolitische Entwicklungen empfindet, die schon vor geraumer Zeit kritisiert worden sind (Herzog 1996, 1999 und 2003; ausführlich Scherp, in WM, 2003, S. 1254 mit vielen Nachweisen).

Mein Fazit aus dem Jahr 2003 – damals zur abermaligen Neuregelung der Geldwäschebekämpfung – hat nahezu unverändert auch bei der aktuell vorgenommenen Neuregelung der Kriminalitätsbekämpfung durch KWG-Institute Gültigkeit:

1. Der Staat versucht dem Phänomen mit einer unklaren Bekämpfungsstrategie beizukommen und kann sich nicht recht entscheiden, ob die Schwerpunkte in der Prävention oder in der Repression gesetzt werden sollen.

2. Der inkonsistenten Strategie folgt eine an vielen Stellen ebenso inkonsistente Gesetzgebung nach, die das Verfassungsgebot der Verhältnismäßigkeit zuweilen außer Acht lässt.

3. Die Erfüllung der staatlichen Primäraufgaben – Prävention und/oder Repression – lässt in den hierzu verpflichteten Behördenapparaten an einigen Stellen zu wünschen übrig.

4. Die Indienstnahme von Privaten zu dieser Aufgabenerfüllung – hier der gesamten Kreditwirtschaft – hat einen Grenzwert erreicht, der eine weitere Ausweitung jedenfalls nicht mehr verhältnismäßig erscheinen lässt.

Über diese Aktualität kann ich mich indes kaum freuen, denn entgegen aller Mahnungen wird die „Kampfzone“ ständig ausgeweitet.

So weit, so gut, wird der Praktiker denken und sich die Frage stellen, wie er denn nun in der täglichen Praxis seines Instituts die Umsetzung der neuen Anforderungen bewältigen kann.

In die Kriminalitätsbekämpfung des KWG ist die Verdachtsmeldepflicht aus der Geldwäschebekämpfung nicht übernommen worden. Dafür trifft die Institute aber eine Untersuchungspflicht im Hinblick auf eine Vielzahl von Sachverhalten, die auf „sonstigen strafbaren Handlungen“ beruhen könnten. Die Übertragung originär staatlicher Aufgaben auf Private, also die Institute, ist so weit fortgeschritten, dass auch Sachverhalte zu dokumentieren sind, die zwar untersucht wurden, jedoch nicht zu einer Verdachtsmeldung oder Strafanzeige geführt haben. Darauf wird sogleich vertieft einzugehen sein. Auch in die Organisationshoheit der Institute wird tief eingegriffen: Die Bekämpfung der sonstigen Straftaten ist organisatorisch und funktional beim Geldwäschebeauftragten anzusiedeln, soweit die BaFin nicht im Hinblick auf vorzutragende wichtige Gründe eine Ausnahmeregelung für das einzelne Institut erlässt.

Begründet wird dies alles mit der Systematik des Risikomanagements, das es erfordere, die vom Gesetzgeber nur vage beschriebenen Risiken zu erkennen, zu managen und zu beherrschen. Die strafrechtsorientierte Bekämpfungsrhetorik wird so durch eine aufsichtsorientierte Risikorhetorik ergänzt. Die Entscheidung, welche Vorgänge tatsächlich den Verdacht einer Straftat rechtfertigen und was zu melden ist, wird damit faktisch wieder den Instituten überantwortet. An der weiteren Unbestimmtheit der Kriterien, die dieser Entscheidung zugrunde zu legen sind, hat sich seit der Vorauflage nichts geändert.

Den Praktiker, an den dieses Buch sich richtet, braucht das alles nur am Rande zu interessieren. Er hat die gesetzlichen Vorgaben umzusetzen und im eigenen Institut so zu implementieren, dass die Maßnahmen den gestrengen Blicken des Wirtschaftsprüfers und der BaFin standhalten. Die aufsichtsrechtliche Sichtweise wird ihm dabei durch die Auslegungs- und Anwendungshinweise der Deutschen Kreditwirtschaft (DK – Hinweise) zur Verhinderung von Geldwäsche, Terrorismusfinanzierung und „sonstigen strafbaren Handlungen“ vermittelt, die die BaFin mit Rundschreiben 1/2012 (GW) zu ihrer Verwaltungspraxis erklärt hat (hier berücksichtigt: Stand 1. Februar 2014).

Weitere Erkenntnisse ergeben sich aus den Ende 2012 ebenfalls neu gefassten MaRisk, die in AT 4.4.2 Anforderungen an die Ausgestaltung der Compliance-Funktion im Institut formulieren, die nach BaFin-Auffassung ausdrücklich den Organisationsbereich des § 25h KWG und andere Compliance-Funktionen mit umfassen sollen.

1.4 Betrügerische Handlungen, Fraud und sonstige strafbare Handlungen

Die frühere Regelung hatte zum Gegenstand, betrügerische Handlungen zulasten des Instituts zu verhindern. Der Begriff der betrügerischen Handlungen war und ist nicht klar umrissen. Fest steht nur, dass er nicht auf die Straftatbestände des Betruges (§ 263 StGB) und der betrugsähnlichen Delikte (§§ 263a bis 265b StGB) beschränkt war, sondern auch die Untreue (§ 266 StGB) und weitere wirtschaftskriminelle Handlungen erfasste. Die Definition der Wirtschaftskriminalität im Sinne des Gerichtsverfassungsgesetzes (§ 74c GVG) hingegen stellte auch keine sachliche Begrenzung des Begriffs der betrügerischen Handlungen dar. Geschuldet war diese definitorische Offenheit der Übersetzung von Begriffen wie Fraud und fraudulent activities aus internationalen Papieren, Vereinbarungen und Direktiven.

Im englischen und amerikanischen Sprachraum findet sich für die hier zu betrachtenden Taten der generelle Oberbegriff Fraud. Das Substantiv Fraud direkt mit „Betrug“ zu übersetzen, verbietet sich jedoch, weil sonst der Blick auf § 263 des deutschen Strafgesetzbuchs eingeengt werden könnte. Darüber hinaus ist die Begrifflichkeit im anglo-amerikanischen Rechtsraum wesentlich breiter angelegt, da es zum einen an ausformulierten Gesetzestatbeständen fehlt, zum anderen auch Handlungsweisen erfasst werden, die im deutschen Rechtssystem dem Zivilrecht (unerlaubte Handlungen, arglistige Täuschung) zugerechnet werden.

Diese Bandbreite versuchte die deutsche Übersetzung „betrügerische Handlungen“ abzudecken, indem einerseits Straftatbestände erfasst werden, die nicht ausschließlich dem 22. Abschnitt des Strafgesetzbuchs mit der Überschrift „Betrug und Untreue“ unterfallen und letztlich auch Verhaltensweisen erfasst werden, die strafrechtlich nicht relevant sind und keinen strafgesetzlichen Tatbestand erfüllen. Es konnte sich hierbei um Formen der zivilrechtlichen Schädigung (arglistige Täuschung, unerlaubte Handlung) handeln, aber auch um Verwaltungsunrecht, dessen Ahndung als Ordnungswidrigkeiten durch Bußgelder oder durch (bank-)aufsichtsrechtliche Maßnahmen erfolgen kann. Damit bestand aber zugleich die Gefahr der Uferlosigkeit und der begrifflichen Entgrenzung der „betrügerischen Handlungen“.

Der nunmehr verwendete Begriff der „sonstigen strafbaren Handlungen“ ist zum einen sehr viel weiter: Fast das gesamte Spektrum möglicher Straftaten, die gegen ein Institut begangen werden können, ist jetzt erfasst. Praktisch das gesamte Strafgesetzbuch und viele Nebengesetze kommen als Tathandlungen in Betracht. Andererseits gibt es Einschränkungen, weil die außerstrafrechtlichen Schädigungshandlungen zukünftig nicht mehr erfasst sind. Diese und alle anderen grundlegenden Änderungen wollen wir uns im Folgenden näher ansehen.

2. Die aktuelle Fassung von § 25h KWG

2.1 Der Gesetzestext: Überblick

Der jetzt gültige § 25h KWG fasst unter der Überschrift „Interne Sicherungsmaßnahmen“ die Präventionsmaßnahmen gegen Geldwäsche, Terrorismusfinanzierung und zur Verhinderung sonstiger strafbarer Handlungen, die zu einer Gefährdung des Vermögens des Instituts führen können, zusammen.

Wichtigster Punkt der Neuregelung im Jahr 2011 war die Verlagerung des Aufgabenfelds von der „Verhinderung betrügerischer Handlungen gegen das Institut“ hin zur Einrichtung eines internen Sicherungssystems zur Verhinderung sämtlicher „strafbarer Handlungen, die zu einer Gefährdung des Vermögens des Instituts führen können“.

Die Neuregelung hat bewirkt, dass alle Präventionsmaßnahmen zum allgemeinen Risikomanagement der Institute gehören.

Zur Verhinderung von vermögensgefährdenden strafbaren Handlungen wird den betroffenen Instituten eine Ermittlungspflicht auferlegt, die alle Transaktionen und Geschäftsbeziehungen umfasst, die ungewöhnlich oder auffällig sind und die keinen offenkundigen wirtschaftlichen oder rechtlichen Hintergrund haben. Den Auswirkungen dieser Untersuchungspflicht, die eng an die ohnehin schon bestehenden Monitoring-Verpflichtungen des Geldwäschegesetzes angelehnt ist, wird im Teil D dieses Buches näher nachgegangen. Erstaunlich ist, dass sich im Gesetzentwurf und seiner Begründung (BR-Drs. 482/10, S. 55 ff. und BT-Drs. 17/3023) bei der Betrachtung der Alternativen, Folgen und Auswirkungen des Gesetzes keinerlei Bezugnahmen zu dieser gänzlich neuen Verpflichtung finden. In der Gesetzesbegründung heißt es dazu lapidar:

„Daraus folgt, dass die Verhinderung von strafbaren Handlungen – ebenso wie die speziell geregelte Verhinderung von Geldwäsche und Terrorismusfinanzierung – nur unter Berücksichtigung der hierdurch der Kreditwirtschaft drohenden Schäden im eigenen Interesse der Institute liegt und damit zur ordnungsgemäßen Geschäftsorganisation und zum Risikomanagement eines Instituts gehört. ... Erfasst sind nach dem Sinn und Zweck der Regelung alle strafbaren Handlungen, die beim einzelnen Institut ein operationelles Risiko einschließlich eines Rechtsrisikos oder auch ein Reputationsrisiko begründen können. Als ein operationelles Risiko bei Instituten ist nach § 269 Abs. 1 Solvabilitätsverordnung die Gefahr von Verlusten anzusehen, die infolge der Unangemessenheit oder des Versagens von internen Verfahren, Menschen und Systemen oder von externen Ereignissen eintreten und sich auf die Vermögenssituation des Instituts auswirken können. Zusätzliche Tatbestandsvoraussetzung ist jedoch, dass diese strafbaren Handlungen zu einer Gefährdung des Vermögens des Instituts führen können."

Wir wollen uns in den folgenden Kapiteln näher ansehen, welche strafbaren Handlungen die genannten Risiken im Institut begründen können und wie der Begriff der strafbaren Handlungen auszulegen ist. Unklar bleibt in diesem Zusammenhang weiterhin der Umgang des Gesetzgebers mit Ordnungswidrigkeiten oder unerlaubten Handlungen, die zwar nicht den Charakter einer Straftat haben, aber dennoch große Schäden für das Institut herbeiführen können. Denn sowohl die institutsinterne Begehung von Ordnungswidrigkeiten wie auch gegen das Vermögen des Instituts gerichtete unerlaubte Handlungen sind im Sinne der zitierten Gesetzesbegründung als operationelle Risiken einzustufen und dürften nicht selten Auswirkungen auf die Reputation haben. Der Wortlaut des Gesetzes begrenzt den Aufgabeninhalt dennoch und ohne Auslegungsspielraum auf strafbare Handlungen. Im Ergebnis wird man daher davon ausgehen müssen, dass die Behandlung von Ordnungswidrigkeiten und ihren Folgen in der Verantwortung der MaRisk-Compliance-Funktion, nicht aber bei der zentralen Stelle im Sinne des § 25h Abs. 9 KWG liegt. Zivilrechtliche Schädigungshandlungen könnten ebenfalls dort, aber auch bei einer Rechtsabteilung oder anderen operativen Stellen im Institut behandelt werden.

Von besonderer Brisanz für die Organisation im Institut dürfte sein, dass Ordnungswidrigkeiten und Straftaten sich bei nahezu gleichem Sachverhalt oft nur in Nuancen unterscheiden. Durch die Aufgliederung der Zuständigkeiten werden damit nicht nur unklare Schnittstellen und mögliche Zuständigkeitskonflikte geschaffen, sondern auch die Gefahr der Behinderung einer sachgerechten Sachverhaltsaufklärung heraufbeschworen.

Gerade in der frühen Phase einer Untersuchung, oft aber auch noch zum Zeitpunkt der Entscheidung, ob und wie gegen die Aktivitäten des Täters weiter vorgegangen werden soll, werden Rückschlüsse auf subjektive Einstellungen des Täters noch nicht vorliegen, sodass der Entscheider häufig zwischen Straftat und Ordnungswidrigkeit nicht recht unterscheiden kann. Wie damit – unter dem Gesichtspunkt der Untersuchungspflicht in § 25h KWG – umzugehen ist, wird noch zu erörtern sein.

Darüber hinaus ist von Bedeutung, dass der Gesetzgeber auf eine dem § 11 GwG nachgebildete Meldepflicht verzichtet hat und insoweit auf die allgemeine Möglichkeit zur Strafanzeige gemäß § 158 StPO verweist. Mit dem Fehlen der Meldepflicht entfällt zugleich die in § 13 GwG vorgesehene Freistellung von der Verantwortlichkeit, wenn die institutsinternen Ermittlungen in eine Strafanzeige wegen einer Wirtschaftsstraftat münden. Auch insoweit sind umfassende Erwägungen im Institut anzustellen und entsprechende Entscheidungsprozesse und -kompetenzen einzurichten. Bevor wir uns den Pflichtenkreis und die Maßnahmen im Einzelnen anschauen, ist jedoch ein Blick auf den Gesetzestext insgesamt erforderlich.

Im Hinblick auf die oben dargestellten häufigen Änderungen des Gesetzestextes haben wir auf einen Abdruck in der vorliegenden zweiten Auflage verzichtet. Dem Anwender und Leser wird angeraten, sich den jeweils aktuellen Gesetzestext aus dem Internet zu beschaffen und in relativ kurzen Abständen zu überprüfen, ob er noch im Besitz einer aktuellen Fassung ist. Gedruckte Textausgaben oder Gesetzeskommentare können hier schon lange keine hinreichende Sicherheit mehr bieten. Als nützliches und verlässliches Instrument hat sich die Website http://www.buzer.de/gesetze erwiesen, die gelegentlich schneller neue Texte bereitstellt, als die über www.bafin.de verlinkte Seite des Bundesministeriums der Justiz und für Verbraucherschutz.

2.2 Definition „strafbare Handlungen“

Zunächst muss der Begriff der „sonstigen strafbaren Handlung“, die die gesetzlich umrissenen Pflichten auslöst, einer näheren Betrachtung unterzogen werden. Unter **strafbaren Handlungen** versteht man in der Strafrechtswissenschaft alle jene menschlichen Verhaltensweisen, die den (objektiven) Tatbestand eines Strafgesetzes erfüllen, ohne dass es auf das Vorliegen von Rechtswidrigkeit und Schuld ankäme. Der Begriff umfasst damit jene Tatbestände, die im Strafgesetzbuch und in den Nebengesetzen niedergelegt und mit **Kriminalstrafe** (Geldstrafe, Freiheitsstrafe) bedroht sind.

Nicht erfasst sind von § 25h KWG daher alle **Ordnungswidrigkeiten**, die gegenüber der Straftat ein Aliud darstellen und lediglich mit Geldbuße, der das sozialethische Unwerturteil der Strafe fehlen soll, bedroht sind. Ob diese Ausgrenzung der Ordnungswidrigkeiten angesichts der Höhe drohender Geldbußen, der Möglichkeiten der Gewinnabschöpfung (§ 17 Abs. 4 OWiG) und möglicher sonstiger verwaltungsrechtlicher Folgen im Zusammenhang mit der Risikovorsorge im Institut Sinn macht, muss bezweifelt werden. Der gesetzgeberische Wille, im Rahmen des allgemeinen Risikomanagements die Institute zu verpflichten, Vorkehrungen gegen ernst zu nehmende wirtschaftliche Risiken zu treffen, wird durch die Wahl des engen Begriffs „strafbare Handlungen“ teilweise verfehlt. Daran ändert auch der bereits zitierte Hinweis in der Gesetzesbegründung nichts, wonach alle strafbaren Handlungen erfasst sein sollen, „die beim einzelnen Institut ein operationelles Risiko einschließlich eines Restrisikos oder auch ein Reputationsrisiko begründen können“. Die von der Begehung von Ordnungswidrigkeiten ausgehenden operationellen Risiken können um ein Vielfaches größer sein, als der durch einzelne Straftaten entstehende Schaden. Bedenkt man, dass Ordnungswidrigkeiten auch durch alle Personen begangen werden können, die im Unternehmen Leitungsaufgaben haben (§ 30 Abs. 1 Nr. 5 OWiG) und ihren Aufsichts- und Kontrollpflichten fahrlässig nicht nachkommen (§ 130 OWiG), so wird deutlich, dass die Verhängung einer Geldbuße gegen das Unternehmen (§ 30 OWiG) oder seine Organe und Beauftragten (§ 9 OWiG) wegen Verletzung der Aufsichtspflichten ein wesentlich höheres und realistischeres Risiko darstellt, als das Erleiden von Millionenverlusten eines Instituts durch Kapitalanlagebetrug oder strafrechtlich nachweisbare Untreuehandlungen von Geschäftsleitungsmitgliedern.

Man könnte nun als Praktiker argumentieren und die Zuständigkeit der entsprechenden Stelle über das „Pflichtprogramm" des Gesetzgebers hinaus ausdehnen, indem Ordnungswidrigkeiten, die zu einer Gefährdung des Vermögens des Instituts führen können, ebenfalls entsprechenden Untersuchungshandlungen zugeführt werden. Anzeige könnte das Institut im Rahmen des § 46 Abs. 2 OWiG, der die Strafprozessordnung sinngemäß für anwendbar erklärt, ebenfalls erstatten. Jedoch ist zu bedenken, dass die weiteren Vorschriften über den **Datenschutz**, die in § 25h KWG enthalten sind, für solche Untersuchungshandlungen in OWi-Sachen keine ausreichende Rechtsgrundlage darstellen dürften. Besonders deutlich wird dies in § 32 BDSG, der Untersuchungshandlungen unter Verwendung von Mitarbeiterdaten nur zulässt, soweit der Verdacht einer Straftat hinreichend dokumentiert ist. Führt das Institut also Untersuchungen im Hinblick auf einen Ordnungswidrigkeiten-Verdacht durch, so sind die sich aus dem Datenschutz ergebenden Beschränkungen zu beachten und die Erlaubnisklausel zur Datenverarbeitung in § 25h Abs. 2 KWG greift genauso wenig wie die Erlaubnis zur Informationsübermittlung an andere Betroffene in § 25h Abs. 3 KWG, sobald klar ist, dass es sich bei dem untersuchten Vorgang nicht um eine strafbare Handlung handelt.

Ebenfalls nicht erfasst vom Begriff der strafbaren Handlung sind eine Vielzahl von zivilrechtlich **unerlaubten Handlungen**, die zwar Verluste herbeiführen und Schadensersatzpflichten des Täters oder des Instituts gegenüber Dritten auslösen können, jedoch nicht unter den Tatbestand eines Strafgesetzes fallen. Die in der Begründung des Gesetzentwurfs versuchte Definition einer strafbaren Handlung „von außen" zeigt zwar die Absicht des Gesetzgebers, verfehlt jedoch angesichts des eindeutigen Wortlauts der Vorschrift ihren

Sinn: „Drohende Vermögensgefährdungen des Instituts basieren beispielsweise auf Handlungen mit betrügerischer Absicht, Veruntreuung von Eigentum, strafrechtlich relevanten Verstößen oder Umgehungen von Rechtsvorschriften durch einen Dritten (Kunde, Nicht-Kunde)." Strafbare Handlungen „von innen" beschreibt die Entwurfsbegründung wie folgt:

> *„Ein solcher Fall umfasst eine drohende Vermögensgefährdung des Instituts z. B. aufgrund von Handlungen mit betrügerischer Absicht, Veruntreuung von Eigentum, aufgrund eines strafrechtlich relevanten Verstoßes gegen oder unter Umgehung von Verwaltungs-, Rechts- oder internen Vorschriften, wenn mindestens eine institutsinterne Partei (Mitarbeiter, Organ) an der strafbaren Handlung beteiligt ist."*

Die Benutzung des Begriffs „drohende Vermögensgefährdung" erweist sich ebenfalls als sprachlich misslungen und rechtlich unscharf. Bei den meisten einschlägigen Tatbeständen muss der Schaden oder Vermögensnachteil zur Tatbestandsverwirklichung eingetreten sein. Ist er es nicht, liegt allenfalls Versuch vor, der jedoch nicht bei allen wirtschaftskriminellen Tatbeständen strafbar ist.

Für den Anwender im Institut machen diese Formulierungen die Arbeit nicht leichter. „Umgehungen von Rechtsvorschriften" sind nun einmal nicht notwendigerweise Straftatbestände, schon gar nicht, wenn es sich um „interne Vorschriften" des Instituts selbst handelt, können aber erhebliche wirtschaftliche Schäden sowie Rechts- und Reputationsrisiken auslösen. Nach dem Wortlaut des Gesetzes können, ja müssen diese Handlungen, wenn sie nicht den Tatbestand eines Strafgesetzes erfüllen, mithin außer Acht gelassen werden. Im Rahmen eines sinnvollen Risikomanagements macht das hingegen keinen Sinn.

Keine Stütze im Gesetz findet die in den Auslegungs- und Anwendungshinweisen der DK angesprochene Beschränkung auf „wesentliche" Vermögensgefährdungen. Die Anwendung eines risikobasierten Ansatzes mag sich zwar auf

„angemessenes Risikomanagement“ und damit die Angemessenheit der Maßnahmen auswirken, sie unreflektiert auf die „tatbestandlichen Voraussetzungen“ (so eine Zwischenüberschrift in Randziffer 88 der Anwendungshinweise) zu übertragen, ist methodisch schlicht falsch. Der Gesetzgeber hat gerade keine Minimalgrenze bestimmt, unterhalb derer Schadenssachverhalte nicht untersucht werden müssten. Dementsprechend dürftig bleiben dann auch die Erklärungsversuche in den Hinweisen, was als „wesentlich“ anzusehen sei. Die Festlegung bleibt letztlich jedem Institut selbst überlassen, soweit die Vorgabe beachtet wird, dass „nicht nur operationelle Verlustereignisse“ im Sinne der MaRisk, sondern auch Reputationsschäden zu „wesentlichen“ Vermögensgefährdungen führen können.

Der Anwender muss also Überlegungen zur individuellen Risikotragfähigkeit seines Instituts anstellen und einen „Risiko-Appetit“ definieren. Die Leitlinie kann dabei nicht nur sein, was sich bilanziell auswirkt oder gar existenzbedrohende Ausmaße annehmen kann, sondern muss sich auf Schadenshöhen beziehen, die das Institut im jeweiligen Bereich nicht zu tragen bereit ist. Das mag sich am Strafrecht orientieren, wo die Grenze des „großen Ausmaßes“ regelmäßig bei 50.000 € gezogen wird, kann aber auch an versicherten Schadenshöhen oder anderen Tragfähigkeitskriterien ausgerichtet werden. Insgesamt halte ich daher den Begriff der „Wesentlichkeit“ des Schadens überhaupt nicht für geeignet, eine Steuerungs- oder Begrenzungsfunktion einzunehmen. Vielmehr ist bei der Angemessenheit der Maßnahmen anzusetzen, wenn man anhand von Aufwand und Nutzen entscheiden will, in welchen Fällen sich ein Tätigwerden der zentralen Stelle für das Haus risikominimierend auszahlt.

Umgekehrt sind der Entwurfsbegründung zufolge strafbare Handlungen auch dann erfasst, wenn sie lediglich ein Reputationsrisiko oder ein Rechtsrisiko begründen können, allerdings nur, wenn diese strafbaren Handlungen auch „zu einer Gefährdung des Vermögens des Instituts führen können“. Diese zusätzliche Tatbestandsvoraussetzung darf jedoch nicht zu dem Schluss verleiten, dass der Begriff der strafbaren Handlungen ausschließlich **Vermögensdelikte** im Sinne des Strafgesetzbuchs umfasst, denn die Verwendung des Begriffs

„Veruntreuung von Eigentum“ im Zusammenhang mit der Beschreibung möglicher strafbarer Handlungen, die das Institut „von außen“ bedrohen können, belegt, dass die Gesetzesverfasser eben auch **Eigentumsdelikte** als „Gefährdung des Vermögens des Instituts“ berücksichtigt wissen wollen. Mithin scheint der Gesetzgeber insoweit von einem wirtschaftlichen Vermögensbegriff auszugehen, der über den strafrechtlichen Vermögensbegriff hinausgeht.

Die in der Entwurfsbegründung vorgenommene Ausdehnung der möglichen strafbaren Handlungen auf Eigentumsdelikte sowie die Betonung, Sinn und Zweck der Regelung sei es, **„alle“ strafbaren Handlungen** zu erfassen, die die genannten Risiken auslösen können, lässt eine geeignete Abgrenzung zu Delikten der physischen Gewalt wie z. B. Raub, räuberische Erpressung, aber auch zu Brandstiftungsdelikten, die ebenfalls erhebliche operationelle und finanzielle Belastungen des Instituts mit sich bringen können, vermissen.

Der wenig sachgerechte Sprachgebrauch in der Entwurfsbegründung eröffnet insoweit weitgehende Interpretationsspielräume, ob denn auch diese – allgemein dem Begriff der physischen Sicherheit zugeordneten – Gefahren strafbarer Handlungen im Zuge der Unterstellung der Präventionsstrategie unter ein einheitliches Risikomanagement zukünftig von der entsprechenden Fachstelle im Institut mit abgedeckt werden sollen. Man kann nur aus dem teleologischen Zusammenhang des Gesetzes schließen, dass diese Verknüpfung nicht gewollt sein dürfte, herleiten aus dem Wortlaut des Gesetzes oder der Entwurfsbegründung lässt sich das Ergebnis nicht. Wenn also ein Institut für die Abwehr von Raubüberfällen und ähnlichen Risiken bislang eine Sicherheitsabteilung eingerichtet hatte, besteht nach hiesiger Auffassung dennoch keine Notwendigkeit, diese jetzt in die zentrale Stelle gem. Abs. 9 der neuen Vorschrift zu integrieren.

Nicht erfasst sein sollen der weiteren Entwurfsbegründung zufolge aber auch die **Straftaten des Insiderhandels und der Marktmanipulation**, „da diese Präventionsmechanismen ein gesondertes organisatorisches Umfeld im Institut voraussetzen“. Diese in der Begründung zum ursprünglischen § 25c Abs. 9

KWG (alt) enthaltenen organisationstheoretischen Aussagen konterkarieren die Idee einer „zentralen" Stelle, zumal die beiden Tatbestände inzwischen zu tauglichen Vortaten der Geldwäsche im Sinne des § 261 StGB geworden sind.

Welche Straftaten im Einzelnen in Betracht kommen, wie ihr kriminologisches Erscheinungsbild und ihre statistische Relevanz ist, wollen wir uns in Teil B dieses Buches näher ansehen.

Bevor wir in diesen Kernbereich der Kriminalitätsbekämpfung vorstoßen, sollen jedoch die in § 25h KWG normierten Pflichten weiter beleuchtet und erörtert werden.

Eine kurze **Zusammenfassung** des bisher Gesagten hilft, den Überblick zu wahren:

- Der Begriff „sonstige strafbare Handlungen" stellt einerseits eine deutliche Einschränkung gegenüber dem vormals benutzten Begriff der betrügerischen Handlungen dar. Insbesondere Ordnungswidrigkeiten und unerlaubte Handlungen im Sinne des Zivilrechts unterfallen nicht mehr dem Pflichtenkreis der Kriminalprävention.

- Operationelle Risiken, Rechtsrisiken und Reputationsrisiken sind nur zu berücksichtigen, soweit sie auf Handlungen beruhen, die zugleich einen Straftatbestand erfüllen und einen Vermögensschaden herbeiführen können. Ansonsten sind sie anderen Risikoverantwortlichen im Institut zugewiesen.

- Erfasst sind neben den klassischen Vermögensdelikten des allgemeinen Strafrechts auch Eigentumsdelikte sowie alle Tatbestände des Nebenstrafrechts, die zu einem Schaden für das Institut führen können.

- Der Vortatenkatalog des Geldwäschetatbestands, § 261 StGB, stellt einen geeigneten Ausgangspunkt für die Ermittlung von in Betracht kommenden Tatbeständen für das einzelne Institut dar.

- Die Einbeziehung von Tatbeständen, die zu Schädigungen aufgrund physischer Gewalt führen (Raub, Brandstiftung, Sachbeschädigung etc.), bleibt der Organisationshoheit des Unternehmens überlassen. Wo bereits Maßnahmen der physischen Sicherheit anderweitig organisatorisch verankert sind (z. B. Sicherheitsabteilung), kann von einer Einbeziehung abgesehen werden.

- Der Gesetzgeber sieht die Einbeziehung von Insiderdelikten und Marktmanipulation in die Kriminalitätsbekämpfung nicht vor, weil diese in der Compliance-Stelle behandelt werden.

- Begrenzungen oder Ausnahmeregelungen für geringfügige Schäden oder eine Unerheblichkeitsgrenze sieht das Gesetz nicht vor.

- Der Schaden muss dem verpflichteten Institut drohen. Schäden, die seinen Kunden oder Dritten drohen, sind von Gesetzes wegen nicht zu berücksichtigen.

- Schäden, die bei Kunden oder Dritten eintreten, können jedoch bei Verletzung von Schutzpflichten, Aufsichtspflichten oder im Wege der Zurechnung durch entsprechende Haftungsnormen mittelbar zu Rechtsrisiken, Reputationsrisiken und Schadensersatzpflichten des betroffenen Instituts führen. Soweit sie im Zusammenhang mit strafbaren Handlungen stehen, die das Institut hätte verhindern können, werden sie in den Pflichtenkreis der Betrugsprävention einzubeziehen sein.

- Ob § 25h KWG in der Zivilrechtsprechung als Schutzgesetz im Sinne des § 823 Abs. 2 BGB angesehen wird, ist derzeit nicht absehbar. Es erscheint im Hinblick auf die Gesetzesbegründung aber eher unwahrscheinlich.

- Die Maßnahmen der Kriminalitätsbekämpfung sind Teil der ordnungsgemäßen Geschäftsorganisation und gehören zum Risikomanagement eines Instituts.

Auf der Basis dieser generellen definitorischen Aussagen wollen wir im Folgenden den sich aus dem Gesetz ergebenden Pflichtenkreis näher beleuchten, um festzustellen, wer im Institut welche Maßnahmen zu treffen hat.

2.3 Die Pflichten im Einzelnen

Die Grundpflicht, im Rahmen der internen Sicherungsmaßnahmen über ein angemessenes Risikomanagement sowie über **Verfahren und Grundsätze** zu verfügen, die dem Ziel der Verhinderung vermögensgefährdender sonstiger strafbarer Handlungen dienen, ist unverändert geblieben. Auch die Mittel, diese Grundpflicht zu erfüllen, nämlich zu diesem Zweck angemessene **geschäfts- und kundenbezogene Sicherungssysteme zu schaffen**, diese ständig zu aktualisieren sowie **Kontrollen durchzuführen**, haben sich gegenüber früheren Gesetzesfassungen nicht geändert.

Die ausdrückliche Aufnahme der Begriffe „Verfahren und Grundsätze" hat klarstellende Funktion, was mindestens unter einem angemessenen Risikomanagement zu verstehen ist, stellt aber insoweit keine inhaltliche Neuerung dar. Darunter ist zu verstehen, dass das Institut dafür Sorge tragen muss, dass seine Geschäftsaktivitäten nicht nur generell auf der Grundlage von **Organisationsrichtlinien** betrieben werden, sondern dass bereichsspezifische Handbücher, Arbeitsanweisungen und Arbeitsbeschreibungen sowie Regelungen für die bereichsspezifische Aufbau- und Ablauforganisation des Themas Kriminalitätsbekämpfung vorhanden sind. Gemeint ist eine schriftlich fixierte Organisationshierarchie, die ausgehend von einem generellen Strategiepapier (z. B. Behandlung der spezifischen Kriminalitätsrisiken in der Risikostrategie des Instituts) über die Aufgabenzuweisung und Kompetenzordnung der zuständigen Stelle (vgl. dazu § 25h Abs. 9 KWG), die Festlegung von Verantwortlichkeiten (Stellenbeschreibungen, Berichtslinien, Organigramme) bis hin zu Regelungen hinsichtlich der Ausgestaltung der wesentlichen Prozesse (z. B. Risikoanalyse, Monitoringverfahren, Ermittlungshandlungen, Anzeigeerstattung) reicht. Alle Organisationsrichtlinien müssen so ausgestaltet sein, dass sie von der internen Revision, dem externen Wirtschaftsprüfer und der BaFin einer Sachprüfung unterzogen werden können. Hierfür sind Verständlichkeit,

Normenklarheit und die Vermeidung von Regelungslücken, Redundanzen oder unklaren Zuständigkeiten und Entscheidungsbefugnissen wesentliche Voraussetzung. Da Regelungsziel die systematische und strukturierte Erkennung und Sachbehandlung von vermögensrelevanten strafbaren Handlungen und damit verbundenen Risiken ist, muss nicht nur Art und Umfang der zu behandelnden Risiken und Schadensfälle festgelegt werden, sondern insbesondere eine klare Zuschreibung von Kompetenzen an den Schnittstellen zu den themenverwandten Aufgabengebieten (insbesondere Geldwäschebeauftragter, Compliance-Beauftragte MaRisk und WpHG, Revision, Operational Risk, physische Sicherheit) erfolgen und ein möglichst produktives Miteinander der entsprechenden Kompetenzträger geschaffen werden. Darüber hinaus ist bereits im Rahmen der schriftlichen Ordnung Regelungsbedarf für die Interaktion mit den Geschäftsbereichen (Frontoffice) vorhanden, um eine gegenseitige Einbindung durch geregelte Informationsflüsse sicherzustellen und absehbare Kompetenzkonflikte (z. B. Untersagung eines Geschäftsabschlusses, Beendigung einer Kundenbeziehung) vorab und generell in ausreichendem Maße zu regeln und geeignete Eskalationsprozesse bereitzustellen.

In größeren Häusern wird man die Einrichtung der zentralen Stelle für die Kriminalprävention wahrscheinlich analog der Compliance-Stelle und der Stelle für Geldwäscheprävention in einer eigenständigen **Geschäftsordnung** des Bereichs regeln und die Grundsätze der Kriminalitätsbekämpfung in einer Policy festlegen. Diese Betriebsanweisung stellt dann in abstrakter und genereller Form dar, welche Risiken erkannt werden und wie mit ihnen umgegangen werden soll. Auch Reaktionsweisen im Falle des Schadenseintritts (z. B. Aussagen zur zivilrechtlichen Verfolgung von Schadensersatzansprüchen, Festlegung arbeitsrechtlicher Sanktionen) finden sich in generalisierter Form bereits in einem solchen Schriftstück.

Das Institut hat die Chance, seine Risikobereitschaft und seine Risikotoleranz für unterschiedliche Unternehmensbereiche festzulegen und Grundsätze für den Umgang mit verschiedenen Risikokategorien und Risikoausprägungen (ggf. konzernweit) zu regeln.

In der **Policy** sollte dargestellt sein, welche Reaktion welche Risikoklasse bei welcher Risikohöhe erfährt und wie mit den als wesentlich und wahrscheinlich erkannten Schadensereignissen umzugehen ist.

Die Festlegung der **Risikoklassen** könnte beispielsweise in vier Kategorien erfolgen:

- **Inakzeptable Risiken:** bestandsgefährdende Risiken; Risiken mit extremer Schadenshöhe; Risiken, deren hohe Eintrittswahrscheinlichkeit zur nicht vertretbaren Schadensakkumulation führt; Risiken, die die Marktstellung oder Marke nachhaltig gefährden, sind auch im Einzelfall nicht hinnehmbar. Ihnen ist mit allen zu Gebote stehenden Mitteln zu begegnen. Hierzu kann z. B. das Absehen von Geschäftsmodellen, das vollständige Vermeiden gewisser (lokaler) Märkte oder der Rückzug aus solchen Märkten oder Produkten zählen. In dieser Risikoklasse hat die sonst oft leichtfertig verlautbarte „Zero Tolerance“-Politik ihre Berechtigung. Präventionsmaßnahmen müssen höchsten Standards genügen, die Rechtsverfolgung nach Schadenseintritt erscheint unabdingbar.

- **Akzeptable Risiken** stellen den Kontrapunkt zu den inakzeptablen Risiken dar und sind vielfach im Hinblick auf Häufigkeit und Geringfügigkeit des Schadenseintritts (z. B. Ladendiebstahl im Supermarkt) weder vermeidbar noch mit angemessenem Aufwand steuerbar. Sie können (und müssen) oft hingenommen werden und sind vielfach nur mit symbolischen Risikomanagementmaßnahmen zu behandeln. Akzeptanz von Risiken heißt aber nicht Blindheit gegenüber den Risiken. Auch diese – an sich eher geringen – Risiken sind zu beachten; insbesondere muss sichergestellt werden, dass sie sich nicht zu höhergradigen Risiken entwickeln oder verdichten.

- **Versicherbare Risiken** sind Risiken, deren Auswirkungen durch eine Mischung aus Versicherung gegen die Schäden und angemessenen (reduzierten) Vorsichtsmaßnahmen beherrschbar erscheinen. Auch dabei sollte man nicht dem Irrglauben unterliegen, überhaupt keine Risikobegrenzungsmaßnahmen treffen zu müssen. Versicherungsvertragliche Mitwirkungspflichten und exorbitante Prämienhöhen dürften ein vollkommenes „Laissez faire" wirkungsvoll begrenzen. Versicherung und Prävention müssen bei dieser Risikogruppe in eine adäquate Balance gebracht werden.

- **Gemanagte Risiken** werden durch Steuerungs- und Begrenzungsmaßnahmen so weit mitigiert, dass ihre Folgen beherrschbar erscheinen. Das Erkennen dieser steuerbaren Risiken und die Festlegung der geeigneten Maßnahmen zur Risikoreduktion stellen die eigentliche Herausforderung an das Risikomanagement dar. Auch in dieser Kategorie ist es wichtig zu erkennen, dass es nie gelingen wird, durch noch so scharfe Präventionsmaßnahmen jegliche strafbare Handlung zu unterbinden. Geeignete Mechanismen für die Schadensfallbearbeitung sind daher vorzuhalten.

Unterhalb der Stufe der Policy regeln dann Prozessbeschreibungen, Ausführungsanordnungen, **Arbeitsanweisungen** und Merkblätter den Umgang mit einzelnen Themenfeldern aus der Gesamtthematik. In kleineren Instituten wird es nicht erforderlich sein, jeden Prozessschritt in einem gesonderten Papier und jede Verfahrensweise in einer individuellen Arbeitsanweisung niederzulegen. Neben einer „Betriebsanweisung zur Kriminalprävention", die die Vorgehensweisen und Prozesse in der entsprechenden zentralen Stelle regelt, empfiehlt es sich aber zumindest, für die Mitarbeiter leicht verständlich und praktisch handhabbar ihre Involviertheit in den Präventionsprozess darzustellen, um die dafür erforderliche Aufmerksamkeit und Akzeptanz herzustellen. Erfahrungsgemäß reagieren Mitarbeiter eher gelangweilt bis ablehnend, wenn sie in seitenlangen Darstellungen, gespickt mit Fachbegriffen und Definitionen, über Sachverhalte und Maßnahmen belehrt werden, die in ihrem Arbeitsbereich wahrscheinlich nie eintreten werden. Aus der Geldwäschebekämpfung weiß man, dass der Erhalt und die Lektüre umfangreicher Regelwerke zwar schriftlich bestätigt wird, die Mehrheit der Handbücher, Policies und Guidelines aber eher ungelesen in Schubladen verschwindet. Die Einbindung der betroffenen Geschäftsbereiche in die Darstellung und Didaktik solcher Merkblätter oder Anweisungen für die betroffenen Mitglieder erscheint als der beste Weg, Materialien zu erstellen, die auch gelesen werden.

Angepasst an die tatsächlichen Größenordnungen des einzelnen Instituts ist eine solche schriftlich fixierte Ordnung, mag man sie Organisationshandbuch, Governance Framework oder Arbeitsrichtlinien nennen, die Grundausstattung, um der Pflicht, Verfahren und Grundsätze zu schaffen, in ausreichendem Maße nachzukommen. Im Hinblick auf die Umsetzung des Vorschriftenkanons und die Einbeziehung der Mitarbeiter sollte man von Anfang an einen Schritt weiter denken.

Ein Beispiel, wie eine solche Arbeitsanweisung in kleinen und mittelgroßen Instituten aussehen kann, findet sich im Teil C – Prävention – dieses Buches.

2.4 Sicherungssysteme

Weiterhin verlangt § 25h KWG von den Instituten die Schaffung und Aktualisierung von angemessenen **geschäfts- und kundenbezogenen Sicherungssystemen**.

Der Begriff der Sicherungssysteme setzt zunächst nicht voraus, dass es sich dabei um EDV-gestützte Technologien, also die aus der Geldwäschebekämpfung bekannten Monitoringsysteme, handelt. Ein Blick auf Absatz 2 der Vorschrift zeigt, dass diese „angemessenen Datenverarbeitungssysteme“ nur von Kreditinstituten zu betreiben sind. Alle anderen Normadressaten haben lediglich eine Systematisierung ihrer Sicherungsmaßnahmen vorzunehmen und nachzuweisen, die auch im Hinblick auf die vermögensgefährdenden strafbaren Handlungen gegen das Institut eine geordnete und abgestimmte, also systematische Herangehensweise erlaubt.

Nach der hier vertretenen Auffassung ist ein **System** mehr als die Aneinanderreihung von Einzelmaßnahmen. Eine Systematik bedingt, dass die Einzelmaßnahmen aufeinander abgestimmt sind, ineinander greifen, sich ergänzen und im Ergebnis zu einem Ganzen akkumulieren. Als „System“ wird lexikalisch eine aus einzelnen Teilen bestehende Organisationsform beschrieben, die auf einer inneren Ordnung beruht, die Einzelteile miteinander integriert und so eine eigenständige Struktur zur Abgrenzung gegenüber anderen Systemen aufweist.

Mit anderen Worten: Es geht um die inhaltliche Verknüpfung verschiedener Bausteine zu einer Infrastruktur, die den beiden Zwecken der Kriminalitätsbekämpfung – der Prävention und der Fallaufklärung – dienen soll. Ausgangspunkt und Grundlage der Systematisierung ist die Gefährdungsanalyse (richtig: Warius, in: Herzog, 2010), die der Vorbereitung und Entscheidung über die konkrete Ausgestaltung der anderen Maßnahmen, Verfahren, Methoden und Mittel dient.

Neben der Gefährdungs- oder Risikoanalyse werden eine Vielzahl weiterer Sicherungsmaßnahmen als wesentliche Bestandteile der geschäfts- und kundenbezogenen Sicherungssysteme in Betracht zu ziehen sein. Beispiele aus der Literatur sind:

- Know-your-customer-Regelungen;
- Vier-Augen-Prinzip;
- Informationssammlung zu bekannten Fällen;
- Schulung und Information der Mitarbeiter;
- Notfallplan;
- Hinweisgebersystem (jetzt in § 25a KWG ausdrücklich geregelt);
- Monitoring der Kundenbeziehung und Kundenüberwachung;
- Sicherstellung der Zuverlässigkeit der Mitarbeiter;
- Schadensfall-Datenbanken;
- Beschwerdemanagement, ggf. Ombudsstelle.

Auch der im Gesetz vorgesehene Informationsaustausch zu Einzelfällen mit anderen Betroffenen kann als Sicherungsmaßnahme in diesem Sinn verstanden werden, je nachdem, in welchem Zusammenhang und zu welchem Zeitpunkt er erfolgt.

Auerbach (in: Schwennicke/Auerbach, 2013) will sogar das gesamte interne Kontrollsystem (IKS-Konzeption) und die interne Revision in den Bereich der Sicherungssysteme einbeziehen.

Ob die Beobachtung des Kundenverhaltens und der Entwicklung von Geschäftsbeziehungen notwendigerweise immer EDV-Unterstützung voraussetzt, scheint umstritten. Braun (in: Boos/Fischer, 2012) schreibt:

„Die Betrugsprävention erfordert vorwiegend **EDV-Lösungen** und den Einsatz bestimmter Parameter, um die Überprüfung der Geschäftsbeziehungen nach Risikogruppen und Auffälligkeiten entsprechend den jeweils aktuell bekannten Methoden zu ermöglichen."

Warius (in: Herzog, 2014) hat hingegen schon lange vor Bekanntwerden des jetzigen Gesetzestextes deutlich darauf hingewiesen, dass zwischen angemessenen Monitoring-Maßnahmen, die der jeweiligen Risikosituation des einzelnen Instituts entsprechen und diese hinreichend abdecken, und dem Einsatz EDV-gestützter Monitoring-Systeme ein begrifflicher und gradueller Unterschied besteht.

Ab welcher Größenordnung der Geschäftstätigkeit eines Instituts nur noch ein IT-gestütztes Monitoring-System die Anforderung an die Angemessenheit der Präventionssystematik erfüllen kann, bleibt Einzelfallfrage. Es ist dem Institut überlassen, im Rahmen seines Ermessens anhand Kundenstruktur, Dienstleistungsangebot und Komplexität des Geschäftsbetriebes zu entscheiden, ob ein IT-System gebraucht wird.

In beratungsintensiven Segmenten mit hohem KYC-Faktor – z. B. der Portfolio-Verwaltung für Private Wealth Kunden – wird dies viel weniger der Fall sein als im Massen-Transaktionsgeschäft. Andererseits sind in der Vermögensverwaltung die „Verlockungen“ für Mitarbeiter oft ein größeres Risiko als das Vorkommen eines externen Betruges durch den Kunden. Die Überwachungsmechanismen müssen sich in diesem Fall also auf das Mitarbeiter-Verhalten gegenüber Kunden, die z. B. ihren Wohnsitz im Ausland haben und die über die Transaktionen in ihrem Depot nur postalisch informiert werden, richten. Hierzu wird die spezifische Auswertung eines CRM-Systems (Client-Relationship-Management) oft bessere Dienste tun als ein hochsensibel justiertes Monitoring-Tool mit Hunderten von Indizien.

Darauf wird bei der Beschreibung der einzelnen Präventionsmaßnahmen, die ebenso wie Hinweise zu Erstellung und Inhalt der Gefährdungsanalyse dem Teil C dieses Buches vorbehalten bleiben, zurückzukommen sein.

Vorliegend wollen wir uns zunächst der weiteren Beschreibung der einzelnen Pflichten widmen, um einen vollständigen Überblick über die gesetzliche Regelung zu erlangen.

Die entsprechenden Sicherungssysteme müssen nicht nur einmalig eingerichtet werden, sondern bedürfen auch der ständigen Aktualisierung und ihrerseits der Überwachung. Sicherungssysteme können nur effektiv und wirksam sein, wenn sie den Veränderungen im Institut laufend angepasst werden und eine hinreichende Systempflege stattfindet, die insbesondere neue Entwicklungen im Unternehmen, neue Produkte und neue Tätigkeitsschwerpunkte zeitnah in das vorhandene System einpasst.

2.5 Systemkontrollen

Wie schon vom Geldwäschebeauftragten bisher, so wird auch von den Verantwortlichen für die Kriminalitätsbekämpfung erwartet, dass die geschäfts- und kundenbezogenen Sicherungssysteme regelmäßigen Kontrollen unterzogen werden. Zwar hat der Gesetzgeber die fortlaufende Entwicklung geeigneter Strategien und Sicherungsmaßnahmen für **neue Finanzprodukte und Technologien** auf die Möglichkeiten des Missbrauchs „für Zwecke der Geldwäsche und Terrorismusfinanzierung" beschränkt, und auch die Formulierung „Begünstigung der Anonymität von Geschäftsbeziehungen und Transaktionen" stellt keine Öffnungsklausel im Hinblick auf die Einbeziehung der Kriminalitätsbekämpfungsmaßnahmen dar. Jedoch ist im **Know-your-customer-Prinzip** eine sinnvolle Säule der Sicherheitsarchitektur jedes Instituts zu sehen, sodass die auf Kriminalprävention und ihre Systematik gerichteten Kontrollen in der Praxis jedenfalls auch neue Finanzprodukte und Technologien sowie die Einhaltung des KYC-Prinzips umfassen sollten.

Die **Kontrollen** der Sicherungssysteme zur Kriminalprävention stellen sich als weitere, unabhängige Kontrollebene im Verhältnis zur Prüfung des internen Kontrollsystems durch die interne Revision und zur Prüfung des Kontrollumfeldes, der Kontrollaktivitäten und der Überwachung des Kontrollsystems durch den (externen) Wirtschaftsprüfer dar.

Dank der organisatorischen Nähe der Kriminalitätsbekämpfung zur Geldwäschebekämpfung, die in § 25h Abs. 9 KWG als Regelfall vorgesehen ist, wird es nicht ausbleiben, dass die Wirtschaftsprüfer sich auch im Hinblick auf die Kriminalprävention ein erweitertes Tätigkeitsfeld erschließen und das mehrstufige System der Kontrolle der Kontrolleure auch in diesem Themenbereich durchsetzen werden (Auerbach/Vitzthum 2005). Die Prüfberichtsverordnung nebst zugehöriger Anlage zeigt, welcher Prüfungsumfang dem Wirtschaftsprüfer zugeschrieben ist.

Sinn macht die mehrschichtige Kontrolltätigkeit nur, wenn Redundanzen und bürokratischer Aufwand vermieden werden sowie die Geschäftseinheiten, die häufig selbst noch über Kontrollinstanzen oder Qualitätsmanagement-Funktionen verfügen bzw. gemäß MaRisk verfügen sollen, einbezogen werden. Wie bei der Geldwäsche-Bekämpfung ist auch hier eine Delegation von Teilaufgaben an andere Einheiten (Qualitätsmanagement, Operations, Geschäftsbereiche) möglich.

Grundlage dieser Einbeziehung ist ein **Kontrollplan**, der zwischen Geschäftsabteilung, interner Revision und zentraler Stelle zur Kriminalitätsbekämpfung sowie den weiteren Kontrollfunktionen im Hause abzustimmen ist, um Kontrollfelder und Kontrollpunkte so festzulegen, dass an unterschiedlichen Stellen mit unterschiedlicher Zielrichtung kontrolliert wird. Dann müssen die Ergebnisse und Auffälligkeiten ebenso untereinander abgestimmt werden wie Maßnahmen zur Systemverbesserung und die Zuständigkeiten für ihre Implementierung. Die Gesamtverantwortung für die fachliche Seite und die Angemessenheit der Systematik liegt für die Kriminalprävention regelmäßig bei der „zentralen Stelle".

Im Rahmen der Planung macht es Sinn, sowohl Kontrollen mit fehlervermeidender als auch mit fehleraufdeckender Wirkung einzuplanen. Nach Auerbach/Vitzthum (2005) beruhen fehlervermeidende Kontrollaktivitäten auf Kenntnissen über die mögliche Entstehung von Fehlern. Sie beziehen sich also auf jene Prozesse und Schnittstellen, bei denen von vornherein mit Fehlern zu rechnen sein wird. Fehleraufdeckende Kontrollaktivitäten hingegen beziehen sich direkt auf die implementierten Sicherungsmaßnahmen und überprüfen damit deren Umsetzung und Wirksamkeit.

Der Begriff der Vollständigkeit, der in den Beschreibungen zum Kontrollumfeld ebenfalls häufig Verwendung findet, erscheint indes problematisch: Angesichts der Vielzahl von Begehungsmöglichkeiten strafbarer Handlungen und der Kreativität und Intelligenz der Täter, die als Angreifer den Verteidigern des Vermögens immer einen Schritt voraus sein werden, wird eine tatbestandsausschließende oder schadensausschließende Vollständigkeit wohl als unerreichbar gelten dürfen.

In der Kriminologie ist seit jeher unbestritten, dass Kriminalität nicht vollständig zu unterbinden ist. Warum sollte dies durch die vermeintliche Vollständigkeit eines Kontrollsystems anders werden?

Ziel aller Sicherungsmaßnahmen – und damit auch der Kontrollmaßnahmen – muss das Erreichen eines möglichst hohen Wesentlichkeitsgrades sein, d. h. die wesentlichen Geschäftsfelder, die wesentlichen Prozesse und die wesentlichen Schwachstellen im System müssen erkannt und sachgerecht bearbeitet werden. Was dabei als „wesentlich" definiert wird, ist abhängig von der spezifischen Risikosituation jedes einzelnen Instituts, den Ergebnissen der Gefährdungsanalyse und der in der Risikostrategie festgelegten Risikotragfähigkeit bzw. Risikotoleranz.

2.6 Die Untersuchungspflicht

Die Untersuchungspflicht bezieht sich auf **Geschäftsbeziehungen und einzelne Transaktionen im Zahlungsverkehr,** die als **zweifelhaft oder ungewöhnlich** anzusehen sind.

Welche Vorgänge zweifelhaft oder ungewöhnlich sind, ist aufgrund des öffentlichen und im Kreditinstitut verfügbaren **Erfahrungswissens** „über die Methoden der sonstigen strafbaren Handlungen" zu bestimmen.

Die Untersuchungspflicht richtet sich darauf, das Risiko der jeweiligen Geschäftsbeziehung oder Transaktion

- zu überwachen,
- einzuschätzen
- und ggf. die Erstattung einer Strafanzeige gem. § 158 StPO zu prüfen.

Der im ersten Satz von Abs. 3 des § 25h KWG enthaltene Verweis auf Abs. 2 S. 1, wonach Kreditinstitute zur Erfüllung dieser **Untersuchungspflicht** angemessene Datenverarbeitungssysteme zu betreiben und zu aktualisieren haben, ist missverständlich und sprachlich misslungen. Die Untersuchungspflicht besteht bei allen Adressaten des Gesetzes und sie umfasst **alle Sachverhalte**, die in diesem Sinne als zweifelhaft oder ungewöhnlich anzusehen sind. Die Gesetzesbegründung stellt klar, dass gerade nicht nur jene Sachverhalte untersucht werden sollen, die als Ergebnis des IT-gestützten Monitoring auffallen, sondern eben „grundsätzlich alle", unabhängig davon, auf welche Art und Weise ein Institut auf die Ungewöhnlichkeiten und Auffälligkeiten gestoßen ist oder ob es sich bei dem untersuchungspflichtigen Institut um ein Kredit- oder Finanzdienstleistungsinstitut handelt.

Die Begrifflichkeit „grundsätzlich alle" ist eine andere Formulierung für das Vollständigkeitsgebot, das uns an dieser Stelle wieder begegnet. Auch ohne den Einsatz eines IT-Monitoringsystems ist also eine **Überwachungssystematik** einzurichten, die das Institut in die Lage versetzt, solche Geschäftsbeziehungen und Transaktionen („Sachverhalte") als relevant für eine Untersuchung zu erkennen und einer tatsächlichen Ermittlung zuzuführen. Im Zahlungsverkehr zeigt sich am deutlichsten das Massenproblem, das es rechtfertigt, Kreditinstitute (und nur diese) mit der Pflicht zur Einführung eines EDV-gestützten Monitoring zu belegen.

Kriminalitätsrisiken, und damit die Möglichkeit, solche Sachverhalte aufgrund verfügbaren Erfahrungswissens zu erkennen, bestehen aber auch dort, wo kein Zahlungsverkehr abgewickelt wird und die Geschäftsbeziehung eine ganz andere Grundlage hat. Zum Beispiel können Vermögensverwalter, die mit und für den Kunden keinen Zahlungsverkehr abwickeln, sondern dies ausschließlich der Geschäftsbank und der Depotbank des Kunden überlassen, dennoch Opfer von vermögensgefährdenden strafbaren Handlungen sein. Sachverhalte, die „als zweifelhaft oder ungewöhnlich anzusehen sind", können auch hier vorkommen – ebenso wie bei der Anlageberatung, der Finanzportfolioverwaltung, in Kapitalanlagegesellschaften und bei anderen Finanzdienstleistern.

Das Problem liegt dann in der **Erkennung dieser Sachverhalte** ohne IT-Monitoring: geeignete und regelmäßige Stichproben mit begründeter Auswahl des Untersuchungssamples vermögen hier Abhilfe zu schaffen. So kann sich eine geeignete Stichprobe beispielsweise auf alle Kundenorders eines Betreuers, eine repräsentative Auswahl von Kunden eines „Italian Desk“ oder eines „Middle East Desk“ ebenso beziehen wie auf die Auswahl bestimmter Transaktionen (z. B. alle Anlagen in einer bestimmten Anlageklasse im letzten Quartal) oder einzelner Geschäftsbereiche fokussieren. Auch spektakuläre Einzelfälle („Haben wir Kunden, die in den „K1-Fonds“ investiert haben?“) oder neue Modi Operandi sind geeignete Aufgreifkriterien für die Stichprobenauswahl.

Ohne IT-Unterstützung wird man allerdings verlangen müssen, dass solche Stichproben in einer gewissen Regelmäßigkeit vorgenommen werden.

Mithin haben wir von einer Untersuchungspflicht auszugehen, die alle Institute gleichermaßen trifft, sodass auch in jedem Institut hinreichende Vorkehrungen zur Erkennung der Risiken, die sich in Einzelfällen verwirklichen können, vorhanden sein und Prozesse aufgesetzt werden müssen, die der Behandlung dieser Einzelfälle dienen. Ergänzend zur gesetzlichen Umschreibung der Einzelfälle als „zweifelhaft oder ungewöhnlich“ ist aber immer hinzuzudenken, dass der Einzelfall einen **Bezug zu einer vermögensgefährdenden Straftat** haben muss und auf einer solchen beruhen könnte. Wie eng dieser Bezug sein muss, wollen wir näher beleuchten, wenn wir uns mit der Anzeigeerstattung auseinandersetzen. Jetzt gilt es, zunächst die Begriffe „zweifelhaft“ und „ungewöhnlich“ im Hinblick auf Geschäftsbeziehungen und einzelne Transaktionen noch näher zu definieren.

Die Gesetzesbegründung benutzt zunächst das Begriffspaar **„ungewöhnlich oder auffällig“** und fügt als weiteres (ungeschriebenes) Tatbestandsmerkmal hinzu, dass die Sachverhalte „keinen offenkundigen wirtschaftlichen oder rechtlichen Hintergrund“ haben sollen. Wörtlich heißt es zur näheren Konkretisierung:

> *„Bloße Ungewöhnlichkeiten und Auffälligkeiten liegen hingegen z. B. bereits dann vor, wenn für einen Institutsmitarbeiter aufgrund seines Erfahrungswissens oder bankgeschäftlichen bzw. banktechnischen Vorverständnisses und*

ohne weitere Abklärung, Aufbereitung oder Anreicherung des Sachverhalts Abweichungen vom üblichen Verhalten oder Geschäftsgebaren eines Kunden oder sonstigen Dritten bzw. ungewöhnliche Abwicklungsformen von Geschäften festzustellen sind.“

Demgegenüber seien bloße **Warnmeldungen** (Alerts), die dem IT-gestützten Monitoringsystem entstammen, noch nicht per se auffällig oder ungewöhnlich. Die Schuld für die Abkehr von der früher weitverbreiteten IT-Gläubigkeit wird „der Breite und Fehleranfälligkeit der verwendeten Parameter und Scores“ gegeben, die eben ohne weitere Abklärung durch das Fachpersonal nicht genügend aussagekräftig seien. Diese „weitere Abklärung des Fachpersonals“ ist aber wiederum gerade Gegenstand bzw. Ausprägung der Untersuchungspflicht.

Dem tragen die DK-Hinweise durch folgende Aussage Rechnung:

„Dabei sind reine Systemtreffer, also Treffer unterhalb der vom Kreditinstitut definierten Relevanzschwelle, ohne weitere Abklärung noch nicht per se als „ungewöhnlich oder zweifelhaft“ anzusehen.“

Was allerdings als „ungewöhnlich oder zweifelhaft“ anzusehen wäre, lassen die Hinweise auch offen.

Der Gesetzestext ist insoweit inkonsistent, als zweimal der Begriff „zweifelhaft“ Verwendung findet und in Abs. 3 S. 5 plötzlich das Wort „auffällig“ auftaucht.

Ein Sachverhalt, der im Hinblick auf strafbare Handlungen „zweifelhaft“ ist, lässt sich dahingehend charakterisieren, dass zumindest ein gewisser, vager Verdacht, der sich aus den bekannten Umständen des Geschehens ergibt, auf das Vorliegen einer Straftat hindeuten muss. Obwohl die Stärke des Verdachts dabei zunächst offen bleibt und dem Entscheider einen Gestaltungsspielraum eröffnet, ob und inwieweit er Untersuchungshandlungen vornimmt, bleibt die Bezugnahme auf das Vorliegen einer möglichen strafbaren Handlung wenigstens erhalten.

Das ist bei der Verwendung des Begriffs „auffällig" und seiner Umschreibung in der Gesetzesbegründung nicht mehr feststellbar.

„Auffällig" können viele Verhaltensweisen sein – aus den unterschiedlichsten Gründen. Technisch auffällig, weil nicht dem Durchschnitt entsprechend? Sozial auffällig, weil nicht der Norm entsprechend? Aber, wer legt fest, was der Norm entspricht, was noch gerade als durchschnittlich anzusehen ist? Was ist also im Gegensatz dazu „unauffällig"?

Bei kundenbezogener Betrachtung kann man Auffälligkeiten noch festmachen am bisher bekannten Verhalten des Kunden und Abweichungen von zu erwarteten Verhaltensweisen. Plötzliche, dem Institut nicht erklärliche Verhaltensänderungen dürften ebenso dazu zählen, wie Transaktionen oder Investitionen, die nicht zur institutsbekannten Vermögenslage des Kunden passen.

Das mag am Beispiel des „Finanzagenten", der sein Konto gegen Entgelt zum Zwecke der Geldwäsche oder des Betruges zur Verfügung stellt, noch nachvollziehbar sein, z. B. wenn ein Kunde mit regulär kleinem oder gar keinem Einkommen plötzlich und ohne erkennbare Änderung der sozialen Umstände umfangreiche Zahlungseingänge entgegennimmt und diese gebündelt z. B. ins Ausland weiterleitet. Was aber soll gelten, wenn der durchschnittliche Kunde sein Anlage- und Transaktionsverhalten aus ganz anderen Gründen plötzlich ändert, die er seinem Institut nicht mitteilen möchte – beispielsweise, weil er über permanente Anlagevorschläge seines Beraters so verärgert ist, dass er keine Lust mehr hat, der „gläserne Kunde" des besagten Instituts zu bleiben? Ist die Folge eine Strafanzeige, weil das Institut die wirtschaftlichen Hintergründe nicht versteht?

Man muss sich darüber bewusst sein, dass diese Erwägungen nicht das geringste mit der Fragestellung zu tun haben, ob den festgestellten Auffälligkeiten mögliche strafbare Handlungen zugrunde liegen. Auffällig wird in diesem Zusammenhang bereits der Kunde, der seine gesamten Lebenszusammenhänge nicht dem einen Institut alleine offenbart oder offenbaren will. Wer nicht will, dass eine Bankverbindung alles über ihn weiß, muss also zukünftig mit Untersuchungshandlungen rechnen.

Eine transaktionsbezogene Betrachtungsweise macht die Entgrenzung des Begriffs der **Auffälligkeit** nur noch anschaulicher. Wie sollen im modernen Massen-Überweisungsverkehr die in der Gesetzesbegründung genannten wirtschaftlichen oder rechtlichen Hintergründe „offenkundig" festgestellt werden, ohne eine Reihe von Untersuchungshandlungen oder Ermittlungsschritten vorzunehmen?

Nur die Beschränkung auffälliger Sachverhalte auf „auffällig im Hinblick auf mögliche strafbare Handlungen" – und damit die Annahme eines tatsächlich vorliegenden **Verdachts** – kann aus dem Dilemma helfen. Gesetzestext und Gesetzesbegründung lassen den Anwender sonst mit einer nicht zu bewältigenden Masse an Untersuchungsmaterial allein. Der im Gesetz gewählte Begriff „auffällig" ist so konturlos, dass eine sinnvolle Definition kaum möglich erscheint. Dasselbe gilt für den Begriff „ungewöhnlich". Es führt daher kaum weiter, sich den unbestimmten und wenig strafrechtskompatiblen Begriffen der Zweifelhaftigkeit, der Auffälligkeit und der Ungewöhnlichkeit mithilfe der Gesetzesbegründung nähern zu wollen. Für ein tieferes Verständnis ist eine Auslegung nach Sinn und Zweck der Regelung erforderlich.

Ziel des Gesetzgebers ist es offensichtlich, die Untersuchungspflicht an einer **Verdachtsschwelle** unterhalb des strafprozessualen Anfangsverdachts festzumachen. Zur Umschreibung des Verdachts, bei dem eine weitere Abklärung durch das Fachpersonal erfolgen muss, wird daher auf außerstrafrechtliche Begrifflichkeiten abgestellt. Durch Verwendung eines Vokabulars, das den Beschäftigten der Finanzbranche verständlich sein soll, hoffen die Gesetzesverfasser auf die richtigen Schlussfolgerungen aufseiten der Gesetzesanwender.

Illustriert wird das in der Gesetzbegründung durch einen Hinweis zur Meldepflicht bei Geldwäscheverdacht. Hier wird der von Herzog vertretenen Ansicht, die Erstattung einer Verdachtsmeldung sei vom Vorliegen eines strafprozessualen Anfangsverdachts abhängig, eine deutliche Absage erteilt, ohne dass es an dieser Stelle der Gesetzbegründung einen inneren Zusammenhang mit der Rechtsdiskussion aus dem Bereich der Geldwäschebekämpfung gäbe. Die Auffassung, die das Vorliegen zureichender tatsächlicher Anhaltspunkte im Sinne eines strafprozessualen Anfangsverdachts auch für die Geldwäscheverdachtsanzeige fordert (Herzog, 2010), wird in der Gesetzesbegründung zur Neufassung von § 25c KWG (alt) ausdrücklich mit folgenden Worten zurückgewiesen: „Voraussetzung für das Entstehen der Pflicht [Anm. d. V.: zur Untersuchung, nicht zur Meldung] ist ausdrücklich nicht, dass diese im Einzelfall noch ungeprüften Ungewöhnlichkeiten oder Auffälligkeiten bereits die Qualität eines Verdachts i. S. d. § 11 Abs. 1 des GwG haben. Letztere lösen ohne das Bestehen eines Beurteilungsspielraums automatisch die Meldepflicht nach § 11 des GwG aus, wobei es des Vorliegens eines strafprozessualen Anfangsverdachts entgegen der zum Teil in der Literatur contra legem vertretenen Auffassung (Herzog, Geldwäschegesetz (GWG), 2010, § 11, Rn. 24) ausdrücklich nicht bedarf."

Dem geneigten Leser der Gesetzesbegründung soll damit wohl die Schlussfolgerung nahegelegt werden, dass auch bei der Bekämpfung der sonstigen Straftaten die Untersuchungspflicht deutlich unterhalb der Schwelle des strafprozessualen Anfangsverdachts ausgelöst werde.

Für die Untersuchungspflicht mag dieses Ergebnis gerade noch hinnehmbar sein, für die Erstattung einer Strafanzeige ist es das, wie noch zu zeigen sein wird, nicht.

„Ungewöhnlich oder auffällig" mögen aus Sicht eines Institutsmitarbeiters viele Transaktionen oder Verhaltensweisen von Kunden sein, eine Verbindung zu strafbaren Handlungen ergibt sich daraus in vielen Fällen noch nicht.

Die Untersuchungspflicht verpflichtet das betroffene Institut nunmehr, die Ungewöhnlichkeit oder Zweifelhaftigkeit und Auffälligkeiten weiter abzuklären und den **Sachverhalt „anzureichern"**. Erst im Zuge dieser Anreicherung tritt die Überlegung hinzu, ob eine Verbindung zu strafbaren Handlungen bestehen könnte, die das Vermögen des Instituts gefährden. Diese Überlegung ist genauso wie die Frage, ob den Transaktionen ein rechtlicher oder wirtschaftlicher Grund zuzurechnen ist, ein späterer Schritt auf dem Weg zur Beantwortung der Frage, wie mit dem Sachverhalt umgegangen werden soll.

Die Begriffe „ungewöhnlich oder auffällig" dienen also zunächst nur als Aufgreifkriterium, um überhaupt eine weitere Untersuchung des Sachverhalts durch die Zentralstelle zur Kriminalitätsbekämpfung im Institut auszulösen. Liegt für das Verhalten des Kunden oder die Transaktionen hingegen eine augenfällige, plausible Erklärung vor, muss ohne eindeutige Hinweise auf strafbare Handlungen nicht weiter untersucht werden. Die Verknüpfung mit dem Erfahrungswissen der Institutsmitarbeiter und die Abgrenzung zu den „Alerts" eines IT-Monitoringsystems, die per se keine Untersuchungspflicht auslösen, zeigt die Bandbreite des **Ermessensspielraums**, der sich dem zuständigen Mitarbeiter der zentralen Stelle schon bei der Frage eröffnet, ob der ungewöhnlichen oder auffälligen Transaktion nunmehr mit Untersuchungshandlungen nachzugehen ist oder nicht. Mit anderen Worten: Ob aus der Konstellation „ungewöhnlich, zweifelhaft oder auffällig" ein institutsinterner Untersuchungsfall wird oder nicht, ist anhand des Erfahrungswissens mit Blick auf die Untersuchungsziele – Feststellung der Schadensgeneigtheit und mögliche Hinweise auf strafbare Handlungen – zu entscheiden. Diese Eingriffsschwelle ist tatsächlich noch sehr weit vom strafprozessualen Anfangsverdacht entfernt und löst damit weitreichende Untersuchungspflichten aufseiten des Instituts aus, die, je nach Komplexität der Geschäftstätigkeit, erheblichen personellen und sachlichen (Dokumentations-) Aufwand mit sich bringen.

Den Betroffenen ist daher dringend anzuraten, sich eine Untersuchungs- und **Ermittlungssystematik** zuzulegen, die geeignet ist, das Problem der Masse von „ungewöhnlichen oder auffälligen" Geschäftsvorfällen zu bewältigen. Dazu näher im Teil D dieses Buches.

Über die Frage, wann die institutsinterne Untersuchungspflicht einsetzt, müssen wir uns jetzt noch der Frage zuwenden, wie mit den Untersuchungsergebnissen umzugehen ist. In diesem Zusammenhang ist es unausweichlich, das Verhältnis zwischen strafprozessualem Anfangsverdacht, Parallelwertung in der Laiensphäre eines Institutsmitarbeiters und Anzeigeerstattung gem. § 158 StPO näher zu beleuchten.

3. Untersuchungspflicht und Anzeige

3.1 Untersuchungspflichtige Sachverhalte

Das Begriffspaar „zweifelhaft oder ungewöhnlich" regelt lediglich das Entschließungsermessen des Sachbearbeiters in der zentralen Stelle zur Kriminalprävention darüber, ob er eine Untersuchung in Gang zu setzen hat. Das Auswahlermessen, also die Frage, welche Untersuchungshandlungen dem Sachverhalt angemessen sind und wie schließlich mit dem ermittelten Sachverhalt zu verfahren ist, bestimmt sich demgegenüber nach den weiteren gesetzlich geregelten Zielen einer einzuleitenden Untersuchung:

Zweck der Untersuchung ist es gem. § 25h Abs. 3 KWG, das Risiko des Sachverhalts zu überwachen, einzuschätzen und gegebenenfalls die **Erstattung einer Strafanzeige** „prüfen zu können".

Das Risiko der jeweiligen Geschäftsbeziehung oder Transaktion zu überwachen bedeutet, Feststellungen zu der Frage zu treffen, ob ein finanzieller **Schaden** für das Institut bereits eingetreten ist oder bei weiterer erwartungsgemäßer Entwicklung des Sachverhalts alsbald eintreten könnte. Hinsichtlich der Geschäftsbeziehung gilt es festzustellen, ob sich aus der Geschäftsbeziehung weitere Schäden ergeben können und ob gegebenenfalls eine Beendigung der Geschäftsbeziehung zu veranlassen sein wird. Ergebnis der Untersuchung kann es also auch sein, den Schaden im Einzelfall hinzunehmen und die Geschäftsbeziehung zu beenden, um weitere Schäden zu verhindern.

Hinsichtlich der Transaktion bedeutet „Überwachung", festzustellen, ob die Transaktion noch angehalten werden kann, um einen voraussehbaren Schaden zu verhindern oder – falls der Schaden bereits eingetreten ist – ob Dritte zu warnen oder Maßnahmen zur Schadensbegrenzung und Schadenswiedergutmachung einzuleiten sind. Die Überwachung des Risikos geht mit seiner Einschätzung einher. Vom Ermittler wird also eine Prognose darüber erwartet, wie der Sachverhalt sich weiter entwickeln wird und ob er auf Umständen beruht, die überhaupt das Einschreiten der Zentralstelle bedingen: strafbare Handlungen und Vermögensschaden für das Institut. Am Ende dieses Vorgangs steht die Beurteilung der Frage, ob eine Strafanzeige gem. § 158 StPO „zu erstatten ist".

3.2 Keine Anzeigepflicht

Wann dies der Fall ist, ist ebenfalls in das Ermessen des Instituts gestellt – ein Ermessen, das mit Ausnahme der Verdachtsmeldepflicht nach § 11 GwG und den wenigen Fällen des § 138 StGB (Nichtanzeige geplanter Straftaten) keine gesetzliche Begrenzung erfährt.

Es ist also zunächst zu konstatieren, dass eine Pflicht, Strafanzeigen zu erstatten, generell nicht besteht, auch wenn die Wendung „zu erstatten ist" im Gesetzestext auf etwas anderes hinzudeuten scheint.

Die Möglichkeit zur Strafanzeige steht jedem Bürger offen. Sie ist die bloße Mitteilung eines Sachverhalts, der nach Meinung des Anzeigenden Anlass für eine Strafverfolgung bietet (Meyer-Goßner, 2014). Der Mitteilung muss keine Subsumtion des Sachverhalts und keine rechtliche Bewertung der mitgeteilten Tatsachen vorausgehen. Lediglich wider besseres Wissen darf der Verdacht nicht ausgesprochen werden, will sich der Urheber nicht der falschen Verdächtigung gem. § 164 StGB oder einer Verleumdung (§ 187 StGB) strafbar machen.

Die Ermittlungsbehörden prüfen dann, ob **„zureichende tatsächliche Anhaltspunkte“**, der sogenannte **Anfangsverdacht**, die Einleitung eines förmlichen Ermittlungsverfahrens rechtfertigen. Vom normalen Anzeigeerstatter wird diese Prüfung nicht erwartet; sie ist ihm auch nicht zuzutrauen, da die entsprechenden Rechts- und Verfahrenskenntnisse im Regelfall fehlen.

Zur Verdachtsmeldung gem. § 11 GwG wurde bereits durch die Umbenennung von „Anzeige“ in „Meldung“ klargestellt, dass es sich nicht (mehr) um eine Form der Strafanzeige, sondern um eine aufsichtsrechtliche Pflichtmeldung handelt. Hier ist ein Anfangsverdacht ausdrücklich nicht gefordert. Vor Entscheidung über die Erstattung einer Strafanzeige wegen einer strafbaren Handlung sind hingegen einige Implikationen zu beachten, die ein gänzlich anderes Bild als die Verdachtsmeldung nach § 11 GwG ergeben: Eine Anzeigepflicht besteht, wie gesagt, nicht. Wenn das Institut dennoch anzeigt, so tut es dies aus freien Stücken aufgrund eigener, jetzt sogar gesetzlich vorgeschriebener **Sachprüfung** (Untersuchungspflicht!) und Ermessensausübung. Das anzeigende Institut darf also schon im Rahmen seiner Pflichten aus dem KWG gerade nicht so unbedarft sein wie der Normalbürger, der im Rahmen des § 158 StPO seine Mitteilung macht. Die Grenze, wann etwas wider besseres Wissen an die Strafverfolgungsbehörden mitgeteilt wird oder ob die Mitteilung zumindest fahrlässig falsch erfolgt, weil auf der Hand liegende Möglichkeiten zur Anreicherung oder Aufbereitung des Sachverhalts oder naheliegende Ermittlungshandlungen unterlassen wurden, verengt sich deutlich zulasten des anzeigenden Instituts.

Das ist von Bedeutung, weil bei Erstattung einer Strafanzeige nach § 158 StPO – im Gegensatz zur Verdachtsmeldung nach § 11 GwG – eine Freistellung von der Verantwortlichkeit (im Sinne des § 13 GwG) nicht stattfindet. § 13 GwG begrenzt den Verantwortlichkeitsbereich für inhaltlich falsch dargestellte Tatsachen auf den Bereich der vorsätzlichen oder grob fahrlässig unwahren Meldung oder Anzeigeerstattung. Ohne diese Begrenzung haftet der (Straf-)Anzeigeerstatter, wenn er den Strafverfolgungsbehörden Tatsachen mitteilt, die sich im Verfahren als unwahr erweisen, gegebenenfalls schon für fahrlässiges Handeln, wenn dem Angezeigten hierdurch ein zivilrechtlich geltend zu machender Schaden entsteht (§ 823 BGB).

Unwahr ist eine Tatsache, wenn sie nicht erweislich wahr ist oder wenn Zweifel am Beweis der Wahrheit so stark sind, dass die Tatsache nicht als erwiesen angesehen werden kann. Es kommt also nicht auf den Beweis des Gegenteils an, sondern darauf, ob die behauptete Tatsache als wahr angesehen werden kann. Ist dieser Beweis nicht zu erbringen, trägt derjenige das Risiko, der die Tatsachenbehauptung aufgestellt hat. Im Zivilrecht kann eine solche Haftung nach Beweisregeln eintreten, wenn der Sachverhalt als solcher unaufklärbar oder „zweifelhaft" bleibt: Wer beweisverpflichtet ist, haftet, wenn er den Beweis nicht erbringen kann! Eine Freistellung für diese Fälle ist im Gesetz nicht vorgesehen.

Ohne die **Freistellung von der Verantwortlichkeit** ist es daher dringend zu empfehlen, als Institut Strafanzeigen nur zu erstatten, wenn die zugrunde liegenden Tatsachen auch aus der Sicht eines objektiven Dritten so zusammengestellt und überprüft worden sind, dass sie den Ausspruch eines Straftatverdachts rechtfertigen. Auf die rechtliche Subsumtion kommt es dabei nicht an, wohl aber auf die gewissenhafte und nach den Umständen des Sachverhalts zumutbare Erforschung und Zusammenstellung der Tatsachen sowie auf deren sachliche und möglichst wertungsfreie Präsentation gegenüber den Ermittlungsbehörden. Ohne einen auch in der Welt der Strafverfolgungsbehörden akzeptierten Anfangsverdacht wäre die Anzeige bloßer „Auffälligkeiten", „Ungewöhnlichkeiten" oder sonst zweifelhafter Sachverhalte ein nicht hinnehmbares Glücksspiel.

Man mag es drehen und wenden wie man will: Bei Betrachtung des Sachverhalts durch einen Juristen muss ein objektiv nachvollziehbarer **Anfangsverdacht** vorliegen. Dieser mag in Einzelfällen unterhalb der Schwelle eines vom Staatsanwalt angenommenen Anfangsverdachts liegen, da Erwägungen über strafrechtliche Rechtsfragen, die Schuldfrage oder prozessuale Verfahrensvoraussetzungen vom Anzeigeerstatter nicht zu verlangen sind. Er muss aber deutlich über Auffälligkeiten oder Ungewöhnlichkeiten, die der Banker sich nicht erklären kann, hinausgehen. Liegt ein Anfangsverdacht im strafprozessualen Sinne nicht vor, so kann man dem betroffenen Institut nur dringend von der Anzeigeerstattung abraten. In der Rechtspraxis wird sich die entscheidende Frage dahingehend verdichten, ob der Staatsanwalt als kompetenter und objektiver Dritter bei der **Prüfung der Strafanzeige** einen Anfangsverdacht bejahen kann oder nicht. Lehnt er die Einleitung eines Ermittlungsverfahrens ab oder weist er den angezeigten Sachverhalt und die zugrunde liegenden Tatsachen vielleicht sogar als unschlüssig, nicht nachweisbar, nicht objektivierbar oder nicht nachvollziehbar zurück, kommt das Anzeige erstattende Institut unweigerlich in Schwierigkeiten.

Die Fälle, in denen der Angezeigte mangelnde Sorgfalt des Instituts bei der Anzeigeerstattung behaupten wird und mit den Mitteln des Schadensersatzrechts zurückschlägt, sind bei deutlicher Unterschreitung der Schwelle des strafprozessualen Anfangsverdachts bereits jetzt mit Händen greifbar. Von einer Anzeigeerstattung ohne sorgfältige Tatsachenprüfung und hinreichende Rechtsprüfung unter bloßer Zugrundelegung der Kriterien, die in der Gesetzesbegründung zum Ausdruck kommen, muss daher abgeraten werden.

Die „Umgehung von Rechtsvorschriften" oder „Transaktionen, die keinen offenkundigen wirtschaftlichen oder rechtlichen Hintergrund haben", erwecken noch keinen Anfangsverdacht auf das Vorliegen einer strafbaren Handlung. Das Institut muss prüfen, welcher wirtschaftliche oder rechtliche Hintergrund vorliegen könnte und sicherstellen, dass die umgangenen Rechtsvorschriften jedenfalls auch auf strafrechtlich relevante Verstöße hindeuten, bevor es Anzeige erstattet.

Die gesamten Beschreibungen und verbalen Umschreibungen von Sachverhaltskonstellationen in der Begründung des Gesetzentwurfs können also allenfalls zur Bestimmung der Schwelle, ab wann Untersuchungshandlungen vorzunehmen sind, herangezogen werden. Zur Entscheidung, ob Strafanzeige „zu erstatten ist", taugen sie schlicht nicht.

3.3 Die Strafanzeige

Wann also „ist“ Strafanzeige zu erstatten?
Schon die Benutzung des Wortes „ist“ durch den Gesetzgeber, statt „kann“ oder „sollte erwogen werden“, gibt zu Fehlvorstellungen bei den Gesetzesadressaten Anlass. Es soll hier noch einmal in aller Deutlichkeit herausgestellt werden, dass dies eine Ermessensentscheidung des Instituts ist, bei der die Institutsinteressen im Vordergrund stehen sollten. Eine ganze Reihe von Fragen sind zu klären, bevor die Frage der Strafanzeige-Erstattung in jedem Einzelfall abschließend entschieden werden kann. Allen voran: Ist der Schaden schon eingetreten? Und falls ja, kann die Erlangung von Schadenswiedergutmachung mit oder ohne Involvierung der Ermittlungsbehörden besser sichergestellt werden? Vorstand oder Geschäftsleitung haben zuvorderst die Interessen des Instituts zu wahren, in wirtschaftlicher Hinsicht ebenso wie im Hinblick auf die von einer Strafanzeige und einem sich anschließenden Ermittlungsverfahren ausgehenden Rechts- und Reputationsrisiken.

Die Dauer eines Ermittlungsverfahrens ist für den **Anzeigeerstatter** oft ebenso wenig abzusehen, wie die Reaktion des Angezeigten. Im Verlauf des Ermittlungsverfahrens hat der Anzeigeerstatter mit Ausnahme der Stellung als Nebenkläger so gut wie keine Rechte und kaum Einwirkungsmöglichkeiten. Die meisten der hier in Betracht kommenden Delikte des Strafgesetzbuches eröffnen keine Möglichkeit des Verfahrensbeitritts als Nebenkläger (§ 395 StPO), sondern reduzieren die Rolle des Anzeigeerstatters auf die eines nicht verfahrensbeteiligten Zeugen. Es spielt keine Rolle, dass das Institut möglicherweise wirtschaftliches Opfer der angezeigten Tat geworden ist oder im Rahmen des § 25h KWG zur Anzeige geschritten ist.

Das Verfahren ist ein hoheitliches und wird von der Staatsanwaltschaft als sachleitender Behörde im Rahmen des **Legalitätsprinzips** geführt. Das hat sich als richtiges und zur Wahrung der Rechtsstaatlichkeit bestes Verfahren erwiesen, schließt jedoch weder aus, dass die Staatsanwaltschaft ihre Ermittlungen auch gegen den Anzeigeerstatter selbst richten kann, noch, dass sie ihn mit umfangreichen und aufwendigen Ermittlungshandlungen (z. B. Durchsuchung beim Nichtbeschuldigten, Herausgabeverfügungen, Zeugenvernehmungen von Mitarbeitern usw.) behelligt und im Hinblick auf Dauer und Umfang der Ermittlungen nur wenig Rücksicht auf die Reputation des Anzeigeerstatters nimmt.

Nicht in allen Fällen muss es zu solchen Friktionen kommen; Modelle des kooperativen Vorgehens haben sich auch in den Fällen, in denen die Beschuldigten im Anzeige erstattenden Unternehmen selbst sitzen, in vielfältiger Weise herausgebildet. Dennoch kann und will die Staatsanwaltschaft nicht immer auf alle Implikationen Rücksicht nehmen: Arbeitsrechtliche Fristen zur sofortigen Kündigung z. B. sind bei strafprozessualen Ermittlungen in der Regel nicht einzuhalten und können daher auf staatsanwaltlicher Seite keine Beachtung finden. Interne Hinweisgeber (Whistleblower) oder „Kronzeugen" sind für die Staatsanwaltschaft zunächst einmal normale Zeugen, die ermittelt und befragt werden müssen. Anonymitätszusagen, Zusagen der Straffreiheit oder Strafmilderung oder gar ganze Amnestieprogramme können vom Unternehmen nur auf zivilrechtlicher Basis angeboten werden – im staatlichen Ermittlungsverfahren spielen sie keine Rolle.

Ohne ein umfassendes Verständnis von der Rolle der Staatsanwaltschaft im Ermittlungsverfahren und den Wirkungen des Legalitätsprinzips können die Auswirkungen der Strafanzeige auf das Unternehmen mithin nicht hinreichend beurteilt werden.

Diese und weitere Fragen sind im wohlverstandenen Interesse des Instituts vor Anzeigeerstattung zu erwägen und zu klären. Damit soll nicht gesagt sein, dass nicht im **Regelfall** bei der Feststellung von Betrug, Untreue, Urkundenfälschung und ähnlichen Taten zum Nachteil des Instituts doch **Strafanzeige** erstattet werden sollte. Häufig wird die Entscheidung für die Anzeigeerstattung zugleich im besten Interesse des Instituts stehen. Wesentliche Aufgabe im Zusammenhang mit der Regelung des § 25h KWG ist es aber, für eine Vielzahl derartiger Fälle gut durchdachte und praktisch umsetzbare Verfahrensweisen zu entwickeln, die eine schnelle und sachgerechte Entscheidung ermöglichen.

Gerade im Bereich des Massengeschäfts ist mit einer Vielzahl von Fallkonstellationen zu rechnen, die nach den Vorgaben des Gesetzes als zweifelhaft oder ungewöhnlich auffallen und daher geprüft werden müssen. Der Prozess der Entscheidung, ob dann Strafanzeige erstattet werden soll, muss für diese Fälle so gestaltet werden, dass eine gewisse Einheitlichkeit in der Anwendung der Untersuchungsmethoden und in der Entscheidung für oder gegen die Strafanzeige gewährleistet ist.

In Fällen außergewöhnlichen Umfangs, besonderer Komplexität, bei besonderen personalen oder rechtlichen Konstellationen – der Gesetzgeber würde sagen: in Fällen des operationellen Risikos, Rechtsrisikos oder Reputationsrisikos – wird von einer Entscheidung ohne Inanspruchnahme der Rechtsabteilung oder externer rechtlicher Beratung abzuraten sein.

3.4 Weitere Entscheidungskriterien

Welche Konsequenzen Kriminalermittlungen und die Feststellung von Falldaten im Institut im Einzelfall haben sollen, hat der Gesetzgeber offengelassen. Allenfalls die Delikte der Geld- oder Wertzeichenfälschung sowie die Fälschung von Zahlungskarten mit Garantiefunktion sind Straftaten aus dem Katalog des § 138 StGB, der die Nichtanzeige geplanter Straftaten unter Strafe stellt. Alle anderen strafbaren Handlungen und Vermögensstraftaten, die ein Institut schädigen können, sind nicht von dieser an jeden Bürger gerichteten Anzeigepflicht erfasst. Sie bleiben daher auch im Zusammenhang des § 25h KWG weder aus strafrechtlichen noch aus aufsichtsrechtlichen Erwägungen anzeigepflichtig.

Zu beachten ist bei gemeinsamer Aufgabenerfüllung mit dem Geldwäschebeauftragten aber, dass die in § 11 GwG normierte **Meldepflicht für Geldwäscheverdachtsfälle** trotz Erstattung einer Strafanzeige fortbesteht, also aus formalen Gründen eventuell beide Wege beschritten werden müssen. Die wichtigsten Vermögensdelikte, Betrugshandlungen und betrugsähnlichen Delikte aus dem Strafgesetzbuch sind im **Vortatenkatalog** des Geldwäschestraftatbestands, § 261 StGB, erfasst. Allerdings müssen diese Delikte regelmäßig banden- oder gewerbsmäßig begangen worden sein, um anzeigeauslösende Vortat zu werden.

Häufig werden institutsinterne Finanzermittlungen und die sogenannte Verdachtsfallbearbeitung im Bereich der Geldwäschebekämpfung zwar den Verdacht eines Betruges, einer Untreue oder eines anderen vermögensschädigenden Delikts ergeben, der Beleg einer bandenmäßigen Zusammenarbeit mehrerer Täter oder der Nachweis einer nachhaltigen, auf dauerhafte Gewinnerzielung angelegten Tatbegehung wird aber selten das Ergebnis der Geldwäscheermittlungen sein. Dennoch wird auch in diesen Fällen in der Finanzbranche ganz überwiegend schon immer das Vorliegen der Verdachtsmeldepflicht vertreten. Die gängige Praxis in der Kreditwirtschaft, in den Fällen, in denen die Begehung eines Betrugsdelikts nahe liegt, die banden- oder gewerbsmäßige Begehungsweise aber weder festgestellt noch ausgeschlossen werden kann, eine Geldwäscheverdachtsmeldung zu erstatten, hat also unmittelbare Auswirkungen auf den Umgang mit den Ergebnissen von Betrugsermittlungen. Noch deutlicher wird dieser **Zusammenhang** bei jenen Vortaten der Geldwäsche, die nicht gewerbsmäßig oder von einem Mitglied einer Bande begangen sein müssen, um § 11 GwG auszulösen: Die Korruptionsdelikte der §§ 332 StGB (Bestechlichkeit) und 334 StGB (Bestechung). Hier sind auch singulär begangene Einzeltaten mögliche Geldwäschevortaten.

Als Ergebnis lässt sich daher formulieren: Wo immer eine Geldwäsche-Verdachtsmeldung im Sinne des § 11 GwG angebracht ist, sollte diese erstattet werden und von einer allgemeinen Strafanzeige abgesehen werden.

Auch ist erwähnenswert, dass es noch eine andere „indirekte" Anzeigepflicht geben kann: Im Steuerrecht verlangt § 153 AO eine Berichtigung der Steuererklärung des Instituts, wenn während der Festsetzungsfrist erkannt wird, dass die **Steuererklärung** unrichtig abgegeben wurde. Das Unterlassen der Berichtigungsmeldung ist gem. § 370 AO als Steuerhinterziehung strafbar, erklärungsverpflichtet ist die Geschäftsleitung.

In Korruptionsfällen größeren Ausmaßes, aber auch bei Untreuehandlungen, die im Zuge interner Ermittlungen aufgedeckt werden, wird diese Pflicht zur Korrektur der Steuererklärung nicht selten eine Rolle spielen. Da Unterlassen strafbar sein kann, ist das Ermessen der Geschäftsleitung, den Vorfall zumindest den Steuerbehörden zur Kenntnis zu bringen, nicht selten eingeschränkt oder auf Null reduziert. Da § 153 AO eine Pflicht zur unverzüglichen Meldung normiert, stellt sich ab einer gewissen Größenordnung des Schadens in jeder Sonderuntersuchung die Frage der Wahl des richtigen Zeitpunkts.

Auch in anderen, bedeutsamen Schadensfällen, die keine Auswirkung auf die steuerliche Nachmeldepflicht haben, stellt sich aus der Sicht der Geschäftsleitung die Frage einer Anzeigepflicht aus dem **gesellschaftsrechtlichen Pflichtenkanon** des Geschäftsleiters:

Geschäftsleiter haben die Pflicht (§ 91 Abs. 2 AktG), geeignete Maßnahmen zu treffen, insbesondere ein Überwachungssystem einzurichten, damit den Fortbestand der Gesellschaft gefährdende Entwicklungen früh erkannt werden. Je nachdem, ob das Institut als Aktiengesellschaft (dann § 93 Abs. 2 AktG) oder als GmbH (dann § 43 Abs. 2 GmbHG) verfasst ist, machen sie sich schadensersatzpflichtig, wenn sie diese Pflicht verletzen oder sonst gegen das sogenannte Legalitätsprinzip der Geschäftsführung verstoßen. Welche Maßnahmen konkret als „geeignet" angesehen werden können und welche Schlussfolgerungen aus den im „Überwachungssystem" aufgekommenen Fällen zu ziehen sind, ist im Einzelfall im Rahmen des unternehmerischen Ermessensspielraums (Business-Judgement-Rule) zu entscheiden. Wenn die Einbeziehung der Ermittlungsbehörden durch die Erstattung einer Strafanzeige ein geeignetes oder gar das einzig geeignete Mittel darstellt, Schaden von der Gesellschaft abzuwenden oder erfolgversprechende Maßnahmen zur Schadenswiedergutmachung einzuleiten, kann das Ermessen der Geschäftsleitung in erheblichem Maß eingeengt und auf die Anzeigeerstattung verdichtet sein.

In einem solchen Fall entsteht sozusagen als Rechtsreflex aus der Geschäftsführungspflicht dann eine Anzeigepflicht. Sie ist das strafrechtliche Pendant zu der seit dem sogenannten „ARAG-Garmenbeck-Urteil" des BGH aus dem Jahr 1997 (Az.: II ZR 175/95) und der in den Folgejahren zu diesen Fragen weiterentwickelten Rechtsprechung.

Die Fälle, in denen das Unterlassen einer Strafanzeige eine neue, eigenständige Pflichtverletzung der Geschäftsleitung begründet, da durch die Unterlassung wiederum auf die schadensbegrenzenden Wirkungen eines Strafverfahrens verzichtet wird oder die Möglichkeiten der Strafverfolgungsbehörden, im Rahmen der sogenannten Rückgewinnungshilfe bereits eingetretene Vermögensverluste dem Unternehmen wieder gutgebracht werden können, mögen zwar selten sein. Die positiven Wirkungen, die ein durch Anzeige eingeleitetes Strafverfahren entfalten kann, sind aber von den Entscheidungsträgern in die Abwägung einzubeziehen. Ebenso ist in die Abwägung einzustellen, dass eine Anzeigenerstattung auf ungenügender Tatsachenbasis gegenteilige Wirkungen zeigen, ja sogar zur Strafverfolgung wegen falscher Verdächtigung (§ 164 StGB) führen kann, da die Freistellungswirkung des § 13 GwG auf Strafanzeigen nach dem allgemeinen Recht nicht anwendbar ist.

Die Entscheidung setzt also jedenfalls die Erarbeitung einer gefestigten Tatsachengrundlage und eingehende Abwägung sowie Beratung zu den Folgen einer Anzeigeerstattung voraus. Auf diese Fragen soll unter dem Aspekt der internen Ermittlung im Teil D des Buches – Ermittlungen – noch näher eingegangen werden.

3.5. Aufzeichnungspflichten

Die zur Untersuchung von Sachverhalten ergriffenen Maßnahmen und die Prüfung der Erstattung einer Strafanzeige sind gem. § 25h Abs. 3 KWG aufzuzeichnen und die **Aufzeichnungen** entsprechend aufzubewahren.

Aus dem Wortlaut des Gesetzes ergibt sich das nicht von selbst. Zwar knüpft die Einleitung von Satz 3 – „über diese Sachverhalte" – an Satz 1, der die Prüfung der Erstattung einer Strafanzeige zum Gegenstand hat, unmittelbar an. Jedoch wird im weiteren Wortlaut nur noch auf die „Maßgabe des § 8

GwG" hingewiesen und darauf, dass diejenigen Sachverhalte aufzuzeichnen und aufzubewahren seien, „die für die Darlegung gegenüber der Bundesanstalt erforderlich sind." Die Sachverhalte, denen sonstige strafbare Handlungen zugrunde liegen, werden nicht mehr erwähnt und auch der Verweis auf § 8 GwG deutet nicht darauf hin, dass die bearbeiteten Fälle mit sonstigen Straftaten als Hintergrund erfasst sein sollen. Hierbei handelt es sich aber wiederum um ein redaktionelles Versehen oder eine sprachliche Ungenauigkeit des Gesetzgebers, wie ein Blick auf die **Prüfungsberichtsverordnung** zeigt:

In Anlage 6 zu § 27 PrüfbV wird unter dem Prüfungsthema „Sonstige strafbare Handlungen (§ 25h Abs. 1 KWG)" der Punkt Dokumentations- und Aufzeichnungspflicht (gem. § 25h Abs. 3 KWG) geführt. Hieraus ist zu schließen, dass der Wirtschaftsprüfer bei seinem Bericht „über die Erfüllung der Aufzeichnungs- und Aufbewahrungspflichten sowie die Pflicht zur institutsinternen Erfassung und Anzeige von Verdachtsfällen" nicht nur Geldwäscheverdachtsfälle sondern eben auch den Umgang mit den Verdachtsfällen bezüglich sonstiger strafbarer Handlungen zu berichten hat. Angemerkt sei, dass die Neufassung der PrüfbV zum Zeitpunkt der Aktualisierung dieser Auflage noch in der Konsultationsphase war (BFin, Konsultation 09/2014).

Prüfungsthema ist nicht, ob die Entscheidung, Strafanzeige zu erstatten oder dies zu unterlassen, vom Wirtschaftsprüfer für richtig gehalten wird, sondern lediglich, ob ein **Beleg für die tatsächliche Untersuchung** der entsprechenden Fälle in Erfüllung der gesetzlichen Untersuchungspflicht vorhanden ist. Mithin ist das Institut verpflichtet, die Prüfung und die Entschließung über die Frage, ob angezeigt wird, zu dokumentieren. Dabei ist auf sorgfältige Dokumentation der Gründe gerade in den Fällen Wert zu legen, in denen sich das Institut gegen die Anzeigeerstattung entschieden hat. Im Hinblick auf die oben dargestellte überaus vage und kaum einzugrenzende Beschreibung, welche Sachverhalte der Untersuchungspflicht unterliegen, führt dies zu einem nicht zu unterschätzenden Dokumentationsaufwand.

Nach der hier vertretenen Auffassung greift die **Dokumentationspflicht** erst, wenn die Mitarbeiter der zentralen Stelle von ihrem Entschließungsermessen („ob eine Untersuchung einzuleiten ist") Gebrauch gemacht haben und tatsächlich eine Untersuchung für geboten halten. Mancher Wirtschaftsprüfer dürfte die Neigung haben, schon die Ausübung dieses Entschließungsermessens unter die Dokumentationspflicht zu subsumieren und eine Dokumentation selbst in den Fällen zu erwarten, in denen die zentrale Stelle unter Anwendung ihres Erfahrungswissens entschieden hat, dass keinerlei Umstände oder Anhaltspunkte überhaupt die Aufnahme von Ermittlungen oder die Einleitung einer Untersuchung gebieten. Es bleibt dem Geschick und der Überzeugungskraft des Leiters der zentralen Stelle überlassen, gegen solchermaßen überzogene Vorstellungen zu argumentieren.

Alle tatsächlich untersuchten und behandelten Fälle sind aber in entsprechender **Anwendung von § 8 GwG** aufzuzeichnen und die Aufzeichnungen mindestens fünf Jahre aufzubewahren. Im Hinblick darauf ist dem Gesetzesanwender zu raten, die Inhalte und Ergebnisse von Untersuchungshandlungen vollständig aufzuzeichnen und diese nebst einer Dokumentation der Gründe für die Nichtanzeige bei der zentralen Stelle aufzubewahren. Auch muss sichergestellt sein, dass die Unterlagen während der Dauer der **Aufbewahrungsfrist** verfügbar sind und – soweit auf Datenträgern gespeichert – jederzeit innerhalb angemessener Frist lesbar gemacht werden können.

Die Aufzeichnungen werden nicht selten brisante Daten, vielleicht Geschäftsgeheimnisse und immer personenbezogene Daten enthalten. Daher ist im Rahmen der Aufbewahrung dafür Sorge zu tragen, dass Unbefugte keinen Zugriff auf die Unterlagen oder Datenbestände nehmen können. Dem Wirtschaftsprüfer zu Prüfzwecken und der BaFin auf Anfrage sind die Aufzeichnungen selbstverständlich zur Verfügung zu stellen. Für die Verwendung bei Anfragen von Ermittlungsbehörden oder gar Anfragen sonstiger Dritter wurde keine eindeutige Regelung geschaffen. Für Zwecke außerhalb der Verhinderung oder Verfolgung strafbarer Handlungen, z. B. arbeitsrechtliche oder vertragsrechtliche Maßnahmen, scheidet eine Verwendung der Daten aus.

Darüber hinaus ist den Vorschriften des Datenschutzgesetzes Rechnung zu tragen.

Fassen wir bis hierher zusammen:

- Ein geschäfts- und kundenbezogenes Sicherungssystem kann in kleineren und mittelgroßen Instituten auch ohne EDV-Unterstützung gestaltet werden.

- Wird Zahlungsverkehr betrieben, erscheint IT-gestütztes Monitoring unumgänglich, selbst wenn das Institut kein Kreditinstitut ist.

- Es ist eine institutsangepasste Risiko-Systematik zu schaffen, die die Risikotragfähigkeit und die Risikobereitschaft des Instituts widerspiegelt.

- Eigenständige Kontrollen gehören zum Grundbestand der Straftatenbekämpfung.

- Eine Untersuchungspflicht besteht bei Sachverhalten, die aufgrund von Auffälligkeiten, Zweifelhaftigkeiten und Ungewöhnlichkeiten auf die Begehung von strafbaren Handlungen hindeuten.

- Treffermeldungen aus Monitoringsystemen lösen in der Regel noch nicht die Untersuchungspflicht aus, sondern sind im Rahmen pflichtgemäßen Ermessens dahingehend zu bewerten, ob sie näher untersucht werden müssen.

- Die Erstattung einer Strafanzeige kommt erst bei Vorliegen eines objektiv nachvollziehbaren, tatsachengestützten Anfangsverdachts infrage.

- Die Erstattung einer Strafanzeige ist an den Interessen des Instituts auszurichten und zu messen.

- Eine Freistellung für fehlerhaft erstattete Anzeigen besteht von Gesetzes wegen nicht.

- Fälle, die im Rahmen der Untersuchungspflicht einer Ermittlung unterzogen wurden, sind zu dokumentieren, auch wenn keine Strafanzeige erstattet wurde.

- Die Dokumentation ist analog § 8 GwG für fünf Jahre aufzubewahren.

3.6 Informationsaustausch und Datenschutz

Mit der neuen Regelung des Informationsaustausches in § 25h Abs. 3 Satz 4 und Satz 5 sind die bisher im Rahmen der Geldwäschebekämpfung gegebenen Möglichkeiten, zwischen den Instituten im Rahmen der Fallbearbeitung Informationen auszutauschen, wesentlich erweitert worden. Ein **Informationsaustausch** findet dem neuen Wortlaut gemäß nun auch in Untersuchungsfällen bezüglich der sonstigen strafbaren Handlungen statt und ist darüber hinaus zwar auf den Einzelfall bezogen, jedoch weder auf ausdrücklich benannte Verpflichtete, noch auf „denselben Vertragspartner und dieselbe Transaktion" beschränkt, wie dies in § 12 GwG der Fall ist. Mithin ist die einzelfallbezogene Kommunikation **zwischen Instituten** untereinander nunmehr ohne Rücksicht auf die Art des Instituts erlaubt.

Fraglich ist allerdings weiterhin, ob eine Informationsübermittlung auch in den Fällen erlaubt wäre, in denen andere Verpflichtete des Geldwäschegesetzes von einem Betrugsfall betroffen sind, also beispielsweise Rechtsanwälte und Notare, Wirtschaftsprüfer, die in Ziffer 9 des § 2 Abs. 1 GwG genannten Dienstleister für Gesellschaften und Treuhandvermögen, Immobilienmakler, Spielbanken oder gar Personen, die gewerblich mit Gütern handeln.

Da der Wortlaut davon ausgeht, dass „Institute" im Einzelfall zur Informationsübermittlung berechtigt sind, ist insoweit auf den weiteren Begriff des § 1 Abs. 1b KWG zurückzugreifen, wonach Institute im Sinne dieses Gesetzes Kreditinstitute und Finanzdienstleistungsinstitute sind. Ein Austausch mit den anderen erwähnten Verpflichteten (des Geldwäschegesetzes) verbietet sich mithin, ebenso wie mit den noch im Rahmen des § 12 Abs. 3 GwG erfassten

Zahlungsinstituten, Finanzunternehmen, Versicherungsunternehmen, Versicherungsvermittlern und Investmentaktiengesellschaften.

Die Gesetzesbegründung bemerkt dazu:

„Abs. 3 Satz 4 und 5 ermöglichen in Nachbildung des § 12 Abs. 3 des Geldwäschegesetzes, dass Institute in datenschutzrechtlich einwandfreier Art und Weise einen Informationsaustausch und eine Informationszusammenführung bewerkstelligen können, um durch das Zusammentragen von Informationen mehrerer pflichtiger Institute ein Verdachtsmoment rechtzeitig erkennen zu können. Voraussetzung ist allerdings, dass es sich um einen in Bezug auf strafbare Handlungen auffälligen oder ungewöhnlichen Sachverhalt handelt und tatsächliche Anhaltspunkte vorliegen, dass der Empfänger der übermittelten Informationen diese für die Beurteilung der Frage benötigt, ob der Sachverhalt den Ermittlungsbehörden nach § 11 des GwG zu melden oder gem. § 158 der StPO eine Strafanzeige zu erstatten ist. Die erhaltenen Informationen dürfen ausschließlich zum Zweck der Verhinderung strafbarer Handlungen und nur unter den durch den übermittelnden vorgegebenen Bedingungen verwendet werden."

Wie soll der Praktiker im Unternehmen, der mit der Umsetzung dieser durchaus widersprüchlichen und komplizierten Vorschriften betraut ist, nun verfahren?

In der Kriminalitätsbekämpfung gilt, dass eine eindeutige Rechtslage zur Weitergabe von Informationen nur auf der Ebene der Institute (Kreditinstitute, Finanzdienstleistungsinstitute) untereinander besteht. Allen anderen Betroffenen, also z. B. Kapitalverwaltungsgesellschaften gem. § 17 Abs. 1 KAGB, Finanzinstituten usw. kann nur angeraten werden, ihrer Untersuchungspflicht ohne den Austausch von Informationen nachzukommen. Das mag zwar im Einzelfall eine Erschwernis in der Entscheidungsfindung, ob Strafanzeige erstattet werden soll oder nicht, mit sich bringen, ist aber immer noch besser, als die Reputation des Unternehmens durch einen sogenannten „Datenschutzskandal“ aufs Spiel zu setzen.

Das Gesetz regelt darüber hinaus den bereichsspezifischen Datenschutz, indem es den betroffenen Unternehmen nicht nur gestattet, die für eine Untersuchung erforderlichen Daten zusammenzutragen, zu nutzen und entsprechend den Aufbewahrungsfristen vorzuhalten. Der Gesetzgeber sieht sich insoweit im Einklang mit den gängigen Grundsätzen des Datenschutzes, indem er feststellt:

> *„In diesem Zusammenhang ist zu berücksichtigen, dass das Allgemeininteresse an der Stabilität und Integrität des Finanzplatzes Deutschland sowie das Interesse des einzelnen Instituts, sich vor Straftaten zu schützen, mit dem Interesse des einzelnen Kunden, keine[r] Abklärung seiner Transaktionen und der damit verbundenen Daten unterzogen zu werden, in ein ausgewogenes Verhältnis gebracht werden muss.“*

Mit den datenschutzrechtlichen Implikationen der eigentlichen Untersuchungshandlungen, insbesondere wenn Daten von Mitarbeitern zu Untersuchungszwecken genutzt werden müssen, wollen wir uns an anderer Stelle näher auseinandersetzen.

3.7 Organisationspflichten

Das Gesetz formuliert dezidierte Vorstellungen, wie die Umsetzung der Kriminalitätsbekämpfung und der mit ihr einhergehenden Untersuchungspflicht im Institut organisatorisch zu geschehen hat. Ein neuer **Beauftragter** für die Abwehr strafbarer Handlungen, der dann neben dem Compliance-Beauftragten und dem Geldwäschebeauftragten sowie dem Datenschutzbeauftragten als eigenständiger Kompetenzträger stehen würde, wird zwar nicht (noch nicht?) gefordert. Jedoch ist ausdrücklich angeordnet, dass zur Verhinderung der sonstigen strafbaren Handlungen im Institut eine **zentrale Stelle** einzurichten ist, die im Regelfall der Funktion des Geldwäschebeauftragten angegliedert werden soll. Nur auf Antrag des Instituts kann die BaFin bei Vorliegen eines wichtigen Grundes zustimmen, dass die Aufgabenerfüllung an anderer Stelle erbracht wird. Begründet wird dies bereits im Gesetzentwurf mit der Hebung von Synergien und der effektiven Umsetzung eines risikoorientierten Präventionsansatzes, „der von einer einheitlichen institutsspezifischen Gefährdungsanalyse, einheitlichen Berichtswegen und vollständiger Bestandsaufnahme aller durch strafbare Handlungen verursachten operationellen Risiken durch eine zentrale Stelle ausgeht …“.

Sehr weitgehend dringt die Gesetzesbegründung darauf, dass die Verhinderung der sonstigen strafbaren Handlungen mit den Sicherungsmaßnahmen gegen Geldwäsche und Terrorismusfinanzierung verzahnt und einheitlich organisatorisch aufgestellt werden soll. Der Eingriff in die **Organisationsfreiheit** der Institute ist dabei unübersehbarer, direkter und tiefer, als dies z. B. im Bereich Compliance mit den Ausführungen der Mindestanforderungen (MaComp) oder in den MaRisk im Hinblick auf die Einrichtung der Compliance-Stelle der Fall ist.

Wie ernst es dem Gesetzgeber mit der Umsetzung dieses Organisationsmodells ist, zeigt sich ansatzweise, wenn die Gesetzesbegründung davon spricht, dass die BaFin „auf Antrag durch Verwaltungsakt“ bestimmen wird, ob für die Verhinderung der sonstigen strafbaren Handlungen eine andere Stelle im Institut zuständig sein kann. Ein konsensorientierter, am Modell des „comply or explain“ ausgerichteter Aufsichtsstil wird an dieser Stelle durch die Förmlichkeit obrigkeitlichen Handelns wieder ein Stück weit zurückgedrängt.

Sollte sich das Institut also für das in der Gesetzesbegründung vorgeschlagene Organisationsmodell entscheiden, ist zumindest die **Schnittstellenproblematik** zum Bereich operationelle Risiken sowie zu den Sektoren der Complianceabteilung zu regeln, die sich mit Insiderhandel und Marktmanipulation befassen. Sollten Verdacht auf Insiderhandel und Markmanipulation vorliegen, muss in jedem Fall der Geldwäschebeauftragte benachrichtigt werden. Bei der Betrachtung operationeller Risiken ist es aus Sicht einer effektiven Bekämpfung von Straftaten nicht damit getan, die Risiken zu identifizieren und – wie auch immer – zu managen. Vielmehr müssen Regelungen dafür geschaffen werden, wann bei der Erkennung operationeller Risiken, die vom einzelnen Mitarbeiter ausgelöst werden, ein Straftatverdacht entsteht, der es geboten erscheinen lässt, den Vorgang an die zentrale Stelle zum Zwecke der weiteren Untersuchung abzugeben.

Bei konsequenter Trennung jener Verhaltensweisen, die zwar Fehlverhalten oder Regelverletzungen des Mitarbeiters darstellen, denen jedoch kein strafrechtlicher Hintergrund zuzurechnen ist, müssen andere Methoden der Sachverhandlung festgelegt werden. Will man auf das redundante Vorhalten von Ermittlungskompetenz in allen tangierten Bereichen verzichten, bietet sich eine weitere Sachbehandlung dieser Art von Verfehlungen durch die Personalabteilung, die Rechtsabteilung oder Compliance an. Fälle des fließenden Übergangs zwischen arbeitsrechtlicher Sanktion, zivilrechtlicher Verfolgung einer Schadenswiedergutmachung und auch der Berührung der Prüfungsnotwendigkeit strafrechtlicher Tatbestände sind in der Lebenswirklichkeit absehbar und daher in den Prozessen zu berücksichtigen.

Einfacher wäre es, dem Gedanken der Zentralisierung konsequent zu folgen und die Untersuchungskompetenz für sämtliche derartigen Sachverhalte der zentralen Stelle zuzuweisen. Nach Abschluss der Untersuchung erfolgt dann die weitere Sachbehandlung – ausgehend vom Untersuchungsergebnis – regelmäßig ohnehin in den zuständigen Stellen bzw. in Absprache mit diesen.

Nach der hier vertretenen Auffassung bedarf es bei einer Einbeziehung der operationellen Risiken, die nicht auf Straftaten beruhen, sowie der Marktmanipulation und der Insiderdelikte in den Aufgabenbereich der zentralen Stelle allerdings keines gesonderten Zustimmungsaktes (Verwaltungsaktes) durch die BaFin, weil insoweit das Gesetz eindeutig nur das Verhältnis zwischen Geldwäschebeauftragtem und zentraler Stelle zur Kriminalitätsbekämpfung regelt, nicht jedoch Art, Umfang und Ausprägungen der Zuständigkeiten dieser Stelle, solange die gesetzlich umrissenen Mindestanforderungen eingehalten werden.

Abs. 5 des § 25h KWG stellt klar, dass die internen Sicherungsmaßnahmen, also auch die Maßnahmen der Kriminalprävention, ausgelagert werden dürfen. Das Erfordernis der Zustimmung durch die BaFin ist historisch abgeleitet aus der Wesentlichkeit der Geldwäschebekämpfung im Sinne des § 25a Abs. 2 KWG, betrifft aber die Kriminalitätsbekämpfung nunmehr ebenfalls voll inhaltlich. Je nach Charakter des auslagernden Instituts gelten zusätzlich die Maßgaben der MaRisk oder der Inv-MaRisk für den Auslagerungsfall als Mindestrahmen. Die Auslagerung bedarf gem. § 25b Abs. 3 KWG (neu) auch in diesen Fällen einer schriftlichen Vereinbarung.

Durch die Verknüpfung der **Funktion des Geldwäschebeauftragten** mit der Funktion zur Kriminalitätsbekämpfung in § 25h Abs. 9 KWG als gesetzlicher Regelfall werden die weiteren Vorgaben für die Person des Geldwäschebeauftragten, die in Abs. 4 geregelt sind, zum gesetzlichen Leitbild für die Person des Leiters oder der Leiterin der zentralen Stelle zur Kriminalitätsbekämpfung erhoben. Jedenfalls wenn der Geldwäschebeauftragte die Kriminalitätsbekämpfung mit übernimmt, wird er auch für diesen Bereich zum Ansprechpartner für die Strafverfolgungsbehörden und ist auch im Hinblick auf die Thematik der Kriminalitätsbekämpfung der Geschäftsleitung direkt und unmittelbar nachgeordnet. Die gesetzliche Vorkehrung, dass dem Geldwäschebeauftragten ungehinderter Zugang zu sämtlichen Informationen, Daten, Aufzeichnungen und Systemen zu verschaffen sei, die im Rahmen der Erfüllung seiner Aufgaben von Bedeutung sein können, gilt insoweit auch für die Kriminalitätsbekämpfung.

Warum der Gesetzgeber die Gleichstellung mit dem Geldwäschebeauftragten und dem Compliance-Beauftragten nicht gleich durch den Begriff „Beauftragter für …“ deutlich gemacht hat, sondern lediglich von einer „Stelle“ im Institut spricht, bleibt unerfindlich. Eine solche Gleichstellung würde sowohl der Verantwortung als auch der Größe des Aufgabenbereichs wesentlich eher gerecht und hätte den tiefgreifenden Eingriff in die Organisationsfreiheit der Institute überflüssig gemacht.

4. Weitere Organisationsfragen, Kontrollen und Prüfungen

Wie dargelegt, sind also auch dem Beauftragten für die Kriminalitätsbekämpfung ausreichende Befugnisse zur Erfüllung seiner Funktion einzuräumen. Organisatorisches Muss in Kreditinstituten ist ferner die Beschaffung eines angemessenen Datenverarbeitungssystems, mit dem die als zweifelhaft oder ungewöhnlich anzusehenden Fallkonstellationen, insbesondere im Überweisungsverkehr, herausgefiltert und einer Untersuchung zugeführt werden können. Andere als Kreditinstitute können von der Anschaffung eines solchen Systems absehen; bei Kreditinstituten kann die BaFin Kriterien bestimmen, wonach diese vom Einsatz eines solchen Systems Abstand nehmen können.

Wo ein IT-gestütztes Monitoring zum Einsatz kommt, wird das Institut in sehr weitem Rahmen auf das bereits für die Geldwäschebekämpfung vorhandene Monitoring und eine ganze Reihe von darin erfassten Rastern und Typologien zurückgreifen können.

4.1 Prüfungsberichtsverordnung

Durch die enge gesetzliche Verzahnung von Geldwäschebekämpfung und Kriminalitätsbekämpfung wird auch deutlich, dass der Gesetzgeber eigene Kontrollen der zentralen Stelle hinsichtlich der Angemessenheit und des Funktionierens der Sicherungssysteme in gleichem Umfang erwartet wie bei der Geldwäschebekämpfung. Damit ist im Ergebnis das gleiche dreigliedrige interne Kontrollsystem, bestehend aus eigenen Kontrollen der Fachstelle, Prüfungen der internen Revision sowie Prüfung der Funktionstüchtigkeit und Angemessenheit durch den externen Wirtschaftsprüfer, auch in diesem Bereich zu installieren.

Vorausgesetzt wird bei der Prävention der sonstigen Straftaten mithin auch die Erstellung eines Kontrollplans, der insbesondere mit der internen Revision, aber eben auch mit der Stelle zur Geldwäschebekämpfung und der Compliance-Stelle abgestimmt sein sollte.

Dabei empfiehlt es sich, ein Auge auf die Prüfungsplanung und **Prüfungsschwerpunkte** des Wirtschaftsprüfers zu haben, um auch hier, soweit dies überhaupt möglich ist, Redundanzen zu vermeiden und insbesondere den betroffenen Geschäftseinheiten Mehrfachbelastungen zu denselben Prüfungsthemen und -fragen zu ersparen. Die Geschäftseinheiten können selbstverständlich in die Prüfungsdurchführung der eigenen Prüfungen der Zentralstelle mit eingebunden werden.

Um einen Überblick über die im Bereich Verhinderung von Straftaten zu erwartenden Prüfungsschwerpunkte des Wirtschaftsprüfers zu erlangen, lohnt ein Blick in die Prüfungsberichtsverordnung:

„§ 27 Darstellung und Beurteilung der getroffenen Vorkehrungen zur Verhinderung von Geldwäsche und Terrorismusfinanzierung sowie von sonstigen strafbaren Handlungen

(1) Der Prüfer hat zu beurteilen, ob die von dem Institut erstellte Gefährdungsanalyse zur Verhinderung der Geldwäsche, Terrorismusfinanzierung sowie des Betruges zu Lasten des Institutes der tatsächlichen Risikosituation des Instituts entspricht. Darüber hinaus hat er die vom Institut getroffenen internen Sicherungsmaßnahmen zur Verhinderung von Geldwäsche und Terrorismusfinanzierung sowie von sonstigen strafbaren Handlungen im Sinne von § 25h Absatz 1 des Kreditwesengesetzes darzustellen und deren Angemessenheit zu beurteilen. Dabei ist einzugehen

1. *auf die vom Institut entwickelten und aktualisierten internen Grundsätze und die Angemessenheit geschäfts- und kundenbezogener Sicherungssysteme und Kontrollen zur Verhinderung von Geldwäsche und Terrorismusfinanzierung sowie von strafbaren Handlungen im Sinne von § 25h Absatz 1 des Kreditwesengesetzes,*

2. *auf die Stellung und Tätigkeit des Geldwäschebeauftragten und seines Stellvertreters, einschließlich ihrer Kompetenzen, sowie die für eine ordnungsgemäße Durchführung ihrer Aufgaben notwendigen Mittel und Verfahren; für Institute, die selbst nicht Tochterunternehmen im Sinne des Kreditwesengesetzes eines Instituts oder eines nach dem Geldwäschegesetz verpflichteten Versicherungsunternehmens sind, gilt dies auch in Bezug auf ihre Tochterunternehmen sowie ihre ausländischen Zweigstellen und Zweigniederlassungen, sowie*

3. *darauf, ob die Beschäftigten, die mit der Durchführung von Transaktionen und mit der Anbahnung und Begründung von Geschäftsbeziehungen befasst sind, angemessen über die Methoden der Geldwäsche und der Terrorismusfinanzierung sowie von strafbaren Handlungen im Sinne von § 25h Absatz 1 des Kreditwesengesetzes und die insofern bestehenden Pflichten unterrichtet werden.*

Bei der Darstellung und Beurteilung nach den Sätzen 2 und 3 sind die von dem Institut erstellte Gefährdungsanalyse sowie die von der Innenrevision im Berichtszeitraum durchgeführte Prüfung und deren Ergebnis zu berücksichtigen.

(2) Des Weiteren hat der Prüfer darzustellen und zu beurteilen, inwieweit das Institut den kundenbezogenen Sorgfaltspflichten, insbesondere auch den verstärkten Sorgfaltspflichten in Fällen eines erhöhten Risikos, nachgekommen ist.

(3) Zu berichten ist ferner über die Erfüllung der Aufzeichnungs- und Aufbewahrungspflichten sowie die Erfüllung der Pflicht zur institutsinternen Erfassung gemäß § 8 des Geldwäschegesetzes in Verbindung mit § 25h Abs. 3 Satz 2 des Kreditwesengesetzes und Meldung von Verdachtsfällen gemäß § 11 des Geldwäschegesetzes.

(4) Sofern das Institut die Durchführung von internen Sicherungsmaßnahmen oder die Wahrnehmung von kundenbezogenen Sorgfaltspflichten vertraglich auf eine dritte Person oder ein anderes Unternehmen ausgelagert hat, ist hierüber zu berichten.

(5) In Bezug auf ein Institut, das ein übergeordnetes Unternehmen im Sinne des § 25l des Kreditwesengesetzes ist, hat der Prüfer darzustellen und zu beurteilen, inwieweit das Institut angemessene Maßnahmen getroffen hat, um in seinen nachgeordneten Unternehmen, Zweigstellen und Zweigniederlassungen die gruppeneinheitliche Schaffung der in § 25l des Kreditwesengesetzes genannten internen Sicherungsmaßnahmen sowie die Erfüllung der dort zusätzlich genannten Pflichten und gegebenenfalls die Erfüllung von am ausländischen Sitz geltenden strengeren Pflichten sicherzustellen. Absatz 1 Satz 4 sowie Absatz 4 gelten entsprechend. Soweit die nach Satz 1 zu treffenden Maßnahmen in einem Drittstaat nicht zulässig oder tatsächlich nicht durchführbar sind, hat der Prüfer ferner darzustellen und zu beurteilen, inwieweit das Institut angemessene Maßnahmen getroffen hat, um sicherzustellen, dass seine nachgeordneten Unternehmen, Zweigstellen und Zweigniederlassungen dort Geschäftsbeziehungen nicht begründen oder fortsetzen, keine Transaktionen durchführen und bestehende Geschäftsbeziehungen beenden.

(6) Bei Kreditinstituten ist zu beurteilen, inwieweit diese im bargeldlosen Zahlungsverkehr ihren Pflichten zur Feststellung, Überprüfung und Übermittlung von vollständigen Auftraggeberdaten nachgekommen sind. Gleiches gilt in Bezug auf die von den vorgenannten Instituten getroffenen Maßnahmen zur Erkennung und Behandlung von eingehenden Zahlungsaufträgen mit unvollständigen Auftraggeberdaten.

(7) Bei Kreditinstituten ist darzustellen, inwieweit diese ihre Verpflichtungen nach § 24c Absatz 1 des Kreditwesengesetzes erfüllt haben. Insbesondere ist zu beurteilen, ob die hierzu eingesetzten Verfahren eine zutreffende Erfassung der aufgenommenen Identifizierungsdaten mit richtiger

Zuordnung zum Konto oder Depot im Abrufsystem gewährleisten. Gegebenenfalls ist über die ordnungsgemäße Erfüllung der Anordnungen der Bundesanstalt gemäß § 6a des Kreditwesengesetzes zu berichten.

(8) Die wesentlichen Prüfungsergebnisse sind in einem Fragebogen nach Maßgabe der Anlage 6 zu dieser Verordnung aufzuzeichnen. Der vollständig beantwortete Fragebogen ist dem Prüfungsbericht beizufügen. Der Fragebogen ist auch dann bei der Bundesanstalt einzureichen, wenn bei verbandsgeprüften Kreditinstituten für das betreffende Jahr kein Prüfungsbericht angefordert wird. § 26 Absatz 4 bleibt unberührt.

Angemerkt sei auch an dieser Stelle, dass die Überarbeitung der PrüfbV zum Zeitpunkt der Aktualisierung dieser Auflage noch in der Konsultationsphase war (BaFin, Konsultation 09/2014).

Die vorgesehene Anlage 6 zu § 27 PrüfbV beschreibt auch zukünftig, welche internen Sicherungsmaßnahmen im Einzelnen im Bereich der Verhütung sonstiger strafbarer Handlungen vom Wirtschaftsprüfer zu bewerten sind; u. a.:

- Gefährdungsanalyse;
- Sicherungssysteme gegen sonstige strafbare Handlungen;
- Grundsätze (Arbeitsanweisungen);
- Prüfungen durch die für die Verhinderung der sonstigen strafbaren Handlungen zuständige Stelle;
- Monitoring-System (laufende Überwachung);

- Aktualisierungsverpflichtung;
- Dokumentations- und Aufzeichnungspflicht;
- Einhaltung von Pflichten in Bezug auf nachgeordnete Unternehmen;
- Auslagerung von internen Sicherungsmaßnahmen;
- Einrichtung einer zuständigen Stelle.

Im Hinblick auf die Kritik der FATF in der Prüfung Deutschlands im Jahr 2010 (FATF/OECD and JMF: Mutual Evaluation Report – Germany) wird klargestellt, dass die Darstellung und Beurteilung der Maßnahmen in früheren Prüfberichten der Bundesanstalt in vielen Fällen nur eine unzureichende Übersicht über den tatsächlichen Stand der Maßnahmen verschafft habe. Auch seien Prüfer zum Teil ihrer Berichtspflicht nicht vollumfänglich nachgekommen und hätten durch die Verwendung von unspezifischen Textbausteinen und die bloße Beschreibung von Sachverhalten nicht in ausreichendem Maß ihre Prüfungsaufgabe wahrgenommen. Die Anlage 6 zu § 27 PrüfbV stellt daher eine **obligatorische Checkliste** dar, nach denen die Prüfer vorzugehen haben. Sie sollen so angehalten werden, unklare Formulierungen zu vermeiden und kurz und prägnant zu allen aufsichtsrechtlich erforderlichen Elementen Stellung zu nehmen und diese zu bewerten. Darauf müssen insbesondere die eigenen Kontrollen sowie die Dokumentation der im Bereich geleisteten Arbeit frühzeitig ausgerichtet werden.

4.2 Organisationshinweise

Kleinere Institute, die bisher die Themen Geldwäschebekämpfung, Kriminalitätsbekämpfung und Compliance in einer Hand gebündelt hatten, werden sich fragen müssen, ob die vorhandenen Kapazitäten angesichts der vielen Änderungen im Aufsichtsrecht noch ausreichen. Größere Institute sind aufgerufen, die Aufgabenverteilung neu zu überdenken, Schnittstellen neu und gegebenenfalls deutlicher zu regeln als bisher und nicht nur ihre Grundsätze und Arbeitsanweisungen, sondern insbesondere die zugehörigen Prozesse auf die veränderten Aufgabenstellungen auszurichten, um die in der Gesetzesbegründung angesprochenen Synergien tatsächlich heben zu können.

Am Beispiel des Auszuges aus einem Muster-Organisationshandbuch wird die praktische Ausformulierung eines Grundsatzpapiers für die Bekämpfung sonstiger strafbarer Handlungen in kleinen und mittelgroßen Instituten später in Teil C dieses Buches dargestellt. Der Text gibt einen Anhaltspunkt, wie die Aufgabe der Kriminalitätsbekämpfung in die schriftlich fixierte Ordnung des Instituts integriert werden kann. Der Vorschlag bedarf selbstverständlich der institutsspezifischen Anpassung an die vorhandenen Umstände. Wenn und soweit die Kriminalprävention und die Geldwäschebekämpfung, wie gesetzlich als Regelfall vorgesehen, zusammengefasst werden, können auch die beiden Arbeitsanweisungen zu einer gemeinsamen Policy verschmolzen werden (siehe dort).

Die in der Anlage 6 zur PrüfbV ausdrücklich genannte **Aktualisierungsverpflichtung** bezieht sich auch auf die internen Grundsätze, die gem. § 25h Abs. 1 KWG zu schaffen sind.

Die Kundensorgfaltspflichten, wie:

- die Identifizierungspflicht,
- die Einholung von Informationen zum Zweck und Art der Geschäftsverbindung,
- die Abklärung der wirtschaftlich Berechtigten und
- die kontinuierliche Überwachung der Geschäftsbeziehung

sind im Wirtschaftsprüferbericht ausdrücklich nur dem Prüfungsgegenstand Geldwäsche/Terrorismusfinanzierung zugeordnet. Dennoch werden diese **Kundensorgfaltspflichten** auch bei der Prävention gegen sonstige Straftaten ein wesentliches Element der internen Sicherungsmaßnahmen sein, sodass sie auch in diesem Bereich implementiert und angewendet werden sollten und mit ihrer Prüfung durch den Wirtschaftsprüfer zu rechnen ist. Gleiches gilt für den ebenfalls gesondert aufgeführten Prozess der Kundenannahme, der ebenfalls bei dem Prüfungsgegenstand der sonstigen strafbaren Handlungen nicht noch einmal gelistet ist.

Es wird in der Praxis wenig Sinn haben, sich unter Berufung auf Anlage 6 zu § 27 PrüfbV dem Wirtschaftsprüfer gegenüber die Prüfung dieser Komplexe im Bereich „sonstige strafbare Handlungen“ verbitten zu wollen. Insoweit ist also eher sogar mit einer Ausweitung des Prüfungshorizonts zu rechnen.

Soweit die „Prüfung der Erstattung von Strafanzeigen“ ein eigens genanntes Prüfthema ist, soll allerdings darauf hingewiesen werden, dass nicht die Entscheidung, ob Strafanzeige erstattet wurde oder nicht, als solche vom Wirtschaftsprüfer zu hinterfragen ist, sondern dass der Wirtschaftsprüfer lediglich die entsprechenden Fälle dahingehend zu prüfen hat, ob der Untersuchungspflicht Genüge getan wurde und die Untersuchungshandlungen hinreichend dokumentiert sind. Daraus ergibt sich, dass die Fall-Untersuchung selbst und die Entschließung zur Frage der Strafanzeige auch in den Fällen zwingend zu dokumentieren sind, in denen schließlich keine Strafanzeige erstattet wird.

B Definition und Beispiele strafbarer Handlungen im Institut

1. Erscheinungsformen und Kriminologie typischer Wirtschaftsstraftaten

Nach der Erörterung der in § 25h KWG enthaltenen materiellen und formellen Pflichten ist es nunmehr an der Zeit, den Begriff der „sonstigen Straftaten“ mit Leben zu erfüllen und einer näheren Betrachtung zu unterziehen. Dabei kann dieses Buch nur einen **Überblick** über die wichtigsten Straftatbestände bieten und ihre Relevanz für die Aufgabenerfüllung im Rahmen des § 25h KWG mit einigen statistischen Aussagen belegen. Da es nicht Sinn der Vorschrift sein kann, aus jedem Institutsmitarbeiter oder Angehörigen der zentralen Stelle einen Strafrechtler zu machen oder die Arbeit nur noch mit aufgeschlagenem StGB-Kommentar anzugehen, wird es nicht ausbleiben, in Einzelfällen den Rat der Rechtsabteilung oder externer Rechtsberater einzuholen. Der folgende Überblick soll aber auch den Nicht-Juristen in die Lage versetzen, Auffälligkeiten und zweifelhafte Sachverhalte daraufhin zu bewerten, ob sie etwas mit **strafbaren Handlungen** zu tun haben können und daher einer eingehenderen Untersuchung zuzuführen sind. Wir nähern uns den einzelnen Tatbeständen über den Begriff der Wirtschaftskriminalität und seine kriminologische Bedeutung.

1.1 Zur Kriminologie der Betrugsdelikte

Die Ursprünge der kriminologischen Betrachtung von Wirtschaftsstraftaten reichen zurück in die dreißiger Jahre des letzten Jahrhunderts und sind geprägt von kriminalsoziologisch ausgerichteten Forschungsarbeiten amerikanischer Kriminologen. Auf Edwin H. Sutherland und sein gleichnamiges, 1949 erschienenes Werk geht der Begriff „White Collar Crime“ zurück.

Weiße-Kragen-Kriminalität wird beschrieben als Straftat, die von einer angesehenen Person mit hohem sozialen Status im Zuge ihrer Berufstätigkeit begangen wird. Diesem Ansatz ist zugute zu halten, dass neben dem Merkmal der Berufsbezogenheit, also dem Vorkommen von strafbarem Verhalten im Wirtschaftsleben, zugleich darauf hingewiesen wird, dass Kriminalität und strafbares Verhalten nicht nur in der Unterschicht, sondern in allen sozialen Schichten gleichermaßen verbreitet ist. Allerdings führt die Merkmalskombination aus Berufsbezogenheit und hohem sozialen Ansehen des Täters zu einer Verengung der Sichtweise, die der Komplexität des heutigen Wirtschaftslebens nicht mehr gewachsen ist und daher als Erklärungsansatz nur bedingt taugt.

Das Merkmal der **Berufsbezogenheit** ist, wenn es überhaupt zur Definition der Wirtschaftskriminalität herangezogen wird, nach der hier vertretenen Auffassung weit auszulegen, da auch Taten erfasst werden, in denen das Opfer im Rahmen seiner wirtschaftlichen Betätigung (die nicht unbedingt berufsbezogen sein muss) von einem externen Täter mit spezifischen Mitteln des Wirtschaftslebens angegriffen und am Vermögen geschädigt wird. Plastisches Beispiel kann hier das Angebot einer betrügerischen Kapitalanlage gegenüber einem „privaten" Investor sein, die der Täter ohne Bezugnahme auf das berufliche Umfeld beider, jedoch unter Bezugnahme auf Vorgänge des Wirtschaftslebens und unter Ausnutzung des Vertrauens des Opfers anbietet. Mit anderen Worten: Wirtschaftskriminalität kann im beruflichen Umfeld von Täter und Opfer stattfinden, sie muss es aber nicht.

Eine andere Unterscheidung stellt darauf ab, ob die berufsbezogene Kriminalität vom Täter zu eigenem Nutzen im Arbeitsumfeld oder gegen seinen Arbeitgeber begangen wurde (Occupational Crime) oder ob es sich um Handlungen zugunsten der Firma oder durch das Unternehmen selbst handelt (Corporate Crime). Da das deutsche Strafrecht eine Unternehmensstrafbarkeit bislang nicht kennt, sondern an die individuelle Schuld der handelnden Personen anknüpft, wird letztere Kategorie in der Diskussion in Deutschland nicht selten ignoriert. Das dürfte sich mit der Schaffung des bereits erwähnten Verbandsstrafgesetzbuches alsbald ändern. Die Behauptung, dass in einem Unternehmen „systemische" Gegebenheiten vorhanden sein können, die dem einzelnen Handelnden nahelegen, kriminelles Tun zugunsten oder im Sinne des Unternehmens zu entfalten, ist den Befürwortern des Unternehmensstrafrechts durchaus nicht abzusprechen. Auch, dass Strukturen zu einer Zerfaserung von Verantwortlichkeiten führen können, die es letztlich unmöglich machen, individuelle Täter zu bestrafen oder nur „Bauernopfer" aus den mittleren und unteren Führungsetagen vor Gericht stellen zu können, lässt sich kaum bestreiten.

Typische Formen dieser „Unternehmenskriminalität" sind Verstöße gegen das Kartellrecht (unzulässige Kartellabsprachen), Industriespionage (beim Konkurrenten), Marken- und Patentverletzungen (Plagiate) und nicht selten Korruptionsdelikte.

Die Sanktionsform für Corporate Crime mit der Möglichkeit, das Unternehmen zu belangen, ist das Ordnungswidrigkeitenrecht mit seinen speziellen Sanktionen (z. B. § 17 GwG oder § 20 UWG) und den §§ 30, 130 OWiG mit der Möglichkeit, Gewinnabschöpfung anzuordnen. Darauf wird an anderer Stelle noch ausführlicher einzugehen sein.

1.2 Die Legaldefinition von Wirtschaftskriminalität

Neben dem Begriff der „Weiße-Kragen-Kriminalität" gibt es Versuche, **Wirtschaftskriminalität** anhand der begangenen Delikte zu bestimmen. Als wirtschaftskriminelle Handlungen werden hier Taten, die besondere Kenntnisse des Wirtschaftslebens erfordern, angesehen und diese in Anlehnung an die Formulierung in § 74c GVG (Gerichtsverfassungsgesetz) für die Begründung der Zuständigkeit einer Wirtschaftsstrafkammer im Strafverfahren und an den dort genannten Katalog von Tatbeständen definiert. Solche Handlungen können auf allen Hierarchiestufen eines Unternehmens verübt werden, auf denen Spezialkenntnisse in größerem Umfang gebündelt sind. Damit ist nicht nur die sogenannte Managementkriminalität erfasst, sondern berufsbezogene Handlungen auf allen Handlungsebenen. Konsequenterweise hat sich die deutsche kriminologische Forschung daher auch eher an dem umfangreichen Straftatenkatalog des § 74c GVG und der hierin enthaltenen prägnanten Klausel, dass „zur Beurteilung des Falles besondere Kenntnisse des Wirtschaftslebens erforderlich sind", orientiert. Diese besonderen Kenntnisse sollen dann über allgemeine Erfahrung hinausgehen, wenn die Betrachtung und Kenntnis von Abläufen, Prozessen und Verfahrensweisen sowie Mechanismen des Wirtschaftslebens erforderlich sind, die nur speziellen „Wirtschaftskreisen" oder den in einem besonderen Wirtschaftssegment handelnden Personen zugänglich und bekannt sind. Unterstellt wird diese Besonderheit in § 74c GVG u. a. für Straftaten nach den Gesetzen über das Bank-, Depot-, Börsen- und Kreditwesen sowie nach dem Versicherungsaufsichtsgesetz und dem Wertpapierhandelsgesetz, aber auch bei Straftaten aus dem Urheber- und Markenrecht, im Bereich des unlauteren Wettbewerbs sowie bei aktienrechtlichen, bilanzrechtlichen und gesellschaftsrechtlichen Tatbeständen aus den einschlägigen Spezialgesetzen. Unter Wirtschaftskriminalität wird daher nach dieser Zuordnung die Gesamtheit der Straftaten und Ordnungswidrigkeiten verstanden, die im Zuge wirtschaftlicher Betätigung unter Missbrauch des im Wirtschaftsleben nötigen Vertrauens begangen werden.

Das Element des Vertrauensmissbrauchs ist notwendig zur Begrenzung des Themenfeldes gegenüber sonstigen kriminellen Handlungen, für die ebenfalls Spezialkenntnisse erforderlich sind, beispielsweise technischer Art.

Da es sich bei § 74c GVG aber um eine Zuständigkeitsnorm handelt, sind die Abgrenzungskriterien für eine kriminologische, kriminalistische oder bankbetriebliche Definition nur bedingt geeignet: viele Straftaten, die nicht in der Wirtschaftsabteilung einer Staatsanwaltschaft ermittelt oder vor der Wirtschaftsstrafkammer des Landgerichts verhandelt werden, stellen trotzdem „Wirtschaftskriminalität" und „betrügerische Handlungen" im Sinne der Aufgabenzuweisung in § 25h KWG dar und werden daher im Aufgabenspektrum einer dafür zuständigen internen Stelle liegen müssen, um die Anforderungen an die bankaufsichtsrechtliche Systematik der Bekämpfung dieser Handlungen zu erfüllen.

Der Vollständigkeit halber sei hier die Aufzählung der in § 74c Abs. 1 GVG genannten Straftatbestände als erster Überblick gelistet:

§ 74 c

(1) Für Straftaten

1. *nach dem Patentgesetz, dem Gebrauchsmustergesetz, dem Halbleiterschutzgesetz, dem Sortenschutzgesetz, dem Markengesetz, dem Designgesetz, dem Urheberrechtsgesetz, dem Gesetz gegen den unlauteren Wettbewerb, der Insolvenzordnung, dem Aktiengesetz, dem Gesetz über die Rechnungslegung von bestimmten Unternehmen und Konzernen, dem Gesetz betreffend die Gesellschaften mit beschränkter Haftung, dem Handelsgesetzbuch, dem SE-Ausführungsgesetz, dem Gesetz zur Ausführung der EWG-Verordnung über die Europäische wirtschaftliche Interessenvereinigung, dem Genossenschaftsgesetz, dem SCE-Ausführungsgesetz und dem Umwandlungsgesetz,*

2. *nach den Gesetzen über das Bank-, Depot-, Börsen- und Kreditwesen sowie nach dem Versicherungsaufsichtsgesetz, dem Zahlungsdiensteaufsichtsgesetz und dem Wertpapierhandelsgesetz,*

3. *nach dem Wirtschaftsstrafgesetz 1954, dem Außenwirtschaftsgesetz, den Devisenbewirtschaftungsgesetzen sowie dem Finanzmonopol-, Steuer- und Zollrecht, auch soweit dessen Strafvorschriften nach anderen Gesetzen anwendbar sind; dies gilt nicht, wenn dieselbe Handlung eine Straftat nach dem Betäubungsmittelgesetz darstellt, und nicht für Steuerstraftaten, welche die Kraftfahrzeugsteuer betreffen,*

4. *nach dem Weingesetz und dem Lebensmittelrecht,*

5. *des Subventionsbetruges, des Kapitalanlagebetruges, des Kreditbetruges, des Bankrotts, der Verletzung der Buchführungspflicht, der Gläubigerbegünstigung und der Schuldnerbegünstigung,*

> 5.a *der wettbewerbsbeschränkenden Absprachen bei Ausschreibungen sowie der Bestechlichkeit und Bestechung im geschäftlichen Verkehr,*
>
> 6. *a) des Betruges, des Computerbetruges, der Untreue, des Vorenthaltens und Veruntreuens von Arbeitsentgelt, des Wuchers, der Vorteilsannahme, der Bestechlichkeit, der Vorteilsgewährung und der Bestechung,*
>
> *b) nach dem Arbeitnehmerüberlassungsgesetz und dem Schwarzarbeitsbekämpfungsgesetz, soweit zur Beurteilung des Falles besondere Kenntnisse des Wirtschaftslebens erforderlich sind, … .*

2. Das Leipziger Verlaufsmodell wirtschaftskriminellen Handelns

Wichtigster Erklärungsansatz der neueren deutschen kriminologischen Forschung ist das von Schneider entwickelte Leipziger Verlaufsmodell wirtschaftskriminellen Handelns. Das **Leipziger Verlaufsmodell**, erstmals in der Neuen Strafrechtszeitung 2007 (NStZ 2007, S. 555) einer breiteren Öffentlichkeit vorgestellt, greift die bisher vorliegenden Erklärungsansätze für Wirtschaftskriminalität auf und versucht, deren Defizite auszugleichen, indem auch mögliche **personale Risikofaktoren** in der Persönlichkeit des Täters beleuchtet und unterschiedliche Stufen in seinem Entscheidungsprozess für oder gegen die Straftat aufgezeigt werden. Wie auch das vorliegende Buch geht Schneider davon aus, dass eine beschränkte Betrachtung der Wirtschaftskriminalität unter dem Gesichtspunkt der Zuständigkeit der Wirtschaftsstrafkammern gem. § 74c GVG dem Kriminalitätsbereich und seinen Erklärungs- und Bekämpfungsansätzen nicht gerecht wird, weil hierdurch kriminologische Aussagen auf das nationale Recht begrenzt bleiben würden. Dieses Argument trägt auch in der Finanzbranche, da gerade international tätige Institute einen Ansatz benötigen, der in die Arbeit des gesamten Instituts integrierbar sein muss und sich nicht nur auf deutsche Gegebenheiten beziehen kann.

Das Verlaufsmodell geht von einer **kriminogenen Situation** aus, die bei dem möglichen Täter durch einen „Wahrnehmungsfilter" läuft und, soweit er die betriebsinternen Abläufe kennt, in ein Bemerken der Situation mündet. Kriminogen ist eine Situation, die aufgrund verschiedener Umstände die Begehung einer strafbaren Handlung ermöglichen würde. Sie ist also eine Gefahren- oder Risikosituation, in der das Straftaten-Risiko bereits angelegt ist und bei der es dann auf die weitere Entscheidung bzw. Haltung des potenziellen Täters ankommt.

Ist die Situation bemerkt, beginnt ihre Bewertung, die unter Berücksichtigung bestimmter individueller Risikofaktoren zu einer Blockade weiteren Handelns oder dem „freien Blick" des Betroffenen führen kann. Als wesentliche Risikofaktoren, die gegebenenfalls zu einer Bewertung der Situation als „günstige Gelegenheit" führen und damit ein letztlich strafbares Handeln in der Situation fördern können, werden von Schneider folgende personale Faktoren hervorgehoben:

- Frustration und Kränkung;
- inadäquates Anspruchsniveau;
- fehlendes Verhältnis zu Geld und Eigentum;
- moderne, materialistische Werte sowie
- Neutralisierungsstrategien.

Diese Faktoren erhöhen die Wahrscheinlichkeit, dass der Handelnde zum Täter wird, d. h., die Gelegenheit nicht nur als Sicherheitslücke versteht, die er ignoriert oder gegebenenfalls sogar schließt, sondern als Tatgelegenheit auffasst. Schneider kommt zu dem Schluss, „dass nicht jeder, der eine Situation als günstige Gelegenheit interpretiert, diese auch in entsprechende Aktionen umsetzt". Als ausschlaggebende Faktoren für den Weg in die Kriminalität benennt er personale Risiken.

In einer neueren Untersuchung, auf die wir sogleich bei näherer Betrachtung der Täterpersönlichkeiten eingehen wollen, hat Schneider diesen Ansatz weiter konkretisiert und in eine Typologie des Wirtschaftsstraftäters münden lassen. Er berücksichtigt aber auch, dass Wirtschaftsstraftaten bisweilen auf die Unklarheit von Normen, aus Tätersicht auf die Unkenntnis der Grenzen zwischen erlaubtem und verbotenem Verhalten, beruhen können. Als Beispiel nennt er die Insolvenzstraftaten mit ihren vielfältigen ausfüllungsbedürftigen Rechtsbegriffen.

Weitere Beispiele der tatfördernden **Normenunklarheit** sind einige durch die Rechtsprechung bislang selten interpretierte Vorschriften des Kapitalmarktstrafrechts, die Geldwäsche (§ 261 StGB) sowie der vom Bundesgerichtshof wegen Normenunklarheit für verfassungswidrig erklärte Tatbestand der besonders schweren Steuerhinterziehung (ehemals § 370a AO). In diesen Fällen kann es dem Täter „passieren", durch Unkenntnis oder Unachtsamkeit den Tatbestand zu verwirklichen oder einem absichtsvoll oder vorsätzlichen handelndem Täter Hilfestellung zu leisten.

Das Leipziger Verlaufsmodell ist deshalb von größter Wichtigkeit für das Verständnis wirtschaftskriminellen Handelns, weil es praxisnah verdeutlicht, dass bei gleicher objektiver Ausgangslage rechtmäßige wie rechtswidrige Handlungsalternativen bestehen und der Verlauf (Straftat oder keine Straftat) von individuellen Risikofaktoren des Handelnden abhängig ist. Ein adäquates Anspruchsniveau, ein reales Verhältnis zu Geld und Eigentum können ebenso wie Wertschätzung und moderne idealistische oder traditionelle Werte dazu beitragen, dass der Handelnde der nicht-kriminellen Entscheidungsmöglichkeit den Vorzug gibt. Verinnerlichte Werte können ebenso kriminalitätsverhindernd wirken wie situative Motivationen. Aus dieser Aussage lassen sich Rückschlüsse auf den Präventionswert von Ethikkodizes, Verhaltenskodizes (Code of Conduct), im Unternehmen gelebter Werte und das zugehörige Wertemanagement ziehen.

Diese Erkenntnis öffnet den Blick, dass Prävention nicht nur an der Tatgelegenheit im technischen Sinne (Prozesse, Zuständigkeiten, Abläufe), sondern auch an Werten und Motiven, mithin einer Unternehmenskultur, ansetzen kann.

3. Das Fraud-Triangle

Das Fraud-Triangle (Betrugsdreieck) ist ein Erklärungsansatz dafür, welche Bedingungen für die Begehung von wirtschaftskriminellen Handlungen zusammenkommen müssen. Es geht auf den amerikanischen Kriminologen und Soziologen Donald R. Cressey zurück.

Als praktisch handhabbares Erklärungsmodell hat es Eingang gefunden in den Revisionsprüfungsstandard SAS Nr. 99 (Statement of Auditing Standards des American Institute of Certified Public Accountants – AICPA) und findet heute in verschiedenen Ausprägungen Anwendung, wenn die Entstehung wirtschaftskrimineller Handlungen dargestellt werden soll (vgl. Abb. 1 – 3).

Abbildung 1: Fraud-Triangle

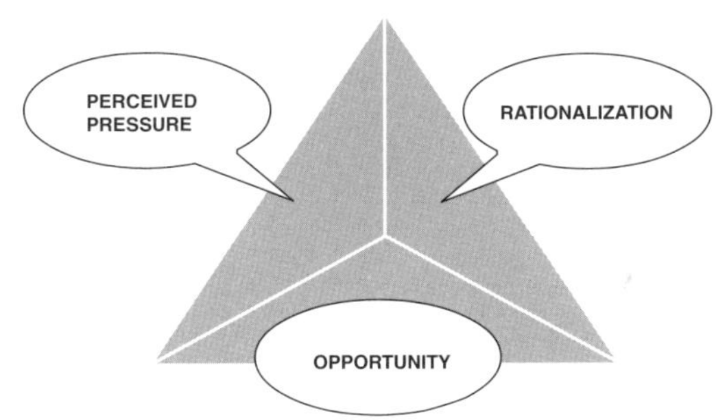

Das Fraud-Dreieck benennt drei Voraussetzungen, die zusammenkommen müssen, um einen Betrug zu ermöglichen:

- Tatgelegenheit (Opportunity)
- Tatmotiv (Pressure/Motivation)
- Rechtfertigung (Rationalisation/Attitude).

Abbildung 2: Betrugsdreieck

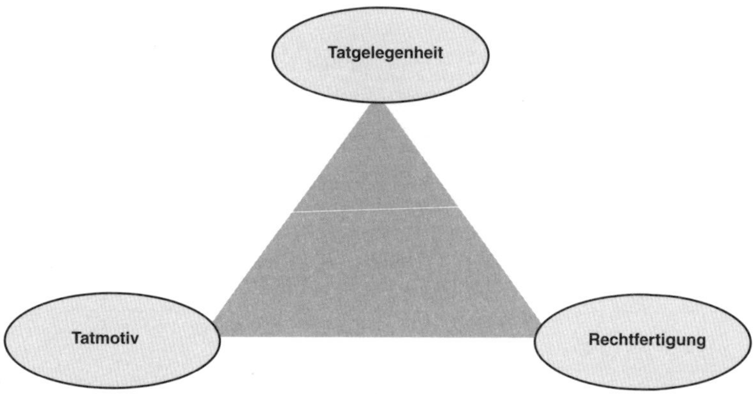

Die **Tatgelegenheit** beruht auf den äußeren Umständen, die es den Tätern ermöglichen, eine betrügerische Handlung zu begehen. Hierzu gehört die Position des Täters im Unternehmen, die es ihm erlaubt, Zugriff auf geeignete Tatobjekte zu haben oder Einfluss auf Prozesse nehmen zu können, um sie zulasten des Unternehmens zu missbrauchen. Hinzu kommen immer Schwächen im Kontrollsystem, die der Täter erkennt und ausnutzt. Beim internen Täter kommt häufig das Vertrauen hinzu, das ihm als Person, aber auch in seiner beruflichen Stellung entgegengebracht wird. Zur Nutzung der Tatgelegenheit brauchen die Täter immer Kenntnisse und Fertigkeiten, die sie zumeist in ihrem beruflichen Umfeld erlangt haben. Ohne grundsätzliche Kenntnis der Abläufe sind Manipulationen an der Buchhaltung, Zugriffe auf Konten, fingierte Bestellungen oder Abrechnungen, Überfakturierungen oder die Verwendung verfälschter Dokumente kaum praktizierbar.

Erfasst werden aber auch Tatgelegenheiten, die sich dem externen Täter bieten, z. B. durch fehlende oder schwache Kontrollsysteme, Leichtgläubigkeit und Leichtsinn auf Opferseite oder die generelle Tatgeneigtheit eines Internen, der vom externen Täter zur Kollusion verleitet wird.

Das **Tatmotiv** dürfte in den allermeisten Fällen die Absicht des Täters sein, sich oder einen Dritten zu bereichern. Auch Fälle der bewussten und gewollten bloßen Schädigung des Arbeitgebers ohne Eigennutz kommen bisweilen vor. Daneben spielt bei Korruptionsdelikten, im Bankenbereich auch bei Churning und bei bewusster Falschberatung von Kunden, nicht selten der Gedanke, für das Unternehmen das Beste zu wollen und Umsatzziele zu erreichen, eine wesentliche Rolle.

Die oft zitierte „Gier" mag in direkter Form (Bereicherungsabsicht) ebenso eine wesentliche und häufig anzutreffende Motivation darstellen, wie in Form des Strebens nach indirekten Vorteilen (Bonus, Beförderung, Anerkennung, Karriere).

Abbildung 3: Financial Fraud-Triangle

Cressey war in seinen frühen Forschungen noch davon ausgegangen, dass der Wirtschaftskriminelle durch eine spezifische Drucksituation zur Tat getrieben werde und nannte das Merkmal daher „Pressure". Schon bald machte sich in der Kriminologie aber der Eindruck breit, dass es durchaus autonome Motive oder intrinsische Motivationen für kriminelles Handeln auch beim Wirtschaftskriminellen geben könne, was zunächst durch Zusätze wie finanzieller Druck (Financial Pressure) oder empfundener Druck (Perceived Pressure) kenntlich gemacht wurde. Spätere Forschungen tendierten dann zur Verwendung des Begriffs Motivation (Motivation), was vereinzelt sogar zur Verwendung des Begriffs „Incentive" führte, um das wirtschaftliche Bereicherungs- oder Gewinnmotiv zu umschreiben.

Die richtige Kategorie zur Beschreibung der persönlichen Gegebenheiten bei der Tatbegehung ist nach der hier vertretenen Ansicht tatsächlich der Begriff der Motivation. Zu unterscheiden ist allerdings zwischen Motiv und Motivation: Motivationen umschreiben einen situativen psychosozialen Zustand, der mit den sich verändernden Lebensumständen einer Person wandelbar ist. Demgegenüber werden als Motive eher allgemeine und dauerhafte Dispositionen eines Individuums bezeichnet. Beide, Motive und Motivation, sind als Bedingungen des Verhaltens und des Handelns im Sinne einer Wenn-Dann-Beziehung zu verstehen.

Das Motiv kann also durchaus in die oben beschriebenen Kategorien der Bereicherung, der Gier, der Rache (am Arbeitgeber) etc. fallen. In der spezifischen Tatsituation treten aber stets situative Antriebe und Handlungsanreize, also Motivationen zu diesen Rahmenbedingungen hinzu, um die Tat auszulösen. So kann z. B. das Machtmotiv (ökonomische Macht, Statusmacht) situativ durch eine Frustrationsmotivation (keine Beförderung) oder durch eine kompetitive soziale Motivation („ich bin schlauer als die anderen") zur Tat verdichtet werden.

Für die Belange der Kriminalprävention ebenso wie für Maßnahmen zur Aufklärung vermuteter betrügerischer Handlungen ist es von Bedeutung, die Motivationen des Täters als mögliche Tatauslöser zu verstehen und erkennen zu können. Insoweit wird im Rahmen dieses Buches mit dem Motivationsbegriff weitergearbeitet. Motive mit ihren eher dauerhaften Grundlagen sind hingegen präventiv durch das Vorhalten eines moralischen oder ethischen Systems (Code of Conduct, Ethikkodex) ansprechbar und ggf. auch veränderbar.

Als dritte wesentliche Tatbedingung umschreibt das Fraud-Triangle die Möglichkeit des Täters, die Tat vor sich selbst zu **rechtfertigen** oder, wie Kriminalpsychologen es ausdrücken, zu **rationalisieren**. In manchen Forschungsarbeiten taucht der Begriff „Attitude" auf, womit ebenfalls die Haltung oder innere Einstellung des Täters umschrieben werden soll, die über seine Tatmotive und Motivationen hinausgeht. Schneider erfasst diesen Vorgang bei der Beschreibung von „Neutralisierungstechniken".

Typische Rationalisierungsmuster sind Erklärungen des Täters, wonach er eigentlich gar nicht anders konnte, ihm keine Wahl gelassen wurde oder er durch äußere Umstände in die Tat nahezu hineingedrängt wurde. In Krisenzeiten, bei drohendem Arbeitsplatzverlust und reduzierten Geschäftschancen kommen Erklärungen wie „das machen doch alle", „ich habe nur genommen, was mir zusteht" oder „ohne Schmiergeld kein Geschäft" zum Tragen. Dem Täter ist dabei in aller Regel klar, dass diese Erklärungen keine Rechtfertigungen im Rechtssinne darstellen, seine Tat dadurch nicht rechtmäßig wird. Die Rationalisierungen helfen aber, im Nachhinein Verständnis für die Tat hervorzurufen, wie auch der Täter zuvor seine eigenen „internen Kontrollinstanzen" und psychologischen Hemmungen zur Tatbegehung überwinden musste. Da wir es beim Wirtschaftskriminellen häufig mit einem sozial angepassten, gesellschaftlich integrierten und damit unauffälligen Tätertypus zu tun haben, ist die Rationalisierung für sein Selbstbild enorm wichtig. Es käme den wenigsten Wirtschaftskriminellen in den Sinn, die Rationalisierungsmuster als bloße Ausreden verstanden wissen zu wollen. Die Selbsterkenntnis, kriminell gehandelt zu haben, kommt den wenigsten Betrügern oder Untreue-Tätern über die Lippen.

Die im Fraud-Triangle benannten drei Grundvoraussetzungen:

- Tatgelegenheit (Opportunity),
- Tatmotiv (Pressure/Motivation) und
- Rechtfertigung (Rationalisation/Attitude)

müssen kumulativ vorliegen. Sie bedingen und ergänzen sich gegenseitig und üben eine Wechselwirkung aufeinander aus. Mal kann die Tatgelegenheit der alles überragende Faktor sein, ein anderes Mal kann die naheliegende Rationalisierung („der Chef rechnet ja selbst falsch ab") den Auslöser der Tat bilden.

Als Erklärungsansatz für wirtschaftskriminelles Verhalten ist das Fraud-Triangle von nicht zu unterschätzender Bedeutung: Prävention muss darum bemüht sein, Tatgelegenheiten zu reduzieren. Sie muss aber auch die psychosozialen

Gegebenheiten im Unternehmen berücksichtigen, um Fehlentwicklungen möglichst frühzeitig vorbeugen zu können. In einem Unternehmen, in dem der „Tone from the Top“ stimmt und ein gemeinsames Werteverständnis kulturell verankert ist, wird der Mitarbeiter selbst bei vorhandener Tatgelegenheit wesentlich seltener motiviert sein, die Tat zu begehen und „gute Gründe“ für die Selbstrechtfertigung nicht so leicht finden.

Selbst bei externen Tätern kann das Wissen um Motive und Motivationen eine sinnvolle Ergänzung zur Früherkennung von Risiken im Rahmen des „Know-your-customer“-Prinzips darstellen. Warum trägt der Kunde gerade dieses Geschäft an? Wieso ist die Struktur einer Finanzierung so kompliziert und wozu benötigt der Geschäftspartner ein dermaßen verschachteltes Firmenkonglomerat? Solche Fragen lassen sich mit Blick auf das „cui bono?“ („wem nützt es?“) oft viel einfacher beantworten.

Auch die Tataufklärung und Ermittlung unklarer Sachverhalte wird durch das Wissen um die drei Grundgegebenheiten deutlich erleichtert. Neuere Forschungen und Erkenntnisse zu den Tätern belegen das. Und selbstverständlich sind Tatgelegenheiten, die durch unklare Strukturen oder mangelnde Kontrollmechanismen entstehen, genau der Aufgreifpunkt einer Ermittlung.

Bevor wir uns aber den Tätern widmen, soll ein Blick in aktuelle Statistiken und Untersuchungen von Praktikern die Bedeutung der Wirtschaftskriminalität und das Risiko, Opfer betrügerischer Handlungen zu werden, noch weiter ausleuchten.

4. Kriminalstatistik und Lagebild

Um noch weiter in das breite Spektrum der in Betracht kommenden strafbaren Handlungen vorzudringen, wollen wir zunächst einen kurzen Blick auf die Kriminalstatistik und das Lagebild Wirtschaftskriminalität des Bundeskriminalamts werfen. Dies dient auch zur Verdeutlichung der wirtschaftlichen Bedeutung kriminellen Handelns. Die **polizeiliche Kriminalstatistik (PKS)** erfasst Fälle und Aufklärungsquoten zu den im Zusammenhang dieses Buches relevanten Straftaten in Deliktsgruppen, hier bezeichnet als „Betrug" und „betrugsverwandte Delikte". Darüber hinaus finden Delikte, die zu den betrügerischen Handlungen im weiteren Sinne zählen, in den Tatbestandsgruppen „Wettbewerbs-, Korruptions- und Amtsdelikte" sowie „Fälschungsdelikte" ihren Niederschlag.

Erfasst werden polizeilich bekannt gewordene Fälle, d. h. Fälle, die durch Strafanzeigen oder im Rahmen des Legalitätsprinzips von Amts wegen zu Ermittlungsverfahren geführt haben. Nicht behandelt wird die Frage, ob tatsächlich Straftaten in diesen Fällen gerichtlich festgestellt werden. Auch die in der PKS errechnete Aufklärungsquote gibt hierüber keinen Aufschluss, da polizeiliche Tataufklärung nicht notwendigerweise zu einer rechtskräftigen Feststellung von Straftaten führt, sondern auch diejenigen Fälle erfasst, die später im Zuge des staatsanwaltlichen Ermittlungsverfahrens eingestellt werden und nicht zur Anklage oder einem Strafbefehl gelangen.

Die Deliktsgruppe „Betrug" enthält so unterschiedliche Fallkonstellationen wie Betrug mittels rechtswidrig erlangter unbarer Zahlungsmittel, darunter Debitkarten mit und ohne PIN und Kreditkartenbetrug, aber auch den Waren- und Warenkreditbetrug (zumeist Bestellungen bei Versandhändlern ohne Bezahlung) sowie das Erschleichen von Leistungen (z. B. Schwarzfahren in öffentlichen Verkehrsmitteln).

Die Kriminalstatistik für das Jahr 2013 weist 38.357 Fälle des Betruges in den klassischen Tatbegehungsweisen aus und konstatiert, wie schon in den Vorjahren, einen leichten Rückgang der Fallzahlen. Hinzu kommen rund 12.410

Veruntreuungen, rund 4.500 Insolvenzstraftaten und 6.895 Straftaten nach gesellschaftsrechtlichen Vorschriften wie AktG, GmbHG, HGB u. a., die als betrugsverwandte Delikte erfasst werden.

Geldwäsche erscheint in der PKS 2013 mit 1.705 Fällen und 1.579 Tatverdächtigen. Ein Vergleich zu den berichteten Verdachtsmeldungen drängt sich auf, könnte für die Meldenden aus der Finanzbranche aber durchaus zu Frustrationen führen.

Leider ist die PKS insoweit nur bedingt geeignet, einen zutreffenden Überblick über das Phänomen der Wirtschaftskriminalität zu geben, als nur zu den Deliktsgruppen „Betrug“ und „betrugsverwandte Delikte“ überhaupt Schadenssummen angegeben werden. Generell wird bei rückläufigen Fallzahlen von einem Anstieg der Schäden berichtet.

Das Beispiel „Abrechnungsbetrug im Gesundheitswesen“ belegt das sogenannte Kontrollparadoxon: Wo verstärkt hingeschaut wird, werden auch verstärkt Fälle entdeckt. Gerade in diesem Deliktsfeld ist es nämlich in den letzten Jahren zur Einrichtung polizeilicher Sonderkommissionen und staatsanwaltlicher Sonderdezernate gekommen.

Insoweit ist die PKS nur von sehr begrenztem Erkenntniswert, da sie weder mit einem kriminologischen Begriff der Wirtschaftskriminalität, noch ausschließlich mit der strafprozessualen Definition der Wirtschaftskriminalität in § 74c GVG übereinstimmt.

Neben den in § 74c GVG enthaltenen Delikten werden in der PKS nämlich auch Delikte erfasst, „die im Rahmen tatsächlicher oder vorgetäuschter wirtschaftlicher Betätigung begangen werden und über eine Schädigung von Einzelnen hinaus das Wirtschaftsleben beeinträchtigen oder die Allgemeinheit schädigen können und/oder deren Aufklärung besondere kaufmännische Kenntnisse erfordert.“

Leider wird dieser zweite Teil der Definition im **Lagebild Wirtschaftskriminalität**, das ebenfalls alljährlich vom BKA herausgegeben wird, wiederum nicht verwendet, sodass das Verhältnis der PKS-Zahlen zu den Lagebildzahlen nur schwer nachvollziehbar bleibt.

Betrug und Untreue im Zusammenhang mit Kapitalanlagen werden im Bundeslagebild Wirtschaftskriminalität des Bundeskriminalamtes für das Jahr 2013 mit 6.503 Fällen angegeben. Zusammenfassend wird ein deutlicher Anstieg beim Kapitalanlagebetrug mit einem Gesamtschaden von 332 Mio. € gemeldet.

Das wirkt sich in der PKS zum Beispiel auf die statistischen Feststellungen zur Täterstruktur aus, die sich auf die Geschlechts- und Altersstruktur sowie den Anteil nichtdeutscher Tatverdächtiger erstreckt. Aussagen zum Anteil weiblicher Tatverdächtiger beim Betrug (2013: 2.833 von 11.757 Tatverdächtigen insgesamt) werden in ihrer Relevanz durch den praktisch nicht brauchbaren statistischen Betrugsbegriff sofort wieder relativiert. Denn die statistisch erfassten Betrugshandlungen weiblicher Tatverdächtiger beziehen sich vor allem auf sonstigen Sozialleistungsbetrug, Betrug zum Nachteil von Sozialversicherungen und Sozialversicherungsträgern, Leistungskreditbetrug, Waren- und Warenkreditbetrug sowie den Betrug mittels rechtswidrig erlangter Debitkarten ohne PIN. Mit anderen Worten: Weibliche Tatverdächtige begehen besonders viele betrügerische Einkäufe per Lastschriftverfahren im Einzelhandel, jedenfalls mehr, als es ihrem durchschnittlichen Anteil bei Straftaten insgesamt entspricht.

Um mehr über die Täter und möglichen Täterprofile bei der hier interessierenden Form von Wirtschaftskriminalität zu erfahren, muss also auf andere Materialien und Erkenntnisquellen zurückgegriffen werden. Doch auch die Aussagen zu den durch Wirtschaftskriminalität verursachten Schäden leiden unter der dargestellten statistischen Klassifikation des Kriminalitätsbereichs.

Das Lagebild spricht von insgesamt 71.663 Fällen der Wirtschaftskriminalität im Jahre 2013 und errechnet daraus einen Schaden von 3,82 Mrd. €, der von insgesamt 31.459 Tatverdächtigen verursacht worden sei.

Die polizeiliche Kriminalstatistik sowie das Bundeslagebild Wirtschaftskriminalität enthalten naturgemäß Schadensberechnungen, die sich auf die registrierte Kriminalität, das sogenannte „**Hellfeld**", beziehen. Für die nicht bekannt gewordene Kriminalität, kriminologisch als „**Dunkelfeld**" bezeichnet, können allenfalls vage Schätzungen abgegeben werden, deren Berechnungsgrundlagen sich zumeist jeglicher Nachvollziehbarkeit entziehen.

Das Lagebild will daher neben den berechenbaren finanziellen Schäden auch die verursachten „immateriellen", nicht quantifizierbaren Schäden berücksichtigt wissen.

Dazu sollen u. a. zählen:

- Wettbewerbsverzerrungen durch Wettbewerbsvorsprünge des mit unlauteren Mitteln arbeitenden Wirtschaftsstraftäters;

- die Gefahr, dass infolge finanzieller Abhängigkeiten und Verflechtungen bei einem wirtschaftlichen Zusammenbruch auch jene Geschäftspartner betroffen sein können, die an den kriminellen Handlungen der Täter keinen Anteil hatten;

- gesundheitliche Gefährdungen und Schädigungen Einzelner als Folge von Verstößen gegen das Lebens- und Arzneimittelgesetz, das Arbeitsschutzrecht, das Umweltstrafrecht und gegen Markenrechte;

- nicht unerhebliche Reputationsverluste von einzelnen Unternehmen oder auch ganzen Wirtschaftszweigen sowie

- mögliche Vertrauensverluste in die Funktionsfähigkeit der bestehenden Wirtschaftsordnung.

Beide Quellen geben allenfalls einen Eindruck, was unter Wirtschaftskriminalität oder unter sonstigen Straftaten, die zu Verlusten bei dem Institut führen können, im Sinne unserer Darstellung zu verstehen sein kann, mehr aber leider nicht. Sie helfen bei der Einschätzung, welche Risiken zu betrachten sind, jedoch nur bedingt bei der Beantwortung der Frage, wie groß diese Risiken statistisch sind. Daran ändert auch die im Lagebild enthaltene Detailbetrachtung einzelner Phänomenbereiche wenig, die „Finanzierungsdelikte“ und „Betrugs- und Untreuehandlungen im Zusammenhang mit Kapitalanlagen“ gesondert ausweist.

Während bei den Finanzierungsdelikten die Einbeziehung der Geld- und Wertzeichenfälschung zur Vermischung von Risikokategorien führt, die wenig miteinander zu tun haben, ist es bei den „Anlagedelikten“ die weite Fassung des Begriffs, die eindeutige Risiko-Aussagen erschwert.

5. Mehr Empirie: Die Untersuchungen von Wirtschaftsprüfern

Bessere Anhaltspunkte aus der Praxis bieten diverse Untersuchungen von Wirtschaftsprüfungsgesellschaften, die bei ihren Mandanten und anderen Marktteilnehmern Ergebnisse und Einschätzungen zur betriebswirtschaftlichen Belastung durch Wirtschaftskriminalität erfragt haben.

PricewaterhouseCoopers (PwC) hat im Jahr 2006 eine Studie „Wirtschaftskriminalität bei Banken und Versicherungen“ vorgelegt, in der die Ergebnisse des Reports „Global economic crime survey 2005“ auf die genannten Branchen verdichtet wurden. Die Summe der durch Wirtschaftskriminalität verursachten Verluste bei 240 befragten Unternehmen im Finanzsektor betrug demnach im Zeitraum von 2003 bis 2005 254,8 Mio. €. Gefragt wurde allerdings nur nach Schäden aus den drei Deliktsgruppen Unterschlagung, Betrug und Industriespionage/Produktpiraterie. In einem Vergleich mit anderen ausgewählten Delikten in Deutschland betrug die Quote der Unterschlagungen dabei 24 Prozent, die der Falschbilanzierung 13 Prozent und die Quote der Geldwäsche 19 Prozent der ermittelten Schäden. Auf den Betrug fiel mit 36 Prozent der Schäden der größte Anteil.

Allerdings muss man in Bezug auf die hier gelistete Schadenshöhe der Geldwäsche berücksichtigen, dass dieser Schaden in aller Regel nicht beim Institut auftritt und die im Finanzsektor gesetzlich auferlegten Maßnahmen zur Geldwäschebekämpfung durch die darin enthaltene Verdachtsmeldepflicht zu einem überproportionalen Anwachsen des kriminologischen Hellfeldes dieser Deliktsgruppe geführt hat.

Als Tendenzfeststellung ist die Aussage von größerer Bedeutung, dass im Jahr 2005 in Deutschland innerhalb von zwei Jahren 46 Prozent aller Unternehmen ihrer eigenen Wahrnehmung zufolge von Wirtschaftskriminalität betroffen waren, im Bereich Banken und Versicherungen waren es sogar 63 Prozent.

PwC hat diese Studien im Jahr 2007 erneuert und die Zahlen zur „Sicherheitslage in deutschen Großunternehmen" für 2009 mit weitestgehend ähnlichen Fragestellungen vorgelegt. Gemeinsam mit Wissenschaftlern der Martin-Luther-Universität Halle-Wittenberg wurden von April bis Mai 2009 Verantwortliche in 500 Unternehmen telefonisch interviewt und zu ihren Einschätzungen befragt. Die Quote der durch Wirtschaftskriminalität geschädigten Großunternehmen steigt aktuell auf 61 Prozent, Vermögensdelikte stellen mit 41 Prozent die größte Schadensgruppe dar.

Im Gegensatz zu den früheren Studien wurde im Jahr 2009 nach Schadensfällen gefragt, nicht nur nach „Betroffenheit" durch Wirtschaftskriminalität. Generell ist festzustellen, dass die durchschnittliche Schadenshöhe aus den untersuchten Deliktsarten auf über 4 Mio. € pro Unternehmen anstieg.

Wurde 2005 der durchschnittliche finanzielle Schaden des schwerwiegendsten Falls noch mit 4,43 Mio. € angegeben, so stieg dieser bei 210 genannten schwerwiegenden Fällen im Jahr 2009 auf über 30 Mio. €.

Auch die Einschätzung nicht-materieller Folgeschäden hat sich bei den befragten Unternehmen deutlich verändert:

Von der Beeinträchtigung der Beziehung zu Behörden (auch: Aufsichtsbehörden) berichten 31 Prozent der Unternehmen, Beeinträchtigungen ihrer Geschäftsbeziehungen sehen gar 45 Prozent der Befragten. In 22 Prozent der Fälle sei darüber hinaus der Rückgang des Aktienkurses bei börsennotierten Unternehmen festzustellen gewesen, den Reputationsverlust bewerten die Befragten zu 44 Prozent als gravierenden Folgeschaden.

Ferner stellt PwC eine generelle Zunahme bei den Aufwendungen für die Abarbeitung der Schadenswelle im Management fest. Als wesentliche Faktoren werden der Zeitaufwand des Managements (83 Prozent), finanzielle und zeitliche Aufwendungen für Rechtsstreitigkeiten (61 Prozent), finanzielle und zeitliche Aufwände für die erforderliche Öffentlichkeitsarbeit (65 Prozent) und erhöhter Managementbedarf durch stärkere Überwachung durch zuständige Aufsichtsbehörden (28 Prozent) benannt.

Aktuelle Entwicklungen spiegeln sich vor allem in der Reaktion auf den Diebstahl vertraulicher Kunden- und Unternehmensdaten wider. Der Anteil der insofern bereits geschädigten Unternehmen beträgt laut PwC 21 Prozent, mehr als die Hälfte der Befragten stuft dieses Delikt inzwischen als „häufig vorkommendes Delikt“ ein.

In der Studie des Jahres 2013 versieht PwC die oben dargestellte Entwicklung der Kriminalstatistik mit einem Fragezeichen. Die sinkende Tendenz schlägt sich zwar auch in den berichteten Fallzahlen der Unternehmen wieder, beim Unternehmensrisiko Korruption wird aber weiterhin „kein Grund zur Entwarnung“ gesehen und die Schadenszahlen sprechen eine eigene Sprache. Der Kartellrechts-

Compliance und Bußgeldern aus Wettbewerbs- und Kartellverstößen werden gleich mehrere Kapitel gewidmet.

KPMG geht in seiner Studie 2006 zur Wirtschaftskriminalität in Deutschland von einem Dunkelfeld von 80 Prozent aus, das den registrierten Schäden (Hellfeld) in „zweistelligen Milliardenhöhen" gegenüberstehe. Immerhin seien 55 Prozent aller Großunternehmen von Wirtschaftskriminalität betroffen, bei mittleren Unternehmen betrage die **Opferquote** 31 Prozent und selbst bei Unternehmen mit einem Jahresumsatz unter 100 Mio. € seien es noch 20 Prozent der Unternehmen, die betroffen seien.

Dazu passt der Befund in der „European Fraud survey 2009" von Ernst & Young, wonach 55 Prozent der Befragten für die kommenden Jahre eine Steigerung der zu erwartenden Corporate-Fraud-Vorkommnisse erwarten. 15 Prozent der Befragten – 1.428 Personen in Westeuropa und 818 Personen in Zentral- und Osteuropa – erwarten einen signifikanten **Anstieg der Fallzahlen**, 40 Prozent der Befragten erwarten zumindest einen moderaten Anstieg der betrügerischen Handlungen. Die Befragten aus insgesamt 22 europäischen Ländern waren mehrheitlich Mitarbeiter von Unternehmen mit über 1.000 Angestellten, börsennotierten oder multinational tätigen Unternehmen und kamen zu 9 Prozent aus dem Finanzsektor und zu 4 Prozent aus dem Versicherungssektor.

Als wesentliche Einflussfaktoren für das Risiko, Opfer betrügerischer Handlungen zu werden, werden Änderungen des geschäftlichen Umfeldes bei erhöhten Risikofaktoren (33 Prozent), eine mangelnde Fokussierung des Managements auf Kriminalitätsbekämpfung (31 Prozent) sowie der generelle wirtschaftliche Druck auf Unternehmen und der damit verbundene Überlebenskampf (29 Prozent) genannt. Fragen zu Schadenshöhen oder einzelnen schadenstiftenden Delikten hat Ernst & Young in seiner Studie nicht gestellt.

Einer Studie der Corporate Trust GmbH zufolge entstehen mittelständischen Unternehmen in Deutschland 20,1 Prozent aller Schäden durch Diebstahl, Einbruch und Überfall. Korruption, Betrug und Untreue landeten mit

15,1 Prozent auf Platz 2, dicht gefolgt von Hackerangriffen mit 14,1 Prozent. Zu berücksichtigen ist allerdings, dass diese Studie nicht nur nach der Belastung durch Wirtschaftskriminalität gefragt hat, sondern den Schadensbegriff auf Risiken wie Natur- oder Umweltkatastrophen, Pandemien, Feuer, Explosionen und Arbeitsunfälle erweitert hat. Ohne Schadenshöhen zu nennen oder zu schätzen, kommt die Studie zu dem Schluss:

„Die meisten Mittelständler sind nicht ausreichend gegen Wirtschaftskriminalität gewappnet. Compliance-Richtlinien (19,5 Prozent), Fachseminare für die Revision (6,2 Prozent) oder Whistle-Blowing-Systeme (5,3 Prozent) gibt es nur selten."

Als größte Kriminalitätsrisiken werden Korruption, Industriespionage und organisierte Kriminalität bei der Geschäftstätigkeit im Ausland benannt. Dennoch, so moniert die Studie, verfügten nur etwa ein Fünftel aller Unternehmen über einen Compliance-Verantwortlichen, führten nur 21 Prozent einen intensiven Background-Check bei Geschäftspartnern durch und verfügten nur rund 18 Prozent aller befragten Unternehmen über ein professionelles Krisenmanagement.

Insgesamt vermitteln die Praxisanalysen zur Wirtschaftskriminalität ein eher diffuses Bild. Der Gegenstand der Befragung ist ebenso wenig vergleichbar, wie die angewandte Fragetechnik oder das ausgewählte und erreichte Sample der Befragten. Mithin können diese Untersuchungen nur punktuelle Schlaglichter auf bestimmte Teilaspekte zum Thema Wirtschaftskriminalität werfen. Einheitlicher und überzeugender sind lediglich die Aussagen zu den Tätern. Darauf wird im entsprechenden Abschnitt dieses Buches zurückzukommen sein.

Bleibt festzuhalten, dass weder das ungefähre **Ausmaß der Wirtschaftskriminalität**, noch ihre Grenzen aus aktuellen Datenbeständen, Statistiken oder empirischen Untersuchungen festzustellen sind. Eine Definition des Untersuchungsgegenstandes Wirtschaftskriminalität lässt sich daraus nicht ableiten. Das Wissen um ein paar Zahlen und Fakten tatsächlich vorgekommener oder gefühlter Belastungen durch wirtschaftskriminelle Handlungen schadet in diesem Zusammenhang nicht, es hilft leider aber auch nicht zur Begründung von Aussagen, warum Prävention sinnvoll ist und worin ihr berechenbarer Nutzen besteht.

6. Fraud: Definitionen

Im anglo-amerikanischen Rechtsraum werden die Schadenshandlungen, die § 25h KWG nunmehr als sonstige Straftaten, die das Vermögen des Instituts schädigen können, unter dem Oberbegriff „Fraud" zusammengefasst. Daher lohnt es, einen Blick auf die im dortigen Sprachraum üblichen Definitionen zu werfen, um die Frage zu klären, ob alle Beteiligten weitgehend von den gleichen gedanklichen Voraussetzungen ausgehen, wenn von Kriminalitätsbekämpfung die Rede ist.

Im Gegensatz zur deutschen Rechtsordnung gibt es in der englischen und amerikanischen Rechtsordnung kaum ausformulierte Tatbestände, deren Tatbestandsmerkmale Schritt für Schritt subsumiert werden können. Vielmehr werden Phänomene und Tatbegehungsweisen beschrieben und die Feststellung, was ein strafbarer Fraud in diesem Sinne sei, ist offen für die Subsumtion neuer Formen des Betrugs, neuer Sachverhalte und neuer Techniken, betrügerische Handlungen zu begehen.

Einige Grundmerkmale der Tatbegehung müssen aber immer erfüllt sein, um den Anforderungen an die Feststellung betrügerischen Verhaltens zu genügen. Allgemein umschreibt das Wort „Fraud" jede Situation, in der eine Partei eine andere Partei täuscht oder einen unfairen Vorteil gegenüber der anderen Partei erzielt. Als rechtliche Definition wird verstanden:

eine bewusste **Verfälschung** der Wahrheit oder die **Verschleierung** wesentlicher Fakten, um einen anderen dazu zu bewegen, zu seinem eigenen Nachteil zu handeln. Dazu zählt auch eine leichtfertige Verdrehung von Tatsachen, um einen anderen zum Handeln zu veranlassen. Der Begriff der Verfälschung von Tatsachen muss sich auf materielle Fakten und nicht nur auf Meinungen beziehen und kann durch das aktive Verbergen, das Nichtoffenlegen oder die falsche Darstellung begangen werden. Im Vertragsrecht soll dazu auch der unfaire Gebrauch von Macht gehören, der sich aus der relativen Stellung der Parteien zueinander ergibt und zu einer unbemerkten Bereicherung führt. Immer tritt die willentliche Täuschung oder Übervorteilung eines anderen Individuums hinzu. Fraud kann nach dieser Definition also nur bewusst und gewollt, d. h. vorsätzlich, begangen werden. Bei der Gegenpartei muss ein Verlust oder Nachteil eintreten, der laut einigen Autoren auch nicht materieller Art (z. B. Reputation) sein kann. Fraud beinhaltet damit eine ganze Bandbreite von Unregelmäßigkeiten und unrechtmäßigen Aktivitäten, die von Täuschung und dem Wissen des Täters um die Falschheit der Angaben geprägt sind.

ACFE, die Association of Certified Fraud Examiners, definiert daher auch drei generelle Kategorien möglicher Fraud-Risiken:

- Die willentliche Bilanzmanipulation. Diese ist gekennzeichnet durch falsche Berichterstattung in der Gewinn- und Verlustrechnung, Falschdarstellung von Bilanzpositionen inklusive Rücklagen und Bewertungen, sowie das Verbergen falsch bewerteter Positionen und den Missbrauch von Firmenwerten (Corporate assets).

- Der Missbrauch von beweglichen und unbeweglichen Gütern sowie eigentumsgleichen Geschäftsmöglichkeiten (z. B. Markenrechte, Patente, Urheberrechte).

- Korruption. Diese wird definiert als der Missbrauch von anvertrauter Macht zum persönlichen Vorteil. Hierzu gehören aktive und passive Bestechung im öffentlichen wie privaten Sektor sowie – nach amerikanischer Lesart – die aktive Beihilfe zum Betrug externer Täter zum Nachteil des eigenen Arbeitgebers.

Die gängigste Definition amerikanischer Revisoren und Wirtschaftsprüfer (IIA/AICPA/ACFE) lautet daher:

> **Fraud ist jede willentliche Handlung oder Unterlassung zum Zwecke der Täuschung anderer, die zu einem Verlust beim Opfer und/oder einem Vorteil des Täters führt.**

Die vier Merkmale:

- Täuschung;
- Täuschungsvorsatz;
- Vorteil des Täters und
- Nachteil des Opfers

wollen wir im Folgenden mit den (Tatbestands-)Merkmalen und Erscheinungsformen betrügerischer Handlungen im deutschen Recht vergleichen.

7. Tatbestände des Strafrechts – ein Überblick

Die nachfolgenden Ausführungen stellen weder eine „Einführung in das Strafgesetzbuch" dar, noch können sie den Blick in Lehrbücher oder StGB-Kommentare ersetzen. Sie sind auch nicht vollständig in der Erfassung aller Tatbestände, die das Kernstrafrecht im StGB oder das Nebenstrafrecht in einer Vielzahl weiterer Gesetze bereithält. Vielmehr soll durch den Blick auf einige der wichtigsten Tatbestände das Verständnis für den Umfang des Begriffs „sonstige strafbare Handlungen" im Hinblick auf die Möglichkeiten zur Prävention und Ermittlung solcher Delikte geschaffen werden. Eine juristische Subsumtion im Einzelfall können diese wenigen Hinweise indes nicht ermöglichen. Hier ist die Inanspruchnahme des Rates eines im Strafrecht erfahrenen Juristen unumgänglich.

7.1 Betrug – § 263 StGB

Der Betrugstatbestand ist sozusagen der Grundtatbestand aller schädigenden kriminellen Handlungen, die das Institut betreffen können. Er besteht aus den Tatbestandsmerkmalen:

- Täuschung,
- Irrtum,
- Vermögensverfügung,
- Vermögensschaden und
- der subjektiven Bereicherungsabsicht.

Die **Täuschung** kann durch ausdrückliche oder konkludente Erklärung erfolgen, insbesondere wenn unwahre Behauptungen über Umstände, die so nicht gegeben sind, abgegeben werden oder wahre Tatsachen in einen Zusammenhang gestellt werden, der Missverständnisse und Irrtümer hinsichtlich anderer entscheidungserheblicher Tatsachen hervorruft. Täuschung durch Unterlassen kommt dann in Betracht, wenn gebotene Aufklärung nicht stattfindet oder die Kenntniserlangung des Getäuschten sogar aktiv verhindert wird. Geboten ist die Aufklärung immer dann, wenn eine Garantenpflicht zur Aufklärung besteht und die Nichterfüllung dieser Aufklärungspflicht einer aktiven Täuschungshandlung entspricht. Garantenstellungen, die zur Aufklärung verpflichten, können durch Gesetz (z. B. beim Empfang staatlicher Transferleistungen), durch Vertrag (z. B. arbeitsvertragliche Berichtspflichten aus einer langjährigen Geschäftsbeziehung mit besonderem Vertrauensverhältnis), aber auch aus Treu und Glauben (§ 242 BGB, wenn ein besonderes Vertrauensverhältnis vorliegt) oder aus vorangegangenem, risikoerhöhendem Tun (z. B. wenn zunächst gegebene vermögensrelevante Informationen sich im Laufe der Zeit wesentlich geändert haben) entstehen.

Ergebnis der Täuschungshandlung muss sein, dass ein **Irrtum** bei einer Person erregt oder unterhalten wird. Nur Personen können irren. Die Manipulation elektronischer oder technischer Vorgänge durch Eingriffe in Prozesse oder die Veränderung von Daten ist vom Betrugstatbestand nicht umfasst. Das Opfer muss sich im Einzelfall Vorstellungen über die täuschungsrelevanten Umstände machen. Macht sich der Getäuschte gar keine Gedanken, wie dies häufig im modernen Geschäftsverkehr der Fall ist, wenn keine ausdrücklichen Prüfungspflichten auferlegt sind, irrt er auch nicht. Ein Beispiel hierfür ist die beleghafte Banküberweisung, bei der es in aller Regel an einem Irrtum hinsichtlich der Berechtigung des Auftrages fehlt, denn über die materielle Rechtmäßigkeit der Überweisung werden insbesondere im Massenzahlungsverkehr im Regelfall keine weiteren Überlegungen angestellt, wenn nur die Unterschrift von einem Kontoverfügungsberechtigten stammt.

Die getäuschte Person muss aufgrund ihres Irrtums nunmehr eine **Vermögensverfügung** vornehmen, also eine Handlung, die sich unmittelbar vermögensmindernd auswirkt. Dies kann z. B. die Veranlassung (Unterschrift) oder Vornahme einer Überweisung, die Hingabe von Geld oder der Abschluss eines verpflichtenden Vertrages sein. Auch durch Unterlassen können vermögensmindernde Verfügungen getroffen werden, z. B. durch die Nichtgeltendmachung bestehender Ansprüche.

Damit ist der Betrug ein Selbstschädigungsdelikt, denn die Identität zwischen getäuschter, irrender und verfügender Person ist notwendiges Kriterium. Da die getäuschte und verfügende Person identisch sein müssen, ist auch der sogenannte „Dreiecksbetrug“ möglich, denn in dieser Variante tritt lediglich der Schaden bei einer anderen Person ein, über deren Vermögen die irrende und verfügende Person verfügungsberechtigt war.

Unmittelbare Folge der Vermögensverfügung muss der Eintritt eines **Vermögensschadens** sein. Dieser wird ermittelt durch das sogenannte Prinzip der Gesamtsaldierung, wonach die Vermögenslage vor und nach der Verfügung miteinander verglichen wird und etwaige Schadenskompensationen in Anrechnung gebracht werden. Es gilt ein weiter, juristisch-ökonomischer Vermögensbegriff, zu dem Ansprüche und vermögenswerte Rechte regelmäßig ebenso gehören wie der Anspruch auf die Gegenleistung in gegenseitigen Verträgen, nicht aber bloße Gewinnchancen oder Aussichten, die sich noch nicht zu einer Vermögensposition verdichtet haben. Dieses festzustellen ist insbesondere bei sogenannten Risikogeschäften ausgesprochen schwierig.

So soll beim Anlagebetrug die objektive Wertlosigkeit der Anlage dann gegeben sein, wenn die versprochene Gegenleistung und das mit ihr verbundene Risiko für den angestrebten Anlagezweck völlig unbrauchbar erscheinen, z. B. beim Verkauf einer wertlosen, hochriskanten Fondsanlage als Alterssicherung.

Bei Beteiligungen sind zur Feststellung der Wertlosigkeit oder Minderwertigkeit der Anlage die Gesamtkosten den Einnahmen (inklusive möglicher Wertsteigerungen, Steuerersparnisse etc.) gegenüberzustellen. Verdeckte Innenprovisionen können dann zum Schaden werden, wenn der Anleger über ein tatsächlich bestehendes Missverhältnis zwischen Anlagewert und Erwerbskosten (Dienstleistungsentgelte, Beratungskosten) getäuscht wird. Schmiergeldzahlungen, die über den Vertragsschluss als verdeckte Preisaufschläge oder durch Nichtweitergabe möglicher Kostensenkungen finanziert werden, gelten immer als Vermögensschaden. Beim Kreditbetrug wiederum ist das Verhältnis zwischen den vertraglich vereinbarten Sicherheiten und ihrer tatsächlichen Werthaltigkeit zu ermitteln. Auch hier kommt es auf den Zeitpunkt der Vermögensverfügung, in der Regel also auf die Auszahlung der Darlehensvaluta an. Bei nachträglich auftretender wesentlicher Änderung der vereinbarten Bonitätsgrundlagen kann eine Aufklärungspflicht (s. o. Täuschung durch Unterlassen) eintreten, die dann zu einer neuerlichen Vermögensverfügung durch Unterlassen (keine rechtzeitige Vertragskündigung, Fälligstellung des Gesamtkredits oder unbewusster Verzicht auf Nachforderung weiterer, werthaltiger Sicherheiten) führen kann.

In subjektiver Hinsicht muss der Täter **Vorsatz** bezüglich der von ihm in Gang gebrachten Täuschung, des darauf beruhenden Irrtums des Opfers und des Eintritts eines Vermögensschadens haben. Es genügt insoweit bedingter Vorsatz, also die billigende Inkaufnahme der genannten Merkmale. Darüber hinaus muss **Bereicherungsabsicht** vorliegen, also muss es dem Täter direkt darauf ankommen, sich oder einem Dritten einen Vermögensvorteil zu verschaffen. Dieser Vorteil muss als unmittelbare Folge aus der Vermögensverfügung des Opfers hervorgehen und darf nicht nur mittelbare Folge des Schadensereignisses sein. Dies ist insbesondere dann zweifelhaft, wenn dem Täter ein Vermögensvorteil erst durch Verfügungen Dritter, z. B. durch Zahlung von Vermittlungsprovisionen, Erfolgsprämien (auch: Boni) zufließt oder dem Opfer Folgekosten, z. B. durch die Rückabwicklung täuschungsbedingter Verträge, Aufwendungen für die Schadensfeststellung oder Wertverluste durch Zeitablauf oder Änderung der Marktlage, entstehen.

Von einem besonders schweren Fall des Betruges geht das Gesetz regelmäßig aus, wenn der Täter gewerbsmäßig oder als Mitglied einer Bande gehandelt hat oder einen Vermögensverlust großen Ausmaßes herbeigeführt hat. Als Regelfall einer solch außergewöhnlich hohen Schadenshöhe wird in der Rechtsprechung die Grenze von etwa 50.000 € genannt.

Um auch Fälle des massenhaften Betruges mit geringeren Schadensvolumina angemessen bestrafen zu können, wird die Absicht, durch die fortgesetzte Begehung von Betrug eine große Zahl von Menschen in die Gefahr des Verlustes von Vermögenswerten zu bringen, ebenfalls als Regelbeispiel für den besonders schweren Fall des Betruges genannt. Auch andere nicht benannte Gründe können zur Heraufsetzung des Strafrahmens auf Freiheitsstrafe von sechs Monaten bis zu zehn Jahren führen. Als Beispiel sei hier der hartnäckige und langjährige Missbrauch einer Vertrauensstellung im Unternehmen genannt, auch wenn diese nicht den Umfang einer Vermögensbetreuungspflicht erlangt hat und der im Einzelfall entstandene Schaden eher geringfügig bleibt (z. B. bei Spesen- und Reisekostenbetrug).

Schon die wenigen grundsätzlichen Ausführungen zum Betrugstatbestand im Strafgesetzbuch zeigen die Vielgestaltigkeit und Komplexität möglicher Betrugshandlungen. Erweitert man das Blickfeld über die tatbestandsmäßigen Handlungen des § 263 StGB hinaus auf den Gesamtkomplex betrügerischer Handlungen, so offenbart sich eine noch viel größere Varianzbreite. Der Gesetzgeber hat dem Rechnung getragen, indem er im Strafgesetzbuch eine Reihe von besonderen Begehungsweisen des Betruges und spezifische Handlungsalternativen gesondert unter Strafe gestellt hat. Man kann diese unterscheiden nach Taten, denen – wie § 263 StGB – ein **Täuschungselement** zu eigen ist und solchen Tatbeständen, denen ein Täuschungselement gerade fehlt.

Tatbestände des StGB mit Täuschungselement sind der Subventionsbetrug, § 264, der Kapitalanlagebetrug, § 264a, der Kreditbetrug, § 265b und der Missbrauch von Scheck- und Kreditkarten, § 266b.

Kein Täuschungselement enthalten die Untreue, § 266 StGB sowie das gegen die Sozialversicherung und Arbeitsverwaltung gerichtete Vorenthalten und Veruntreuen von Arbeitsentgelt gem. § 266a StGB. Aber auch der Computerbetrug, § 263a und das Erschleichen von Leistungen gemäß § 265a enthalten kein personales Täuschungselement, da hier, wie beim Ausspähen (§ 202a) und beim Abfangen (§ 202b) von Daten jeweils unberechtigt in Daten oder Datenverarbeitungsvorgänge eingegriffen wird, aber kein Mensch zum Opfer der Täuschungshandlungen wird. Eine dritte Gruppe von Delikten wird zur Täuschung im Rechtsverkehr begangen, wozu die **Urkundenfälschung** (§ 267) und ihre Varianten (§§ 268 – 282 StGB, technische Aufzeichnungen, beweiserhebliche Daten, amtliche Ausweise, Gesundheitszeugnisse usw.) ebenso zählen wie die Fälschung von Zahlungskarten, Schecks und Wechseln (§ 152a) und die Fälschung von Zahlungskarten mit Garantiefunktion und Vordrucken für Euroschecks (§ 152b). Zweck dieser Taten ist die Verwendung ge- oder verfälschter Dokumente der beschriebenen Art, um generell den Rechtsverkehr zu täuschen. Der Irrtum, den der Täter lediglich erregen wollen muss, bezieht sich auf den rechtlich erheblichen, beweisrelevanten Inhalt des benutzten Dokuments und muss nicht, wie beim Betrug, eine vermögensrechtliche Verfügung zur Folge haben. Weder die schriftliche Lüge ohne Täuschung über den Aussteller der Urkunde (bloßer unwahrer Inhalt) noch die Verwendung einer falschen Urkunde außerhalb des Rechtsverkehrs (Vorzeigen einer gefälschten Diplomurkunde, um im Bekanntenkreis zu imponieren – demgegenüber Rechtsverkehr: Vorlage beim Arbeitgeber im Rahmen eines Bewerbungsverfahrens) reichen aus.

7.2 Subventionsbetrug – § 264 StGB

Als Sonderfall des Betrugs wurde § 264 erst 1998 in seiner heutigen Fassung ins Strafgesetzbuch eingeführt, um neben dem Schutz von Subventionen der Bundesrepublik und ihrer Länder, der seit 1976 gilt, auch dem Übereinkommen über den Schutz der finanziellen Interessen der europäischen Gemeinschaften Rechnung tragen zu können. Trotz der Weite des Subventionsbegriffs spielt die Vorschrift in der Banken- und Finanzbranche eine eher untergeordnete Rolle:

Subvention im Sinne der Vorschrift sind nur Leistungen aus öffentlichen Mitteln, die wenigstens zum Teil ohne marktmäßige Gegenleistung gewährt werden und der Wirtschaftsförderung dienen sollen.

Insofern fallen z. B. Leistungen des **Finanzmarktstabilisierungsfonds** aufgrund des Gesetzes zur Umsetzung eines Maßnahmenpakets zur Stabilisierung des Finanzmarktes und des Gesetzes zur Fortentwicklung der Finanzmarktstabilität nicht unter den strafrechtlichen Subventionsbegriff, da die dort zur Verfügung stehenden Instrumente gegen Berechnung marktüblicher Gebühren und Verknüpfung mit weiteren bestimmten Auflagen eingesetzt werden. Allerdings ist auch diese Auffassung nicht unbestritten, da es bei öffentlichen Leistungen, für die ein Markt fehlt, darauf ankommen soll, ob die dafür geforderten Gegenleistungen im Ergebnis kostendeckend sind oder gar Überschüsse erbringen. Sowohl bei der Garantiegewährung, auch an Zweckgesellschaften, als auch bei der Risikoübernahme und erst recht bei dem Instrument der Abwicklungsanstalten ließe sich daher argumentieren, dass es gerade Grund der Schaffung des Sonderfonds Finanzmarktstabilisierung war, dass das gegenseitige Vertrauen innerhalb des Finanzsystems zusammengebrochen war und der Finanzsektor daher durch die vorgesehenen staatlichen Hilfen stabilisiert werden musste. Dieser Ansicht nach wäre ein Markt, der die Festsetzung einer marktüblichen Gegenleistung ermöglicht, bei gewissen Instrumenten gerade nicht vorhanden, sodass es sich demnach um Subventionsleistungen i. S. d. § 264 StGB handeln würde.

Es würde zu weit führen, diese offene Rechtsfrage, die wohl nur durch die genaue Analyse des jeweiligen SoFFin-Leistungspaketes entschieden werden kann, ausführlich zu erörtern. Interessant bleibt die Feststellung, dass im Hinblick auf die Entscheidung des Bundesgerichtshofs zur möglichen Strafbarkeit des Compliance Officers (BGH, Urteil vom 17.07.2009 – 5StR 394/08) eine Garantenpflicht des Compliance-Verantwortlichen gesehen werden könnte, einen Subventionsbetrug zu unterbinden.

Da stellt sich dann sehr schnell die Frage, welcher Compliance-Beauftragte, welche Zentralstelle zur Kriminalprävention in die Bearbeitung eines SoFFin-Antrages überhaupt eingebunden wird?

7.3 Kapitalanlagebetrug – § 264a StGB

Der Kapitalanlagebetrug erfasst entgegen dem allgemeinen sprachlichen Verständnis nicht den Betrug mit Kapitalanlagen insgesamt (dieser fällt unter die Grundvorschrift des § 263), sondern lediglich Täuschungshandlungen in Prospekten, Darstellungen oder Übersichten im Zusammenhang mit dem Vertrieb von Wertpapieren, Bezugsrechten oder Anteilen oder gleichartigen Kapitalerhöhungsmaßnahmen.

Die Vorschrift umfasst damit bei Weitem nicht alle Formen von Wertpapieren und Derivaten, sondern ausschließlich jene, die eine Beteiligung am Unternehmensergebnis gewähren sollen und auch nicht alle im Zusammenhang mit dem Verkauf von Kapitalanlagen denkbaren Formen der Irrtumserregung. Die praktische Bedeutung der Vorschrift ist daher im Vergleich zu den Erscheinungsformen des Betruges mit Kapitalanlagen als recht gering anzusehen.

§ 264a StGB schließt als Straftatbestand allenfalls eine Lücke bei gelegentlich auftretenden Beweisschwierigkeiten im Betrugstatbestand und dehnt die Strafbarkeit auf eine abstrakte Gefährdung des Marktes („einem größeren Kreis von Personen“) dadurch aus, dass die Tat bereits vollendet ist, wenn die falschen Angaben gemacht werden und es auf eine irrtumsbedingte Vermögensverfügung eines Geschädigten insoweit nicht ankommt.

7.4 Kreditbetrug – § 265b StGB

Der Kreditbetrug ist wie § 264a StGB als **abstraktes Gefährdungsdelikt** im Vorfeld des § 263 angelegt und erleidet im Hinblick auf seine kriminalpolitische Bedeutung ein ähnliches Schicksal wie der Kapitalanlagebetrug: Es gibt nur wenige Verurteilungen und die erfassten betrügerischen Handlungen schränken den Anwendungsbereich der Vorschrift deutlich ein. Die Vorschrift stellt ausschließlich Täuschungen über die wirtschaftlichen Verhältnisse eines Betriebes oder Unternehmens unter Strafe, die im Zusammenhang mit einem Antrag auf Gewährung, Belassung oder Veränderung der Bedingungen eines Kredits begangen werden. Erfasst ist nicht nur der klassische Bankkredit mit und ohne Sicherheiten, sondern auch Warenkredite, Bürgschaften und Garantien sowie Factoring-Geschäfte. Tathandlungen sind auch hier falsche Angaben oder das Verschweigen entscheidungserheblicher Verschlechterungen gegenüber einmal gemachten Angaben, ohne dass es auf einen Täuschungserfolg oder eine Vermögensverfügung ankäme. Ein weiterer Grund für die geringe kriminalpolitische Bedeutung ist die Tatsache, dass nur Geschäftskredite erfasst sind, also auch auf der Kreditgeberseite ein Betrieb oder ein Unternehmen stehen muss, während Kredite von oder an Privatpersonen von der Vorschrift nicht umfasst sind. In diesem Zusammenhang begangene Betrugshandlungen sind wiederum im Lichte des § 263 StGB zu prüfen.

7.5 Untreue – § 266 StGB

Von ganz anderer Bedeutung, was das Schadensrisiko, die Fallzahlen und die damit einhergehenden kriminalistischen und juristischen Schwierigkeiten angeht, ist demgegenüber die Untreue, § 266 StGB. Die Untreue steht als Risiko für Unternehmen und Institute, zum Opfer zu werden, nicht nur neben, sondern im Hinblick auf die Zahlen sogar noch vor dem Betrug. Sie erfasst betrugsähnliche Handlungen der **internen Täter**, nämlich jener Täter, die im Rahmen ihrer (zumeist beruflichen) Stellung eine besondere Vermögensbetreuungspflicht für das Vermögen ihres Opfers haben. Diese Vermögensbetreuungspflicht kann durch die tatbestandliche Begehung zweier Handlungen verletzt werden: den sogenannten **Missbrauchstatbestand** und den sogenannten **Treubruchstatbestand**.

Der Missbrauchstatbestand ist dadurch gekennzeichnet, dass der Täter die ihm eingeräumte Befugnis, über fremdes Vermögen zu verfügen, entgegen den Interessen des Vermögenseigentümers wahrnimmt, indem er seine internen Berechtigungen überschreitet, den Vermögensinhaber im Außenverhältnis, gegenüber Dritten, aber rechtswirksam verpflichtet. Diese Befugnis kann durch Gesetz, im gerichtlichen oder behördlichen Auftrag oder durch Rechtsgeschäft (Bevollmächtigung) eingeräumt sein. Maßgebend ist die rechtswirksame (im Außenverhältnis) Verfügung über fremdes Vermögen unter Verletzung des (internen) rechtlichen Dürfens.

Der andere, wesentlich weitergehende Tatbestand, der sogenannte Treubruchstatbestand, knüpft an die tatsächliche Einwirkungsmöglichkeit des Täters an, der durch sein Handeln eine fremdnützige Vermögensbetreuungspflicht verletzt. Diese Vermögensbetreuungspflicht muss ein Hauptzweck, eine Hauptaufgabe des Rechtsverhältnisses sein, in dem der Täter zu dem geschädigten Vermögen steht. Sie ist damit nicht nur Spiegelbild des zivilrechtlichen Verbots, keine schädigenden Handlungen zum Nachteil fremden Vermögens im Rahmen von Geschäftsbesorgungen vorzunehmen, sondern muss gerade dem Kern der Aufgabenwahrnehmung (Vermögensfürsorge) entspringen.

Im Bereich der vertraglichen Treueverhältnisse gibt es eine nahezu unüberschaubare Kasuistik zu der Frage, wann eine Pflichtenstellung gegenüber einem fremden Vermögen derart qualifiziert ist, dass sie die von § 266 vorausgesetzte Vermögensbetreuungspflicht auslöst. Nicht jeder Sachbearbeiter, z. B. in der Buchhaltung, hat Aufgaben, die diesem Grad der Treuepflicht entsprechen, wohl aber z. B. ein Prokurist, ein Kreditsachbearbeiter mit Entscheidungskompetenz und in leitender Funktion hinsichtlich seiner Verpflichtung zur Risikoprüfung, ein Kassierer mit Verwaltungs- und Buchführungspflicht oder Verwalter mit eigenständigem Aufgabenspektrum wie z. B. Insolvenzverwalter, Nachlassverwalter oder Wohnungsverwalter einer Wohnungseigentümergemeinschaft.

Vorstände und Aufsichtsräte einer AG oder einer GmbH haben Vermögensbetreuungspflichten – auch gegenüber weiteren, abhängigen Konzerngesellschaften –, da das Vermögen der juristischen Person für diese immer fremd ist.

Abgelehnt wurde die spezifische Treuepflicht z. B. bei Arbeitnehmern hinsichtlich ihrer allgemeinen arbeitsvertraglichen Pflichten, so auch bei Bankmitarbeitern gegenüber den Kontoinhabern, soweit die Tätigkeit nur in der allgemeinen Verwaltung der Konten und Guthaben besteht.

Die Pflicht muss also eine wesentliche, auf das geschützte Vermögen bezogene Pflicht sein – die Tathandlung, die zum Vermögensnachteil führt, muss dieser besonderen Pflicht gegenüber pflichtwidrig sein.

Besonders umstritten und schwierig festzustellen ist die **Pflichtwidrigkeit** bei strategischen Entscheidungen, Langzeitentscheidungen und der Eingehung von Risikogeschäften.

Aus der Tatsache, dass ein Geschäft ex post betrachtet zu einem Nachteil geführt hat, kann nicht auf dessen Pflichtwidrigkeit ex ante geschlossen werden. Vielmehr werden nur solche Geschäfte als treuwidrig erfasst, denen die Eingehung unvertretbarer Risiken oder von Entscheidungen entgegen den Regeln kaufmännischer Sorgfalt zugrunde liegen. Dazu zählen nach ständiger Rechtsprechung des BGH z. B. Schmiergeldzahlungen oder die Anlage schwarzer Kassen für außerhalb des Gesellschaftszweckes liegende Zwecke, aber auch Investitionen, die „nach Art eines Spielers“ getroffen wurden und eine „äußerst gesteigerte Verlustgefahr“ einer „höchst zweifelhaften Gewinnaussicht“ entgegenstellen.

Bei Geschäften, die ihrer Natur nach ein **Risiko des Verlustes** in sich tragen, gilt die sogenannte Business-Judgement-Rule, wonach nachvollziehbare kaufmännische Erwägungen, die auf einer umfänglichen und vollständigen Informationsgrundlage getroffen werden, zulässig sind, solange sie nicht die wirtschaftliche Existenz der Gesellschaft gefährden. Ein Teil der notwendigen

Vollständigkeit der Entscheidungsgrundlage ist auch, dass alle zu beteiligenden Stellen im Unternehmen wie außerhalb tatsächlich beteiligt und angehört werden und aufsichtsrechtliche Vorschriften (z. B. bei der Großkreditvergabe) vollumfänglich eingehalten werden. Daraus entsteht ein kaufmännischer Ermessensspielraum, der es ermöglicht, auch außerhalb des strafrechtlich relevanten Bereichs verantwortungsbewusste, am Unternehmenswohl orientierte Entscheidungen zu treffen und dabei dennoch notwendige Geschäftsrisiken einzugehen.

Auch hieran sieht man noch einmal, dass es sich bei der Untreue um ein Delikt ohne Täuschungselement handelt, denn Fehlinvestitionen und unternehmerische Fehleinschätzungen können, auch wenn sie außerhalb jeder kaufmännischen Vernunft stehen und damit in den Bereich der Strafbarkeit geraten, relativ offen und ohne Umgehung von Kontrollsystemen getätigt werden. Dennoch ist die Umgehung von internen Kontrollen häufiges Element der Untreue, wenn das interne „Dürfen" überschritten wird, beispielsweise durch Missachtung von Limits, Risikogrenzen oder Reporting- und Zustimmungsvorbehalten.

Treffendes Beispiel hierfür ist der Fall des ehemaligen Händlers Jerome Kerviel bei der Société Générale. Kerviel hatte mit einem Schadensvolumen von rund 4,9 Mrd. € auch das weitere den Untreuetatbestand kennzeichnende Merkmal ohne Weiteres erfüllt: Die Pflichtverletzung muss zum Nachteil für das zu betreuende Vermögen geführt haben. Der Nachteil wird, ebenso wie der Vermögensschaden in § 263 StGB, im Wege der Gesamtsaldierung festgestellt. Ähnlich wie beim Betrug gibt es umfangreiche juristische Diskussionen um die Frage der schadensgleichen Vermögensgefährdung, also die Annahme eines Vermögensnachteils schon bei naheliegender Vermögensgefährdung. Auch über die Frage, ob der Empfänger von Schmiergeldzahlungen zur Abführung dieser Vermögensvorteile an seinen Geschäftsherrn verpflichtet ist und ob in der Einbehaltung von Schmiergeldern allein ein Vermögensnachteil zu sehen sei, wird in Rechtsprechung und juristischer Literatur heftig gestritten. Unbestritten ist allerdings, dass ein Vermögensnachteil im Sinne des Untreuetatbestands immer dann anzunehmen ist, wenn es der Schmiergeldempfänger unterlassen hat, für das Grundgeschäft bessere und günstigere Konditionen für seinen Geschäftsherrn auszuhandeln. Dann besteht zwischen der Gewährung einer „Provision" und der entgangenen Besserstellung des Geschäftsherrn jedenfalls eine so deutliche Unrechtsbeziehung, dass der Vermögensnachteil zu bejahen ist.

Der Vermögensnachteil muss beim Untreue-Tatbestand nicht mit einer **Bereicherung** des Täters oder einer dementsprechenden Absicht einhergehen. Auch geschäftliche Verfügungen, die nach Ansicht des Täters der Gesellschaft sogar „nützlich" sind, können zur Bejahung eines Nachteils führen. Besonders deutlich wird dies an der Rechtsprechung zu den sogenannten schwarzen Kassen, deren Bildung per se eine Untreue darstellt, selbst wenn das Geld aus der schwarzen Kasse noch nicht einmal abgeflossen ist. Schon die Gefahr, dass es aus der schwarzen Kasse zu Korruptionszwecken fließen könnte und bereits jetzt dem Zugriff der ordentlichen Verwaltungsorgane des Unternehmens faktisch entzogen ist, reicht aus (BGH 2 StR 587/07).

Das Bundesverfassungsgericht hat in einer neueren Entscheidung über drei Verfassungsbeschwerden zum Untreuetatbestand diese grundsätzliche Erwägung des BGH bestätigt und lediglich klargestellt, dass auch bei der Annahme einer „schadensgleichen Vermögensgefährdung" durch die **schwarzen Kassen** eine wirtschaftlich nachvollziehbare Schadensberechnung vorgenommen werden muss.

Ist also Gegenstand der Verurteilung wegen Untreue nicht ein bereits eingetretener und damit berechenbarer Schaden, sondern ein allzu weites Risiko, das der handelnde Manager oder Geschäftsleiter eingegangen ist, muss die Pflichtwidrigkeit der Entscheidung durch konkrete Angaben zum schadensgleichen Nachteil belegt werden.

Diese Rechtsprechung hat unmittelbare Auswirkung auf die Schadensfeststellung und Schadensbeurteilung im Rahmen von internen Ermittlungen, dem sogenannten Forensic Accounting. Sollen Gefährdungsschäden – z. B. bei unsachgemäßen Kreditvergaben, pflichtwidrigen Vertragsabschlüssen etc. – nachgewiesen werden, müssen die Nachweise den hohen Anforderungen an die Nachvollziehbarkeit genügen. Bloße kursorische oder spekulative Aussagen über mögliche Folgeschäden riskanten Geschäftsgebarens reichen nicht aus.

Der Täter muss die Entstehung des Nachteils zumindest billigend in Kauf genommen haben, einer Nachteilszufügungsabsicht bedarf es nicht.

8. Spezialmaterien

8.1 Korruption

Das Phänomen der Korruption ist es wert, im Zusammenhang mit der Thematik dieses Buches einer gesonderten Betrachtung unterzogen zu werden. Wie schon bei dem Begriff der Wirtschaftskriminalität gilt es auch hier festzustellen, dass das Strafgesetzbuch keine Legaldefinition des Begriffs Korruption oder einen gleichnamigen Straftatbestand kennt. Erfasst sind vielmehr die Bestechung und Bestechlichkeit von Amtsträgern (§§ 331 bis 335 StGB) sowie die Bestechlichkeit und Bestechung im geschäftlichen Verkehr (§ 299 StGB). Neben die aktive und passive Bestechung treten bei Amtsträgern noch die Vorteilsgewährung und Vorteilsnahme, die im Gegensatz zu den Bestechungsdelikten keine pflichtwidrige Diensthandlung als Gegenleistung des Beamten voraussetzen, sondern eine Einflussnahme anderer Art, die als Unrechtsvereinbarung bezeichnet wird.

Transparency International Deutschland e. V. beschreibt Korruption als Missbrauch öffentlicher oder privatwirtschaftlich anvertrauter Macht- oder Einflussstellung zu privatem Nutzen und versteht darunter auch die bereits zuvor erläuterten Tatbestände des allgemeinen Strafrechts sowie wettbewerbsbeschränkende Absprachen, Geldwäsche und Schmuggel, Abgeordnetenbestechung (§ 108e StGB) und auch Verstöße gegen das Parteiengesetz bei der Parteienfinanzierung.

Als charakteristisch für die Mehrzahl der Korruptionsdelikte wird das Zusammenwirken von zwei oder mehr Tätern als Vorteilsgeber und Vorteilsnehmer zur Vorteilserzielung beschrieben. Obwohl ein Opfer unmittelbar nicht erkennbar sei, entstehe der Schaden durch die **Beeinflussung einer Diensthandlung**, nicht durch die Annahme des Vorteils selbst. Dies ist mit Blickrichtung auf die beeinflusste „Diensthandlung" insoweit richtig, als auch rechtmäßige Handlungen durch die Gewährung oder Annahme eines gesetzlich nicht vorgesehenen Vorteils beeinflusst werden können. Nicht ganz verständlich ist diese Sichtweise insofern, als schon die Entgegennahme eines angebotenen Vorteils, auf den kein Rechtsanspruch besteht, zumindest zivilrechtlich einen Schaden des Arbeitgebers oder Dienstherren darstellt, der – rechtlich gesehen als Ergebnis der Arbeitsleistung oder einer Geschäftsführung ohne Auftrag – einen Anspruch auf das Erlangte hat, soweit es einen geldwerten Vorteil darstellt. Mithin entsteht durch das Verschweigen der Vorteilsgewährung durch den Arbeitnehmer aufseiten des Arbeitgebers auch ein Schaden in zivilrechtlicher wie strafrechtlicher (Untreue) Hinsicht.

Zwar ist durch das Gesetz zur Bekämpfung der Korruption aus dem Jahr 1997 sowohl die wettbewerbliche Korruption (§ 299 Abs. 3: Handlungen im ausländischen Wettbewerb) wie auch die Bestechung ausländischer Amtsträger (§§ 1, 4 IntBestG vom 10.09.1998) unter Strafe gestellt, die wirklichen Auswirkungen von Bestechungshandlungen im internationalen Zusammenhang werden einer breiten Öffentlichkeit jedoch erst schrittweise durch öffentlichkeitswirksame Ereignisse wie die Ermittlungen in spektakulären Fällen in der deutschen Industrie bewusst.

Ungeklärt ist in vielerlei Hinsicht bei allen Definitionsbemühungen die Abgrenzung zwischen sogenannten „Facilitation Payments" und strafbaren Schmiergeldzahlungen oder zwischen erlaubtem „Client Entertainment" und einer strafrechtlich relevanten Beeinflussung des Wettbewerbs.

Für Verunsicherung sorgen insoweit nicht nur wertausfüllungsbedürftige Tatbestandsmerkmale im deutschen Recht (§ 299 StGB: „Bevorzugung in unlauterer Weise“), sondern auch die bisweilen empfundene unüberschaubare Weite der Geltung ausländischer Anti-Korruptionsnormen, insbesondere des US-amerikanischen **FCPA** (Foreign Corrupt Practices Act) und des 2011 in Großbritannien in Kraft getretenen **Bribery-Act**. Beide Vorschriften haben auch exterritoriale Wirkung, da der Bezug zum jeweiligen Landesrecht schon dadurch hergestellt werden kann, dass ein sogenannter Jurisdictional Link in Form von Beteiligung von US- oder UK-Staatsbürgern oder bereits die Schädigung von amerikanischen oder britischen Wettbewerbern, die per Bestechung Dritter übervorteilt wurden, ausreichen kann.

Vereinfacht ausgedrückt kann man sagen, Korruption beginnt dort, wo eine deutliche Trennung zwischen der beruflichen Funktion (Entscheidungskompetenz, Dienststellung) und den privaten Interessen (persönliche Vorteile) nicht mehr möglich ist und Zuwendungen aller Art bereits den Anschein der Beeinflussung oder eines Interessenkonflikts wecken. Der FCPA spricht insoweit von „Corrupt Intent“, d. h., die Zuwendung müsse dazu geeignet sein, den Empfänger zu veranlassen, seine Position zu missbrauchen, um ein Geschäft ohne nachvollziehbare Gründe mit dem Geber oder einem Dritten einzugehen. Dem entspricht das Bild des deutschen Gesetzgebers von der **Unrechtsvereinbarung**, der (im Falle von § 299 eine künftige) unlautere Bevorzugung als Gegenleistung zugrunde liegen muss.

Vorteile und Zuwendungen im geschäftlichen Verkehr, zu denen auch Einladungen, Veranstaltungen und persönliche Geschenke zählen, sind daher sowohl an ihrer Sozialadäquanz wie auch an ihrer Transparenz zu messen. Heimlichkeit der Zuwendung und übertriebener materieller Wert eines Geschenks sind ebenso eindeutige Hinweise auf korrupte Intentionen wie die Verknüpfung von „Incentives“ mit laufenden Verhandlungen im geschäftlichen Bereich, die zeitgleiche Vergabe von Aufträgen aus dem privaten Bereich oder die Gewährung immaterieller Zuwendungen (z. B. sexuelle Dienstleistungen) oder von Zuwendungen an nahe Verwandte.

Schwierigkeiten bereitet die Abgrenzung auch bei **Einladungen** zu aufwendigen Veranstaltungen ohne direkten geschäftlichen Bezug wie Sportveranstaltungen, Konzertveranstaltungen, Festivals und Ähnlichem. Wie schwierig die Abgrenzung zwischen der Kundenpflege und korrupter Beeinflussung ist, hat nicht zuletzt das Strafverfahren gegen den ehemaligen EnBW-Vorstand Utz Claassen gezeigt. Claassen hatte Eintrittskarten zu WM-Spielen der deutschen Fußballnationalmannschaft an Führungspersönlichkeiten aus Politik und Verwaltung verteilen lassen und damit sowohl Repräsentationszwecke wie auch Zwecke des Sponsorings miteinander verbunden. Hierbei war nach einem vorgegebenen, transparenten Verteilungsschlüssel vorgegangen worden. Dies hat der BGH letztlich als sozialadäquat und damit straflos angesehen (BGH St 53, 6, Vorinstanz: LG Karlsruhe in NStZ 08, 407).

Was die Angemessenheit solcher Einladungen angeht, wird man hinsichtlich der Sozialadäquanz immer noch deutliche Unterschiede zwischen Einladungen an Geschäftspartner im wettbewerblichen Umfeld und Einladungen an Vertreter und Repräsentanten öffentlicher Verwaltungen machen müssen. Die Sozialadäquanz ist hier bei den öffentlich Bediensteten wesentlich eingeschränkter zu betrachten. Allerdings kommen im Zuge vermehrter Public Private Partnerships auch insoweit fließende Wertgrenzen zur Anwendung. Wesentliches Merkmal sollte neben der Transparenz immer auch die klare Verteilung von Begleitkosten (z. B. Anreise, Unterbringung, Selbstkostenanteil für mitreisende Ehe- und Lebenspartner) sowie die Frage der Genehmigung durch den jeweiligen Vorgesetzten und/oder die Einschaltung einer unternehmensinternen Compliance-Stelle auf beiden Seiten sein.

Umstritten ist, ob es bei kleineren **persönlichen Zuwendungen** (Geschenken) eine festgeschriebene Wertgrenze geben sollte. Für eine solche Wertgrenze, die sich durchaus an der strafrechtlichen Grenze des geringen Wertes (ca. 50 €) oder der steuerlichen Geringfügigkeitsgrenze (40 €) ausrichten kann, spricht, dass damit klare Verhältnisse geschaffen werden. Kritiker einer solchen Regelung befürchten, dass starre Wertgrenzen den sozialen Gegebenheiten und damit der Sozialadäquanz in verschiedenen Ländern nicht gerecht werden, da ein Geschenk im Wert von 40 € in einem Entwicklungsland ganz andere Auswirkungen habe, als in einem Land, in dem Gastgeschenke eine historisch überlieferte Tradition darstellen.

Oft wird übersehen, dass die Wertgrenze eben gerade nicht für Einladungen, Bewirtung oder Events gelten sollte, sondern für das persönliche Sachgeschenk. Selbstverständlich soll die Essenseinladung an den Geschäftspartner oder der gemeinsame Lunch während der Vertragsverhandlungen nicht auf die Bewirtung an der Würstchenbude beschränkt werden. Aber muss es gleich der Hubschrauberflug zum Sternegastronomen sein (Heck 2006)?

Das Gleiche gilt für die anderen Formen persönlicher Geschenke: Geschenke, die eine bestimmte Wertgrenze überschreiten, sollten zumindest mit einem Genehmigungsvorbehalt (Vorgesetzter oder Compliance) versehen werden. Bewährt hat sich in vielen Unternehmen auch die zentrale Sammlung solcher Geschenke, um sie dann im Rahmen einer Versteigerung oder Tombola, deren Erlös karitativen Zwecken zur Verfügung gestellt wird, zu verwerten. Hat der Mitarbeiter ein tatsächliches Interesse an dem Geschenk, z. B. als persönliches Erinnerungsstück an einen gelungenen Deal oder eine besondere Dienstreise, kann ihm der Erwerb des Geschenks gegen eine entsprechende Spende in transparenter und sozialadäquater Form ermöglicht werden. Klare und eindeutige unternehmensinterne Regelungen sorgen insofern nicht nur für Transparenz, sie können auch dazu dienen, die Sozialadäquanz herbeizuführen. Bei Schaffung entsprechender Regelungen ist jedoch ein wesentlicher Faktor immer zu beachten:

Geld geht gar nicht!

Bargeld und geldähnliche Geschenke (z. B. Überlassung von Kreditkarten während des Zeitraums einer Geschäftsreise zum freien Einkauf; Schenkung einer „symbolischen“ Aktie etc.) tragen per se den Unwertgehalt der Korruption in sich.

Im Wertpapierrecht ist die Unzulässigkeit von **Vergütungen oder Zuwendungen** – hier zumeist Inducements, Provisionen, Rückvergütungen oder Kick-backs genannt – durch die MiFID gesetzlich verankert worden (§ 31d WpHG). Hierdurch ist erstmals jenseits aller wohlformulierten Umschreibungen die unmittelbare Nähe von Zuwendungen ohne sachlichen Grund und korrumpierenden Begünstigungen im Rahmen der durch externe Anreize entstehenden Interessenkonflikte verdeutlicht worden. § 31d Abs. 2 WpHG definiert Zuwendungen im Sinne dieser Vorschrift als Provisionen, Gebühren oder sonstige Geldleistungen sowie alle geldwerten Vorteile. Durch den ans Steuerrecht angelehnten Begriff der geldwerten Vorteile werden auch immaterielle Leistungen, die einen finanziellen Wert haben, erfasst, ganz gleich, ob sie nun „Retrozessionen“, „Innenprovisionen“, „Provisionsrückvergütungen“ oder „Bestandspflegeprovisionen“ genannt werden.

Die Gewährung solcher Vergütungen lässt das Gesetz im Bereich der Erbringung von Wertpapierdienstleistungen oder Wertpapiernebendienstleistungen an – insbesondere – Privatkunden nur zu, wenn diese

a) zu einer Verbesserung der Dienstleistung für den Kunden führen,
b) das Kundeninteresse nicht entgegensteht, also kein Interessenkonflikt besteht,
c) sie gegenüber den Kunden vor Erbringung der Dienstleistung umfassend, zutreffend und verständlich offengelegt werden.

Auch hier zeigen sich wieder die aus der Korruptionsbekämpfung bereits bekannten Merkmale der **Transparenz** und der **Adäquanz**. Hinzu kommt, da es um die Erbringung von Wertpapierdienstleistungen geht, der Schutz des Kundeninteresses und damit die Notwendigkeit eines aktiven Interessenkonfliktmanagements aufseiten der Leistungserbringer.

Strafrechtlich ist ein Verstoß gegen das Inducement-Verbot spezialgesetzlich nicht geregelt, sodass allenfalls § 299 StGB bei wettbewerbswidriger Beeinflussung in Betracht kommt.

Zur strafrechtlichen Erfassung der Korruption im Wirtschaftsverkehr wird mehr vorausgesetzt als das Vorliegen eines Interessenkonflikts: nämlich die Ausnutzung einer Machtstellung oder der Missbrauch einer wirtschaftlich relevanten Position oder Kenntnis. Damit wird in § 299 StGB der Anwendungsbereich eingeengt auf **Angestellte oder Beauftragte** eines geschäftlichen Betriebes, die im geschäftlichen Verkehr den Wettbewerb beim Bezug von Waren oder gewerblichen Leistungen in unlauterer Weise beeinflussen und dafür einen persönlichen Vorteil gewähren oder annehmen. Als Beauftragte kommen nicht nur Angestellte eines geschäftlichen Betriebs, sondern auch Entscheidungsträger, die auf den Waren- und Leistungsaustausch Einfluss nehmen können ohne Betriebsangehörige zu sein, infrage. Das Merkmal der Entscheidungsbefugnis wird so weit ausgelegt, dass der Beauftragte bei seiner (Vergabe- oder Auftragsannahme-) Entscheidung keinen Weisungen unterworfen sein darf. Es kommt damit auf die faktische Position und Einflussmöglichkeit auf den jeweiligen Vertrag an.

Wer im Zusammenhang mit Erbringung oder Bezug von Waren und gewerblichen Leistungen Weisungen entgegennimmt, kann auch – als Angestellter des geschäftlichen Betriebes – durch die Entgegennahme oder Gewährung von Vorteilen strafbar werden. Voraussetzung ist, dass eine **Bevorzugung im Wettbewerb** stattfindet, die unlauter ist. Unlauterkeit zeichnet sich durch die Verletzung von Wettbewerbsregeln, die Ausschließung von Konkurrenz und damit die Schädigung von potenziellen Mitbewerbern aus. Es geht auch im Straftatbestand der wettbewerblichen Korruption um die Abgrenzung von sachwidriger und sachlich gerechtfertigter Entscheidung und damit Bevorzugung des Wettbewerbers, der schließlich den Zuschlag erhält.

Dieses Handeln muss aus der Sicht des Angestellten oder Beauftragten gegenüber seinem Unternehmen nicht pflichtwidrig sein. Auch wenn die Vergabeentscheidung oder der Einkauf im betrieblichen Interesse liegt („die Marge stimmt doch trotzdem“ oder „die Firma hätte den Auftrag sonst nicht bekommen“), führt die Verknüpfung mit einem persönlichen, geldwerten, wettbewerbswidrigen Vorteil zur Strafbarkeit.

Problematisch sind Fälle, in denen ein Handeln „im Wettbewerb“ nicht vorliegt. Brisante Fragen dürften sich bei der Betrachtung vom **Vertrieb** von Finanzprodukten auftun. Ist z. B. der Vertriebsmitarbeiter Angestellter oder Beauftragter eines geschäftlichen Betriebes? Handelt der freie Finanzmakler oder Vermögensberater lediglich im Auftrag seines Kunden, so ist er nicht Angestellter oder Beauftragter eines geschäftlichen Betriebes, mag die Empfehlung eines bestimmten Finanzprodukts auch noch so „provisionsgetrieben“ sein. Das gilt allerdings nur für den wirklich „freien“ Vermittler, der als Einzelkämpfer seine Kunden betreut. Ist er in den geschäftlichen Betrieb einer Vermittlungsagentur, eines Brokers oder anderen Finanzdienstleisters einbezogen, kann das Merkmal schon wieder zu bejahen sein.

Im Bereich der **Amtsdelikte** ist es die Eigenschaft des Bestochenen oder Vorteilsnehmers als Amtsträger, die das entscheidende Kriterium zur Abgrenzung von anderen Erscheinungsformen darstellt. Ein Amtsträger oder Verpflichteter im öffentlichen Dienst nimmt die ihm übertragenen Aufgaben im öffentlichen Interesse wahr, er ist damit „verlängerter Arm des Staates“ (Fischer 2011).

Entscheidendes Abgrenzungskriterium zwischen der Vorteilsannahme und Vorteilsgewährung (§§ 331, 333 StGB) einerseits und der Bestechlichkeit und Bestechung (§§ 332, 334 StGB) andererseits ist die pflichtwidrige Diensthandlung. Im Bereich der Vorteilsdelikte ist damit jegliche amtliche Dienstausübung geschützt; ein konkreter Bezug zu einer bestimmten Dienstleistung, die vom Amtsträger als Gegenleistung für den persönlichen Vorteil erbracht wird, ist nicht gefordert. Bei den Bestechungsdelikten hingegen muss die konkrete Diensthandlung ebenso wie ihre Pflichtwidrigkeit und der Bezug zu dem angebotenen, gewährten oder empfangenen Vorteil festgestellt werden. Schwieriges normatives Abgrenzungskriterium bleibt die Sozialadäquanz.

An der von Bannenberg/Schaupensteiner bereits 2004 (und wieder in der 3. Aufl. 2007) beklagten mangelnden Sensibilität in Wirtschaft und Verwaltung scheint sich ausweislich der von der Wirtschaftsprüfungsgesellschaft Ernst &

Young vorgelegten Studie „Korruption – Das Risiko der anderen“ nicht wirklich viel geändert zu haben:

Auf die Frage „Gab es in Ihrem Unternehmen in den letzten zwei Jahren einen Korruptionsfall?“ antworteten in Deutschland zwar 6 Prozent der Befragten mit „Ja“ und 74 Prozent der Befragten mit „Nein“, erschreckend ist jedoch angesichts der befragten Zielgruppe – Finanz- und Risikomanager, Führungskräfte aus Rechts-, Compliance- und Revisionsabteilungen – ein Prozentsatz von 20 Prozent, die mit „weiß nicht“ geantwortet haben.

Weiß man selbst in solchen Positionen wirklich nicht, was im eigenen Unternehmen vorgeht, will man es nicht wissen oder ist das Vertrauen in die unternehmensinternen Vorschriften, Prozesse und Kontrollen so gering, dass man befürchten muss, trotz aller Vorkehrungen hintergangen zu werden?

In der PwC-Studie „Wirtschaftskriminalität und Unternehmenskultur“ 2013 berichten immerhin noch mehr als ein Viertel der Befragten, dass sie davon ausgehen, schon einmal durch Korruption eines Wettbewerbers eine Geschäftsmöglichkeit verloren zu haben. 11 Prozent der Befragten sahen sich selbst schon in einer „Korruptionssituation“ und 6 Prozent der befragten Unternehmen berichten, durch Korruption geschädigt worden zu sein. Der Schlussfolgerung der Autoren, „bei der Korruption gibt es keinen Grund zur Entwarnung“, kann man sich daher nur vorbehaltlos anschließen.

Zu den Mechanismen der Korruption und einer Vielzahl plastischer Fallbeispiele siehe Bannenberg/Schaupensteiner (2007), Leyendecker (2007) und Roth (2007).

8.2 Kapitalmarktstrafrecht

Das Kapitalmarktstrafrecht hat sich mittlerweile zu einem eigenständigen Spezialgebiet innerhalb des Strafrechts fortentwickelt, über das umfangreiche Handbücher und Kommentare (Park, 2008; Schröder, 2010; Hohnel, 2013) aufgelegt wurden. Neben den bereits besprochenen Betrugs- und Untreuedelikten werden zum Kapitalmarktstrafrecht insbesondere die Insiderdelikte, Börsendelikte, die Marktmanipulation sowie Straftaten im Rahmen des Kreditwesengesetzes gezählt. Eine weitergehende Auffassung (Park, 2008) rechnet auch alle gesellschaftsrechtlichen Tatbestände, wie falsche Angaben, Verstöße gegen berichts- und aufsichtsrechtliche Reportingpflichten – z. B. Verstöße bei Ad-hoc-Mitteilungen – sowie die zugehörigen Dokumentationspflichten zum Kapitalmarktstrafrecht.

Im Zusammenhang dieser Darstellung soll ein Blick auf die Straftatbestände des Insiderhandels, der Marktmanipulation sowie des unerlaubten Betreibens von Bankgeschäften nach § 54 KWG genügen. An den beiden im WpHG enthaltenen Tatbeständen des Insiderhandels und der Marktmanipulation wird erhebliche formale Kritik geübt, die sich auf die Unübersichtlichkeit der Tatbestände, die vielfachen Verweise zwischen den Normen und die Tatsache bezieht, dass es sich bei beiden Tatbeständen um mehrfach gestufte **Blankett-Normen** handelt. Diese Kritik ist ernst zu nehmen, denn sie führt zu der Fragestellung, ob schwer verständliche Tatbestände dieser Art noch dem verfassungsrechtlichen Bestimmtheitsgebot entsprechen, das sicherstellen soll, dass der dem Gesetz unterworfene Anwender vorhersehen und verstehen kann, welche Handlungen mit Strafe bedroht sind und welche Handlungen tatbestandslos bleiben.

Auch wenn man der mehrfach geäußerten Ansicht des BGH folgt, dass beide Vorschriften gerade noch verständlich und für den Rechtsunterworfenen nachvollziehbar seien, ist festzustellen, dass die Auslegungsbedürftigkeit, Offenheit und Verschachtelung dieser Tatbestände zu ungewollten Strafbarkeitslücken führen, da sie weiten Spielraum für Rechtsirrtümer und Tatsachenirrtümer eröffnen, die einem Angeklagten entsprechend zugute zu halten sind.

Mit anderen Worten: Der Gesetzgeber ist selbst schuld, wenn viele Angeklagte aufgrund der überkomplizierten Gesetzeskonstruktion „durch die Maschen schlüpfen", das Gesetz hierdurch in mancher Beziehung zur symbolischen Gesetzgebung verkommt und letztlich seinen – eigentlich gut gemeinten – Zweck verfehlt. Kirchhof hat dies in einem beeindruckenden Artikel unter dem Titel „Gesetzgebung braucht Form und Stil" an weiteren Beispielen schon im Jahr 2002 deutlich gemacht.

Im Vorgriff auf die später zu erörternden Präventionsmaßnahmen bedeutet dieser Umstand, dass eine wirkungsvolle, gute Compliance die Schwächen des Gesetzes durch deutliche Grenzsetzung und klare Linienführung ausbügeln muss, will sie nicht den Anwender permanent in Versuchung führen, in Grauzonen vorzustoßen. Einer solchen Compliance wird im Umkehrschluss jedoch oft Kleinkariertheit, mangelnde Risikobereitschaft und potenzielle Geschäftsverhinderung vorgeworfen.

Werden dann Personen, die die Grauzonen der gesetzlichen Unbestimmtheit robust ausgenutzt haben, auch noch freigesprochen oder infolge nicht auszuschließender Rechtsirrtümer milde bestraft, fühlen sich die Kritiker einer gradlinigen Compliance bestätigt und trauern den vermeintlich entgangenen Geschäftschancen nach.

Wie bereits dargestellt, geht der Gesetzgeber (oder diejenigen, die ihm die Gesetzesbegründung in die Feder diktiert haben) davon aus, dass die Untersuchung von Marktmanipulation und Insiderhandel **organisatorisch** bei der Compliance-Funktion verbleiben und nicht auf die zentrale Stelle zur Kriminalitätsbekämpfung übertragen werden.

Im Hinblick auf die Entscheidung über die Erstattung einer Strafanzeige und die mit den Delikten verbundenen Schadensrisiken für das Institut halte ich diese Vorgabe zwar für unglücklich, aber überwindbar. Wo die Funktionen getrennt sind, muss für eine klare Schnittstellenregelung und gegenseitige

Information gesorgt werden, damit kein Fall im Gesamtbereich der Zuständigkeiten verloren geht.

Wegen der Einzelheiten sei auf die oben genannten Handbücher und Kommentare verwiesen. Durch die neue Marktmissbrauchsverordnung MAR (Verordnung (EU) 596/2014 über Marktmissbrauch), die am 02. Juli 2014 in Kraft getreten ist und die gleichzeitig in Kraft getretene Marktmissbrauchsrichtlinie CrimMAD (Richtlinie 2014/57/EU), beide veröffentlicht im Amtsblatt der EU vom 12.06.2014, sind hier unzählige Neuerungen zu verzeichnen, deren Darstellung den Rahmen des vorliegenden Buches sprengen würden (vgl. ausführlich Krause 2014).

Die in der Literatur (vgl. Vorauflage S. 137 f.) heftig kritisierte MaKonV (Marktmanipulations-Konkretisierungsverordnung) wird nur noch übergangsweise von Bedeutung sein, denn die Kommission hat das Mandat zur Ausarbeitung von Durchführungsrechtsakten, Leitlinien und technischen Standards bezüglich der MAR bereits an die ESMA erteilt.

Ob mit den zu erwartenden Leitlinien eine eindeutigere Abgrenzung erlaubter von unerlaubten Handlungen und damit ein besserer Schutz der Märkte erzielt werden kann, bleibt angesichts der Komplexität der Materie abzuwarten. Für die Verantwortlichen der Kriminalprävention in den Instituten sind jedenfalls erweiterte Aufgabenstellungen und Pflichten (zum Beispiel bei der Anzeigeerstattung) bereits jetzt erkennbar.

Daher muss hier im Rahmen der Betrachtung des Kapitalmarktrechts zunächst nur ein kurzer Blick auf die verbotenen Bankgeschäfte genügen:

Nach § 54 KWG handelt strafbar, wer Bankgeschäfte betreibt, die ausdrücklich in § 3 KWG als verbotene Bankgeschäfte bezeichnet werden oder wer Bankgeschäfte und Finanzdienstleistungen erbringt, ohne die dazu erforderliche Erlaubnis zu besitzen.

Die in § 3 KWG genannten Werkssparkassen, Zwecksparunternehmen sowie das Betreiben des Kredit- oder Einlagengeschäfts, wenn durch Vereinbarung oder geschäftliche Gepflogenheit die Verfügungsmöglichkeit über Kredit oder Einlage durch Barabhebung ausgeschlossen oder wesentlich erschwert ist, sind praktisch von eher untergeordneter Bedeutung. Von erheblicher Bedeutung ist hingegen das Betreiben erlaubnispflichtiger Bankgeschäfte nach § 1 Abs. 1 Satz 2 Nr. 1 – 12 KWG oder erlaubnispflichtiger Finanzdienstleistungen ohne die nach § 32 Abs. 1 Satz 1 erforderliche Erlaubnis.

Erlaubnispflichtige Bankgeschäfte sind neben dem Einlagengeschäft und dem Kreditgeschäft unter anderem das Diskontgeschäft, das Finanzkommissionsgeschäft, das Depotgeschäft, das Girogeschäft, das Pfandbriefgeschäft, das Emissionsgeschäft und weitere enumerative Geschäftsarten.

Unerlaubte Finanzdienstleistungen liegen insbesondere vor, wenn ohne Erlaubnis Anlagevermittlung, Abschlussvermittlung, Finanzportfolioverwaltung oder Eigenhandel sowie das Finanztransfergeschäft, das Sortengeschäft oder das Kreditkartengeschäft betrieben werden.

Die Vorschrift dient insbesondere der strafrechtlichen Sanktionierung von Vorgängen im grauen Kapitalmarkt, zu dem Erscheinungsformen wie das Hawala-Banking (auch als Underground-Banking bezeichnet), das Einsammeln von Anlegergeldern in Schneeballsystemen oder undurchsichtigen „Hedgefonds" zählen. Allen genannten Geschäftsarten und Finanzdienstleistungen ist gemeinsam, dass sie grundsätzlich erlaubnisfähig sind und im Falle der Erteilung einer Erlaubnis den Dienstleistungserbringer unter BaFin-Aufsicht stellen. Geschütztes Rechtsgut ist damit die Funktionsfähigkeit des Kapitalmarkts, die im Falle erlaubter Geschäfte eben gerade durch die BaFin-Beaufsichtigung gewährleistet ist. Die Bankgeschäfte oder Finanzdienstleistungen müssen gewerbsmäßig oder in einem Umfang betrieben oder erbracht werden, der einen in kaufmännischer Weise eingerichteten Gewerbebetrieb erfordert, um überhaupt erlaubnispflichtig zu sein. Gewerbsmäßiges Handeln setzt – wie bei anderen Straftatbeständen des StGB auch – ein auf Dauer angelegtes, mit der Absicht der Gewinnerzielung von einigem Umfang begleitetes Handeln voraus. Ob dabei tatsächlich Gewinne erzielt werden oder diese, wie im Fall Madoff, tatsächlich gar nicht vorhanden sind, spielt dabei keine Rolle.

Wie schwer sich die BaFin bisweilen tut, das Erbringen erlaubnispflichtiger Finanzdienstleistungen oder das Betreiben eines erlaubnispflichtigen Bankgeschäftes nachzuweisen, zeigt die langwierige Verfahrensgeschichte im Fall von Kiener's K1-Fonds.

8.3 Ordnungswidrigkeiten

Die Rolle des Ordnungswidrigkeitenrechts im Zusammenhang mit der Betrachtung von Wirtschaftskriminalität im weitesten Sinne wird häufig unterschätzt. Das mag daran liegen, dass auch spezialgesetzliche **Bußgeldandrohungen** von bis zu einer Million € Höhe im Verhältnis zu den Gewinnen, die die Täter locken, vielfach nicht ernst genommen werden. Insofern werden Ordnungswidrigkeiten auch in manchen Vorstandsetagen noch hemdsärmelig mit „Falschparken" und seinen überschaubaren Folgen gleichgesetzt.

Dabei bestimmt jedoch § 17 Abs. 4 OWiG bereits grundsätzlich, dass die Geldbuße den wirtschaftlichen Vorteil, den der Täter aus der Ordnungswidrigkeit gezogen hat, übersteigen soll. Reicht das gesetzliche Höchstmaß hierzu nicht aus, so kann es überschritten werden. Diese Regelung entspricht den Verfalls- und Einziehungsvorschriften des Strafgesetzbuches, ist aber ungleich effektiver. Die speziellen Einziehungsvorschriften im OWiG, §§ 22 ff., gelten gem. § 29 OWiG auch für Organe und Vertreter von juristischen Personen und Personengesellschaften und sonstigen Personen, die für die Leitung eines Betriebes oder Unternehmens einer juristischen Person verantwortlich und in leitender Stellung handeln.

Führt man sich einmal vor Augen, dass im bislang spektakulärsten Fall der deutschen Compliance-Geschichte das betroffene Unternehmen zwar mit einer Geldbuße in Höhe von „nur" 500.000 € belegt wurde, der Abschöpfungsbetrag sich aber auf 394,75 Mio. € belief, wird deutlich, welche Brisanz in dieser Form des

Unternehmensstrafrechts streckt. Legendär sind inzwischen die Kartell-Geldbußen, egal ob sie von der EU-Kommission oder dem Bundeskartellamt verhängt werden: vom Zement-Kartell (660 Mio. €) über das Schienen-Kartell (124,5 Mio. €) bis zum Vitamin-Kartell (790 Mio. €) . Nur eine Frage der Zeit scheint es zu sein, wann die Erbringung bestimmter Bankdienstleistungen auch in diesem Licht hinterfragt wird.

Das Ordnungswidrigkeitenrecht folgt darüber hinaus dem vereinfachten Prinzip des sogenannten „Einheitstäters", sodass jeder, der unabhängig von seinem Tatbeitrag an der Ordnungswidrigkeit beteiligt war, mit Buße belegt werden kann. Insbesondere erfasst § 9 das Handeln als vertretungsberechtigtes Organ einer juristischen Person oder als Mitglied eines solchen Organs oder vertretungsberechtigter Gesellschafter für ein Unternehmen. Darüber hinaus werden besonders bestellte **Beauftragte**, deren Auftrag darin liegt, den Betrieb ganz oder zum Teil zu leiten oder die für eine bestimmte Thematik ausdrücklich beauftragt sind (z. B. Geldwäschebeauftragter, Umweltbeauftragter, Datenschutzbeauftragter usw.), dann zur Verantwortung gezogen, wenn im Betrieb oder Unternehmen im Rahmen ihres Aufgabenbereichs Taten begangen werden, die dem Leiter des Betriebs zuzurechnen sind.

Beim Compliance-Beauftragten in Unternehmen außerhalb der Finanzbranche wird dieses Merkmal teilweise als nicht vorhanden angesehen, da es keinen gesetzlichen Zwang zur Einrichtung einer Compliance-Stelle mit einem „Beauftragten" gäbe. In der regulierten Finanzbranche halte ich diese Auffassung spätestens seit Schaffung der MaComp (und InvMaRisk im Investmentbereich) nicht mehr für vertretbar. Auch wenn die genannten Vorschriften keine Gesetze sind, sondern aufsichtsbehördliche Auslegungen der einschlägigen Gesetze, ist völlig klar, dass WpHG, KAGB und die weiteren einschlägigen Regelungen einen Compliance-Beauftragten fordern, auch wenn sie ihn namentlich so vielleicht (noch) nicht benennen. Ich habe daher keinen Zweifel, dass die Zurechnungsnorm des § 9 OWiG auf einen Compliance-Beauftragten aus den gesetzlich regulierten Instituten anzuwenden ist.

§ 30 OWiG sieht darüber hinaus vor, dass auch juristische Personen und Personenvereinigungen mit einer eigenen Geldbuße (sog. **Verbandsgeldbuße**) belegt werden können, wenn ihre vertretungsberechtigten Organe, Vorstände oder Gesellschafter eine Straftat oder Ordnungswidrigkeit begangen haben, durch die Pflichten, welche die juristische Person oder die Personenvereinigung (sic: das Unternehmen) treffen, verletzt worden sind.

Obwohl es also ein **Unternehmensstrafrecht** im eigentlichen Sinne noch nicht gibt, wird über diese Vorschrift tatsächlich ein Unternehmens-Sanktionsrecht begründet, das, wie oben gezeigt, ein Unternehmen auch finanziell in den Grundfesten erschüttern kann.

Daneben tritt mit § 130 OWiG eine weitere Norm, die bislang in der öffentlichen Wahrnehmung eher ein Schattendasein führt, von Kennern der Materie aber durchaus als das „verkannte Grundgesetz der Compliance" bezeichnet wird:

Wer in Betrieben oder Unternehmen eine ihm übertragene **Aufsichtspflicht** dadurch verletzt, dass er Aufsichtsmaßnahmen unterlässt, die erforderlich sind, um zu verhindern, dass Zuwiderhandlungen gegen Pflichten stattfinden, die eigentlich den Inhaber des Unternehmens treffen, handelt selbst ordnungswidrig. Das bedeutet nichts anderes, als eine Verlagerung der Sanktionierungsmöglichkeit auf die Ebene der Unternehmensverantwortlichen und des **Organisationsverschuldens**.

Unternehmensführer, Geschäftsleiter, besondere Beauftragte mit definierten Pflichtenkreisen – also Manager mit Leitungsfunktionen – müssen ihre Verantwortung am Grad der Unternehmensorganisation messen lassen. Wer unzureichende oder gar keine Vorkehrungen trifft, um Straftaten und Ordnungswidrigkeiten im Unternehmen zu vermeiden, wer es unterlässt, risiko-adäquate Ordnungs- und Abwehrsysteme zu definieren und zu implementieren, hat die mögliche Geldbuße auch dann verwirkt, wenn er mit dem Fehlverhalten im Einzelfall keinerlei Berührung hatte.

Dabei mag wiederum der Bußgeldbescheid selbst, das zu zahlende Bußgeld ein verkraftbares „Übel“ darstellen – die weiteren Folgen der Feststellung solcher Pflichtvergessenheit können indessen deutlich dramatischer sein.

Wer Bußgeldtatbestände verwirklicht, auch und gerade im Bereich des Organisationsverschuldens, wird aufsichtsrechtlich schnell als unzuverlässig anzusehen sein. Die **Zulassung zum Geschäftsbetrieb** für das Unternehmen (§ 32 ff. KWG) oder die persönliche Abberufung als Geschäftsleiter drohen als weitere erhebliche Sanktion.

Zu berücksichtigen ist, dass nicht nur das Ordnungswidrigkeitengesetz selbst materielle Tatbestände bereithält. Alle zuvor angesprochenen Gesetze zur Regulierung und Beaufsichtigung des Kapitalmarkts im weitesten Sinne, also KWG, WpHG, Geldwäschegesetz, Börsengesetz, WpÜG und das Wertpapierprospektgesetz enthalten eine Vielzahl eigenständiger Ordnungswidrigkeits-Tatbestände, die nicht selten Tatvarianten der oben erörterten Straftatbestände darstellen. Die Liste der einschlägigen Gesetze, die mögliche Tatbestände bereitstellen, ist lang und nahezu unüberschaubar. Vom Außenwirtschaftsgesetz über das Aktiengesetz bis hin zu Sonderdelikten des Nebenstrafrechts, wie das Fahrerlaubnisrecht nach StVG und StVZO und viele gewerberechtliche Regelungen enthalten Ordnungswidrigkeitentatbestände (Wellhöfer/Peltzer/Müller, 2008).

Es würde zu weit führen, alle denkbaren Tathandlungen und Tatbestandsvariationen hier vorstellen zu wollen. Jeder Fraud-Beauftragte im Unternehmen wird aber im Rahmen der Gefährdungsanalyse die einschlägigen Gesetze durchforsten und auf Ordnungswidrigkeiten hin untersuchen müssen, um daraus notwendige Sicherungs-, Abwehr- und Kontrollmaßnahmen ableiten zu können.

Die dargestellten Folgen von Ordnungswidrigkeiten sind so immens, dass aus der Sicht dieses Ratgebers die Behandlung von OWis, im Rahmen von Prävention und Ermittlung, trotz der eindeutigen gesetzlichen Beschränkung auf „sonstige strafbare Handlungen“ nicht unterbleiben kann.

Drohende Vermögensschäden und Reputationsschäden können schnell ein Ausmaß annehmen, das jenes von typischen Alltagsstraftaten wie Reisekosten-Betrug oder Diebstahl/Unterschlagung von Firmeneigentum bei Weitem in den Schatten stellt.

Eine Begrenzung der zentralen Stelle auf Straftaten, auch wenn es sich um Bagatellkriminalität handelt, unter Außerachtlassung von Ordnungswidrigkeiten wäre demnach ein fataler Konstruktionsfehler der besagten Einheit.

9. Die Täter

Wenden wir uns jetzt den Tätern zu. Wer begeht bevorzugt wirtschaftskriminelle Handlungen gegen Unternehmen und Institute? Gibt es Merkmale oder Typologien, die auf eine mögliche Täterschaft, auf kriminogene Faktoren im Vorleben oder im Auftreten schließen lassen? Nicht nur in der Kriminologie als „Lehre vom Verbrechen" sind diese Fragen relevant, sondern auch für das Unternehmen, das sich schützen will.

Es gibt Beschreibungen, die nahelegen, der typische Wirtschaftsstraftäter sei eine männliche Person, zwischen 40 und 50 Jahren alt, gute berufliche Ausbildung, überdurchschnittliches Bildungsniveau und – soweit interner Täter – seit langen Jahren Mitarbeiter im Unternehmen und häufig ebenso langjährig in derselben Position tätig. Rund ein Drittel der Täter gehören dem Topmanagement an, etwas mehr als ein Drittel der Täter werden dem mittleren Management zugerechnet und das dritte Drittel stellen die weiteren Beschäftigten. Die Kriminologie bezeichnet sie als „Latecomer to Crime" als kriminelle Spätentwickler, die ihre berufliche Karriere über viele Jahre ohne soziale oder kriminelle Auffälligkeiten bestritten haben.

Auch die PwC-Studie 2013 ändert an diesem Bild nichts. 62 Prozent interne Täter stehen 38 Prozent externen Tätern gegenüber, von denen immerhin 51 Prozent aus dem Segment der Geschäftspartner und Dienstleister stammen sollen. Die externen Täter sind zu 97 Prozent männlich, die internen Täter lassen inzwischen immerhin schon 17 Prozent weibliche Tatbeteiligte erkennen.

So weit, so gut. Oder besser: So weit, so schlecht. Denn aus diesen allgemeinen Daten lassen sich weder Verfolgungsansätze im Einzelfall noch generelle Präventionsansätze entwickeln. Die Verantwortlichen für die Kriminalitätsbekämpfung können nicht einfach alle 40- bis 50-jährigen männlichen Manager vor die Tür setzen oder einer strengen Einzelkontrolle unterziehen. Dann wäre das durchschnittliche Unternehmen kein Unternehmen mehr, sondern ein Hohlraum, in dem niemand mehr zum Arbeiten übrig bleibt. Oder hinter jedem Macher stünden ein bis zwei Kontrolleure. Auch das ist keine wirklich erstrebenswerte Vorstellung.

Seit Langem bemühen sich Wissenschaft wie Praxis daher, aufschlussreichere **Täterprofile** zu entwickeln und mehr über die personenbedingten Umstände von Straftaten und die Persönlichkeitsprofile der Täter zu erfahren. Wie sind Personen strukturiert, die die Tatgelegenheit ergreifen, deren Motivation zur Tatbegehung führt und die stets eine Rationalisierung des eigenen Verhaltens parat haben? Welche Persönlichkeiten werden – dem Leipziger Verlaufsmodell folgend – jene individuellen Risikofaktoren aufweisen, die beim Bewerten der Situation die günstige Gelegenheit entdecken und qua ihrer „kritischen Relevanzbezüge" zur Straftat schreiten, statt die Sicherheitslücke aufzudecken und die Situation durch gesetzestreues Verhalten zu entschärfen?

Wieder sind es Studien aus der Praxis, in denen Wissenschaftler mit Unterstützung von Wirtschaftsprüfungsgesellschaften kriminologische und praxisrelevante Erkenntnisse verknüpft und zu anwendbaren Täterprofilen verdichtet haben. PwC und die Hochschule Pforzheim kommen in ihrer im Februar 2009 veröffentlichten Studie „Wirtschaftskriminalität – Eine Analyse der Motivstrukturen" zu dem Ergebnis, dass es fünf typische Täterprofile gibt, die im Bereich der Wirtschaftskriminalität immer wieder auftauchen. Für die Studie wurden 13 qualitativ-psychologische Interviews mit Wirtschaftsstraftätern in verschiedenen Strafvollzugsanstalten geführt sowie die Gerichtsakten von insgesamt 60 Wirtschaftsstraftätern ausgewertet und anhand eines Instruments zur Erfassung individueller Persönlichkeitsdimensionen (das sogenannte NEO-Fünf-Faktoren-Inventar, NEO-FFI) validiert.

Die fünf unterschiedlichen Täterprofile werden unterteilt in die drei Grundtypen: Der Visionär, der Abhängige und der Naive. Beim Visionär wurden die Ausprägungen egozentrierter Visionär, frustrierter Visionär und narzisstischer Visionär identifiziert.

Der Visionär wird beschrieben als regelmäßig hoch intelligenter Mensch, dessen Handeln sich auf berufliche Erfolge konzentriert und der Visionen verwirklichen will.

Der egozentrierte Visionär wird beschrieben als auffallend selbstbewusster, ehrgeiziger und zielstrebiger Charakter, der jedoch eher kontrolliert und berechnend, also wenig emotional handelt.

Der frustrierte Visionär hingegen ist zwar ein erfolgsorientierter „Macher-Typ", der jedoch dennoch häufig scheitert und daraus Enttäuschungen und Frustrationen entwickelt, die bis hin zum Realitätsverlust führen können.

Beim narzisstischen Visionär sind die ichbezogenen Persönlichkeitsdimensionen übersteigert, sein unrealistisches Selbstbild führt bei Frustrationen schnell zu Verärgerungen und Aggressivität.

Der „Abhängige" wird als Persönlichkeit beschrieben, die in starkem Maße von ihrem sozialen Umfeld, ihren Beziehungen und der emotionalen Bindung an andere abhängig ist. Er schließt sich Führungsfiguren an, leidet unter Ausgrenzungs- und Verlustängsten und akzeptiert es, von anderen in seinen Entscheidungen und Taten gelenkt zu werden.

Dem „Naiven" hingegen werden ein zumeist geringerer Bildungsgrad und schnelle Überforderung in komplexen Situationen zugeschrieben. Seine

Leichtgläubigkeit, seine Orientierung an „tradierten Zielen und Werten" und sein pflichtbewusst-unterwürfiges Verhalten machen ihn leicht verführbar.

Die Untersuchung, deren Fokus auf Verurteilung wegen Betrugs, Unterschlagung, Untreue und Korruption lag, hat sowohl das zuvor besprochene Betrugsdreieck als auch das bereits dargestellte Leipziger Verlaufsmodell in seine theoretischen Grundlagen einbezogen. Zur untersuchten Population wird mitgeteilt: „70 Prozent der verurteilten Straftäter waren Mitglieder im Vorstand oder in der Geschäftsführung, also in solchen Positionen, die durch besondere Freiräume naturgemäß mehr Tatgelegenheiten bieten. 10 Prozent waren Angestellte im Bereich des Finanz- und Rechnungswesens. 7 Prozent waren im Kreditgeschäft beschäftigt. Jeweils 5 Prozent kamen aus den Bereichen Einkauf und Vertrieb. Lediglich 2 Prozent der Wirtschaftsdelikte wurden jeweils im Produktions- und Lagerbereich begangen. Ein geringer Anteil von 2 Prozent entfällt auf den Bereich des Personalwesens."

Selbstverständlich sind die in dieser Studie beschriebenen Tätertypen – hier wie in der Realität – nicht in Reinform anzutreffen. Jede Person, die mehr oder weniger über ein solches Täterprofil oder eine solche Persönlichkeitsstruktur verfügt, wird durch weitere Einflussfaktoren in der jeweiligen Situation zur Tat bestimmt oder an der Tat gehindert. Als wesentliche Einflussfaktoren nennt die Studie:

- Motive und Werte;
- emotionale Faktoren;
- Rechtsbewusstsein, die Neutralisierungs- und Rechtfertigungsstrategien;
- Umwelt;
- Wahrnehmung einer potenziellen Gelegenheit;
- Rechtfertigung und Neutralisierung.

Insbesondere bei den situativen Rechtfertigungen und Neutralisierungen finden sich interessante Ergänzungen zu dem bisher in diesem Buch Gesagten:

Die interviewten Täter entwickeln entweder Strategien dahingehend, die eigene Verantwortung für eine Tat abzulehnen oder zu reduzieren, oder sie verweigern die Akzeptanz des eigenen Handelns als Straftat.

Der frustrierte wie der narzisstische Visionär neigen dazu, einen gewissen Kontrollverlust über das eigene Erfolgsstreben zu proklamieren. Oft werden sie, ähnlich wie der Abhängige, von anderen Personen in ihrem Vertrauen enttäuscht und in die Illegalität hineingezogen. Anonyme Instanzen wie Anwälte, Banken, Gesetze und die „Bürokratie" haben versagt, nicht der Täter selbst.

Da es bei wirtschaftskriminellen Handlungen häufig kein individualisiertes Opfer, insbesondere keine Privatperson als Opfer gibt, werden die herbeigeführten Schäden verbal sozialisiert und wiederum anonymen Institutionen oder einem entpersonalisierten Opfer zugeschrieben – eine Neutralisierungsstrategie, die man sonst eher bei Gewalttätern antrifft („Die sind doch versichert."; „Die werden schon nicht daran pleitegehen.").

Den so charakterisierten Täterprofilen wird ein **Prozessmodell** der kriminellen Handlung zur Seite gestellt, wonach der Täter und die Tat sechs charakteristische Phasen durchlaufen. Zunächst, so wird unterstellt, versucht der Täter eine Zielerreichung auf legalem Weg zu erlangen, bei der er nicht selten durch Misserfolge auf die Suche nach „neuen Wegen" geleitet wird. Erlangt er bei dieser Suche nach neuen Wegen erste Erfolge, die nicht selten durch Grenzüberschreitungen bei der Nutzung von rechtlichen Grauzonen und der Mischung aus halblegalen und illegalen Lösungswegen gekennzeichnet sind, wird er über kurz oder lang an den „Point of no Return" gelangen, der von einem Kontrollverlust über den Prozess begleitet wird. Die Konfrontation mit der Illegalität der eigenen Handlung führt zur Verstärkung, wenn die Illegalität nicht aufgedeckt wird – „der Wunsch nach weiteren Erfolgen wird stärker als die Angst vor möglichen Sanktionen".

Die Persönlichkeitsstrukturen und die auf sie einwirkenden dargestellten Einflussfaktoren bestimmen den Weg, der nicht zwangsläufig in die Illegalität und die Straftat führen muss, sondern bei angemessenem Bedürfnisniveau und befriedigender subjektiver Wahrnehmung der eigenen Existenz in der Legalität verbleiben mag.

Die individuelle Entscheidung ist von den beschriebenen Einflussfaktoren abhängig. Leider differenziert die Studie bei der Benennung der Einflussfaktoren „Motive und Werte“ und „emotionale Faktoren“ nicht zwischen verfestigten, lang anhaltenden, die Persönlichkeitsstruktur bestimmenden Merkmalen (hier zuvor Motive genannt) und situationsbedingten Einflussfaktoren (Motivationen im Sinne der obigen Darstellung).

Schneider (2009) kommt in seiner gemeinsam mit der Prüfungs- und Beratungsgesellschaft RölfsPartner durchgeführten Studie „Der Wirtschaftsstraftäter in seinen sozialen Bezügen“ zu teilweise anders gelagerten Täterprofilen. Durch die Analyse von 21 vor Berliner Wirtschaftsstrafkammern geführten Strafverfahren mit 37 Angeklagten sowie teilstandardisierten Interviews mit fallbearbeitenden Teammitgliedern der genannten Wirtschaftsprüfungsgesellschaft zu weiteren neun Fällen mit 13 ermittelten Tätern erzielt er folgende Ergebnisse: Ausgehend von der Differenzierung der Täter zwischen den Typen **„Gelegenheitssucher“ und „Gelegenheitsergreifer“** wurde zunächst die Beziehung zwischen den Tätern und ihren Tatgelegenheiten untersucht. Das untersuchte Sample enthielt jeweils zu gleichen Teilen (46 Prozent) Gelegenheitssucher wie Gelegenheitsergreifer, aber auch Mischformen (3 von 50 Tätern) fanden Berücksichtigung. Aus diesen Mischtypen leitet Schneider die begründbare Annahme her, „dass es eine innere Dynamik des sukzessiven Abdriftens in „harte“ Wirtschaftskriminalität gibt“, an deren Anfang das Ergreifen einer günstigen Gelegenheit steht. „Das sukzessive Abdriften wurde in allen drei Fällen durch die Verstärker der Nichtentdeckung und des Lernens am Beispiel unterstützt.“

Besonders einprägsam ist die Schilderung eines Beispielsfalles, in dem zunächst im Graubereich oder Vorfeld kriminellen Handelns mit Duldung des Vorgesetzten agiert wurde, dann jedoch der daraus erwachsende Rückgang des Legalitätsverständnisses und offensichtliche Kontrollmängel zum eigenen Vorteil genutzt wurden:

> *„Eine vergleichbare Dynamik des Geschehens ergab sich in einem Fall, bei dem der Vorgesetzte unter Verstoß gegen steuerrechtliche Bestimmungen und der Verletzung betrieblicher Regelungen bestimmte Maßnahmen im Zuge des „Dezemberfiebers" zuließ. Um das Budget am Ende des Jahres verbraucht zu haben, wurden Vertragspartner des Unternehmens angehalten, Rechnungen für nicht erbrachte Leistungen zu erstellen. Diese wurden sodann noch im laufenden Jahr bezahlt, die Gegenleistung wurde jedoch (sofern diese überhaupt nachweisbar war) geraume Zeit später im Folgejahr erbracht. Der Täter war an diesen, von seinem Vorgesetzten initiierten Vorgängen zunächst beteiligt, sah dann aber die Möglichkeit, sich ohne Wissen des Vorgesetzten auf der Grundlage dieser Strategie durch weitere Manipulationen erheblich zu bereichern."*

Ziel der Untersuchung von Schneider war es nicht nur, die analysierten Täter den beiden Grundtypen zuzuordnen, sondern auch die Begriffe „Gelegenheitssucher" und „Gelegenheitsergreifer" induktiv fortzuentwickeln.

Gelegenheitsergreifer sind aufgrund langer Betriebszugehörigkeit, ihrer beruflichen Stellung sowie ihres Wissens in der Lage, Kontrolldefizite zu erkennen und zur Tat zu nutzen. Demgegenüber zeichnen sich die Gelegenheitssucher durch Zielstrebigkeit, längerfristige Planung und **kriminelle Energie** aus. Ausgehend von diesen Grundannahmen kann es nicht verwundern, dass die große Mehrheit (83 Prozent) der Gelegenheitsergreifer nicht vorbestrafte Ersttäter sind. Neben dem Wissen, das zum Erkennen der günstigen Tatgelegenheit erforderlich ist, fielen in der Untersuchung Gelegenheitsergreifer auf, die teilweise durch Dritte auf die Tatgelegenheit hingewiesen wurden, zu denen ein Über-/Unterordnungsverhältnis oder eine „nötigungsähnliche Situation" bestand.

Nicht selten trifft laut Schneider der Gelegenheitsergreifer hier auf einen Gelegenheitssucher, der ihm die günstige Gelegenheit unterbreitet und ihm eine „erkennbar deliktische Geschäftsidee" vorschlägt, von der beide einen Gewinn haben.

Bei den Gelegenheitssuchern wiesen immerhin 39 Prozent der untersuchten Population Vorverurteilungen auf. Auffällig an den Gelegenheitssuchern war, dass sie seltener geständnisbereit waren als die Gelegenheitsergreifer und wenn, dann aus vornehmlich prozesstaktischen Erwägungen. Auch waren es die Gelegenheitssucher, die eher die Strategie der Konfliktverteidigung als prozessualen Ausweg wählten.

Schneider schreibt ihnen neben der Zielstrebigkeit und Planung ihrer Taten eine höhere kriminelle Energie zu, die in den Strafzumessungserwägungen der Tat zum Ausdruck gekommen seien. Im Zusammenspiel mit den Gelegenheitsergreifern ist der Gelegenheitssucher der aktivere, zumeist bestimmende Tatbeteiligte.

In Anlehnung an das ebenfalls von Schneider entwickelte, zuvor bereits vorgestellte Leipziger Verlaufsmodell wirtschaftskriminellen Handelns, das den theoretischen Bezugsrahmen der Untersuchung bildete, wurde eine Systematisierung nach personalen Risikofaktoren möglich, die die im Leipziger Verlaufsmodell aufgezeigten „kritischen Relevanzbezüge" aufgreift und zu in der Praxis nachvollziehbaren Typologien weiterentwickelt.

Schneider unterscheidet hier:

- Täter mit einem wirtschaftskriminologischen Belastungssyndrom,
- Krisentäter,
- den Typus des Abhängigen,
- den Typus des Unauffälligen.

Während sich beim „Unauffälligen" die Tat vornehmlich aus der Tatgelegenheit erklärt, sind sowohl der „Abhängige" wie auch der „Täter mit einem wirtschaftskriminologischen Belastungssyndrom" nicht selten in arbeitsplatzbezogene Subkulturen involviert. Der Täter mit Belastungssyndrom weiß diese Subkulturen aus eigenem Antrieb zu nutzen, der „Abhängige" wird eher durch Vorgesetzte oder vermeintlich Stärkere zur Tat gedrängt oder in die Tat hineingezogen. Der „Abhängige" ist damit eher Gelegenheitsergreifer, der Täter mit dem Belastungssyndrom typischer Gelegenheitssucher.

Der Krisentäter wird zumeist durch äußere Ereignisse, die in Karriere oder Privatleben stattfinden können, unter Druck gesetzt. Sein nicht selten inadäquates Anspruchsniveau „zwingt ihn geradezu", die Tat zu begehen. Dementsprechend finden sich bei diesem Typus ausgeprägte Neutralisierungsstrategien, die der Typus mit dem Belastungssyndrom kaum braucht, da er sich der Entfaltung seiner kriminellen Energie durchaus bewusst ist.

Beiden Studien ist – bei aller Holzschnittartigkeit der vorgestellten Tätertypen – zuzugestehen, dass die Typologien durchaus praxisrelevant und für die tägliche Arbeit der Kriminalitätsbekämpfung anwendbar erscheinen. In der PwC-Studie erscheint die Differenzierung zwischen motivgesteuerten Faktoren, emotionalen Faktoren und sogenannten Persönlichkeitsmerkmalen jedoch nicht konsequent gelungen. Enttäuschung und Überforderung als Persönlichkeitsmerkmale und damit eher dauerhafte Eigenschaften zu qualifizieren, erscheint nur bedingt nachvollziehbar. Überdauernde Persönlichkeitsstrukturen und situative Einflussfaktoren werden hier vermischt, was die praktische Zuordnung sowohl in der Fallermittlung als auch bei der Ableitung von Präventionsstrategien erschweren dürfte.

Wesentlich fundamentaler dagegen ist die Kritik von Wieland (Wieland 2010) an dieser Art von Typisierung:

Er sieht das methodische Problem dieser Art der Motiv-Analyse darin, dass sie nur ex post-Erklärungen liefere. Nur wer schon als Täter definiert sei, liefere negativ bewertbare Kategorien der Motivation, die aber für sich genommen – ohne den Ausgangspunkt der Straftat – durchaus sozial und wirtschaftlich erwünschte Motivationen abbildeten. Ehrgeiz, Leistungswille, Einkommensmaximierung etc. seien bei erfolgreichen Managern ohne vorherige Feststellung der Täterschaft ihres Trägers wünschenswerte und anerkannte Motivationen. Wo die Grenze zur unerwünschten Motivation liege, bleibe – mit Ausnahme der rein legalistischen, tatbestandlichen Betrachtung – unklar und sei nicht definierbar. Aussagen zur Prävention seien daraus nicht ableitbar.

Wieland hält die gezogenen Schlussfolgerungen sogar für einen „klassischen Zirkelschluss“ und fragt: „Was heißt ‚überzogen‘ genau, wo endet die Zone des normalen, durchschnittlichen, angemessenen, akzeptablen Ehrgeizes?“

Demgegenüber entwickelt er selbst ein Modell, wonach die Anreiz-, Unternehmens- und **Führungskultur**, die den Manager im Unternehmen umgibt, dolose Handlungen legitimieren könne oder eben vermeiden helfe. Gerade der eigentlich sozial angepasste, etablierte Manager, der auch bei seinen kriminellen Handlungen Rechtfertigungsmuster suche, werde durch ein entsprechendes „Geschäftsmodell“ erst in die Lage versetzt, seine kriminelle Devianz zu erklären und in den kulturell gewollten Kontext des Unternehmens und damit den Kontext „legitimen“ Handelns für das Unternehmen zu stellen. Die **Rechtfertigung**, die wir bei der Betrachtung des Fraud-Triangle bereits als „Rationalisation“ kennengelernt haben, lässt sich nach Wieland in vier Grundtypen kategorisieren:

- Der Praktiker-Typus postuliert, dass dolose Handlungen erforderlich seien, um überhaupt Geschäft machen zu können. So seien Korruptionszahlungen in bestimmten Märkten einfach ein Teil des Geschäftsmodells, um überhaupt in diesen agieren zu können.

- Der Verdienstvolle ist ein Typus, der für das Unternehmen schon viele Opfer und Sonderleistungen erbracht hat, woraus sich die Auffassung herausbildet, dass ihm bestimmte „Extras“ zustünden.

- Der Gesetzesunabhängige wird als Typus beschrieben, dessen Erfahrungshorizont belege, dass im Rahmen von Gesetzen und Vorschriften, die ohnehin überall in der Welt unterschiedlich angewendet würden, nicht wirksam und effizient geschäftlich gehandelt werden könne. Nur wer sich über die einschlägigen Hindernisse hinwegsetze, sei als Manager erfolgreich.

- Der Spieler wird beschrieben als Typus, dem es um das Gewinnen wollen und um den „Unterhaltungswert doloser Handlungen“ gehe.

Wieland betont, dass diese Kategorisierung nicht vollständig ist und dass die Typisierung immer nur bestimmte Ausschnitte aus dem weiten Bereich möglicher doloser Handlungen erfassen kann.

Das Problem schlechter Compliance und mangelhafter Unternehmensführung besteht laut Wieland vielmehr darin, dass die skizzierten Typen in einem Unternehmen „eben hingenommen oder gar als erfolgreich und in Übereinstimmung mit der Unternehmensphilosophie prämiiert werden“. Er führt weiter aus, dass die dargestellten persönlichen Rationalisierungsmuster sowie deren Legitimation in der Organisation dann tatsächlich zu dolosen Handlungen führen, wenn sie auf strukturelle Anreize und Komponenten treffen, die die Tatbegehung zusätzlich begünstigen. Er nennt insoweit Interessenkonflikte, Informationsasymmetrien und situationsbezogene Verfügbarkeiten als ergänzende **strukturelle Merkmale**.

Auf diese Art kommt Wieland zu der Schlussfolgerung: „Niemand kann ein exzellenter Compliance-Manager sein, wenn er nicht versucht, die Motivations-, Wahrnehmungs- und Legitimationsgrundlage abweichenden Verhaltens durch Introspektion und Analyse zu erfassen, wenn er nicht versteht, dass diese Faktoren im Zusammenspiel eine mögliche Logik und Variation von ‚Wahrheit‘ konstituieren, wobei er sich diese nicht zu eigen machen darf.“

Und genau darin liegt eben auch die Bedeutung der genannten Untersuchungen – unabhängig von der Frage, welche Typologie man für die treffendste hält. Potenzielle Tätertypen zu kennen und zu verstehen hilft eben nicht nur bei der Aufdeckung bereits geschehener Taten oder der Abarbeitung von Altfällen, sondern kann und muss für die zielgerechte Erarbeitung von Präventionsprogrammen genutzt werden.

Darin liegt auch die Stärke der Untersuchung Schneiders: Sie entwickelt das Leipziger Verlaufsmodell konsequent praxisnah weiter. Auch wenn das Untersuchungssample die bisher bekannten soziologischen Faktoren typischer Wirtschaftskrimineller bestätigt, können die Befunde und die Typisierung zu einem besseren Verständnis wirtschaftskriminellen Handelns und damit zu sachgerechter Risikoeinschätzung beitragen. Beide Studien seien daher in jedem Falle der vertiefenden Lektüre empfohlen.

10. Beispielsfälle: Betrug mit Kapitalanlagen und Schneeballsysteme

Anhand einiger plakativer Beispiele wollen wir die täterbezogenen Betrachtungen noch vertiefen und dabei aufzeigen, wie täterbezogene und sachverhaltsbezogene Prävention ineinandergreifen.

Betrug mit Kapitalanlagen, oft in der Form der Schneeballsysteme, nimmt ein breites Spektrum der Betrachtung von realen Schadensfällen ein. Betroffen ist häufig der Anleger, aus Institutssicht der Kunde. Der vordergründig beim Kunden eingetretene Schaden wird aber sehr schnell zum Risiko des Instituts, wenn es sich und seine Dienstleistungen von den Tätern hat missbrauchen lassen. Reputationsverlust, Schadenersatzforderungen enttäuschter Kunden, aufwändige Sonderprüfungen oder Ermittlungsmaßnahmen im Institut drohen als Folgeschäden blinder Nähe zu den Tätern.

Sogenannte **Schneeballsysteme** leben von einer einfachen Methodik, die vom Anleger jedoch schwer zu durchschauen ist: Das Geld neuer Anleger wird zur Befriedigung der Ansprüche von Altanlegern benutzt. Wer zuerst kommt, macht satte Gewinne. Wer zuletzt kommt, den bestraft das System mit Zusammenbruch. Ob Kettenbrief, Pilotenspiel oder der Erwerb von „Letters“ eines European Kings Club, alle Systeme haben das gleiche Grundschema. Nachdem die Gier der Anleger durch außergewöhnlich hohe Renditeversprechen geweckt ist, die ersten Anleger ihre Zinsen kassiert – und oft genug sofort wieder in die begehrten Anlageobjekte investiert – haben, setzt ein blinder

Run auf das Objekt der Begierde ein. Schneeballsysteme leben aber stets auch von ihren Anwendern: typischen Wirtschaftsstraftätern, die es verstehen, für ihre Ideen zu begeistern und den kritischen Blick der Opfer auszuschalten, bevor die Primitivität des Systems erkannt wird.

Als Vater der Schneeballsysteme gilt **Charles Ponzi**, nach dem Schneeballsysteme im anglo-amerikanischen Sprachraum noch heute benannt werden („Ponzi-Scheme"). Seine Masche: Internationale Post-Antwortscheine, die dazu dienten, das Porto für Antwortschreiben mit Briefen aus der Heimat von vielen Einwanderern in den Vereinigten Staaten vorzufinanzieren, wurden zum Spekulationsobjekt erklärt. Mit dem internationalen Antwortschein, im fernen Europa für billiges Geld erstanden, konnten angeblich in den USA Briefmarken im fünf- bis zehnfachen Wert der Einzahlung im Heimatland erworben werden. Das **Renditeversprechen** von Charles Ponzi gegenüber seinen Anlegern betrug sagenhafte 400 Prozent, angelegtes Kapital könne in nur 90 Tagen verdoppelt werden.

Wie die sagenhafte Liquiditätsvermehrung vonstatten ging, wurde zum **Geschäftsgeheimnis** erklärt. Egal, ob Ponzi nach dem Ersten Weltkrieg oder der European Kings Club in den Achtzigerjahren des 20. Jahrhunderts: geschickte Selbstvermarkung, Geheimniskrämerei und nahezu sektenähnliche Appelle an den guten Glauben der Anleger erfüllen, im Zusammenspiel mit der Zurschaustellung von managementähnlichen Geschäftsstrukturen, der Firmierung unter vermeintlich seriösem Namen, den angeblichen Geschäftsbeziehungen zu besten Adressen und einer nahezu geheimbündlerischen Weitergabe der Anlagetipps nur unter guten Freunden, ihren Zweck als Lockmittel und Marketingstrategie.

So nannte Ponzi sein Unternehmen denn auch nicht „Briefmarkenhandelsgesellschaft", sondern „Securities Exchange Company", ein hochtrabender Name, dessen vermeintliche Ernsthaftigkeit noch durch die Abwicklung über eine Bank namens „Hanover Trust Company" weitere Seriosität vermittelte (Braunberger, in: FAZ, 22.01.2009).

Ponzi brachte es mit seinem angeblich lukrativen Handel mit den internationalen Antwortscheinen auf Kundeneinlagen von immerhin fast 10 Mio. US-$, in den zwanziger Jahren des letzten Jahrhunderts eine unvorstellbar hohe Anlagesumme. Dass Ponzi einschlägig vorbestraft war, u. a. wegen Scheckbetruges Gefängnisstrafen verbüßt hatte und auch ansonsten ein eher selbsternannter „Market Maker" im Anlagegeschäft war, schien niemanden zu interessieren.

Bis in die jüngste Zeit reiht sich Skandal an Skandal, ob **Bernard Madoff**, der allein durch die hinterzogenen Anlagesummen für lange Zeit Platz 1 in der ewigen Bestenliste der Kapitalanlagebetrüger beansprucht oder jüngst **Kenneth Starr**, dem es mittels Urkundenfälschung, Betrug (Wire Fraud) und Geldwäschemethoden gelungen sein soll, sich Zugriff auf die Konten von etwa 200 von ihm vertretenen Prominenten verschafft zu haben, von denen er mindestens 30 Mio. US-$ unterschlagen konnte, haben es zu ganz eigenständigem Ruhm gebracht.

Nahezu zeitgleich zur Aufarbeitung des Madoff-Skandals ermittelte die US-Bundespolizei FBI gegen einen Anwalt aus Florida, der es mit seinem Schneeballsystem zu einer Schadenssumme von mehr als 1 Mrd. US-$ gebracht haben soll. **Scott Rothstein** soll Anlegern bis zu 20 Prozent Rendite aus fiktiven Quellen versprochen haben. Einlagen der Anleger sind nach dem Ergebnis der Ermittlung unmittelbar in Rothsteins Privatvermögen geflossen und haben sich in Bankguthaben, Yachten, Luxusautos und einer aufwendigen Anwaltskanzlei in Fort Lauderdale niedergeschlagen. Licht in den Fall sollen interne Ermittlungen der City Group gebracht haben.

10.1 K1 Invest – die deutsche Variante

K1 Invest Ltd., ein Hedge-Fonds mit Sitz auf den British Virgin Islands, ist die aktuelle deutsche Variante des Bernie-Madoff-Syndroms (Oberhuber, in: FAZ, 14.02.2010; Müller, in: Capital 12/2009).

Aber der von Helmut K. betriebene Fonds mit einer angeblichen Traumrendite von 883 Prozent in zehn Jahren ist bei weitem nicht der einzige Fall, in dem Anleger, die aus dem European-Kings-Club-Desaster nichts gelernt hatten, ihr Geld verloren und die BaFin mit ihren beschränkten aufsichtsrechtlichen Mitteln vergeblich versuchte, dem Tun Einhalt zu gebieten. Namen wie die Göttinger Gruppe oder Phönix Kapitaldienst verursachten ebenso Schäden in dreistelliger Millionenhöhe, wie es zuvor die Protagonisten des European Kings Club geschafft hatten. Die Aufarbeitung des Geschehens zieht sich über Jahre, die Prozesse dauern an, die geschädigten Anleger können froh sein, wenn sie mit einer Quote zwischen 10 und 20 Prozent ihrer Anlagen am Ende nach Hause gehen können.

Auch die Staatsanwaltschaften tun sich regelmäßig bei den Ermittlungen schwer: In der Anfangsphase werden die Anlagen aus den neu hereinkommenden Einlagen der Nachrücker bedient. Ein **Schaden** ist zu diesem Zeitpunkt nicht nur nicht festzustellen; die Anleger wehren sich häufig sogar aktiv gegen Ermittlungen der Staatsanwaltschaft mit der Begründung, erst die Intervention der Ermittlungsbehörden hätte die Gefahr des Zusammenbruchs des Systems heraufbeschworen und so ihre bislang bedienten Anlagen ins Risiko gestellt.

Auch bei Helmut K., dem Gründer und Inhaber des K1-Investment-Vehikels war dies nicht anders. Mehrere Untersagungsverfügungen der BaFin änderten nichts an der Überzeugung der Anleger, dass Helmut K. in den Glanzzeiten seines Fonds bis zu 800 Mio. € einsammeln und verwalten konnte. Der studierte Psychologe, geadelt durch eine Privataudienz beim Papst, überzeugte selbst gestandene Investmentbanker von seiner Mission: Barclays legte für ihn ein Zertifikat auf, verlor aber ebenso wie die französische Konkurrenz von BNP Paribas letztlich Millionen an das Investmentgenie, das sich nicht nur mit einem für die Ermittler schwer durchschaubaren Firmengeflecht, sondern auch mit dem Diplomatenstatus des westafrikanischen Landes Guinea-Bissau schmückte.

Helmut K. passt vorzüglich in das oben entworfene Bild des Wirtschaftskriminellen: Zum Zeitpunkt seiner Verhaftung 50 Jahre alt, Diplom-Psychologe, der – so viel ist sicher – vor seiner wundersamen Wandlung zum Hedge-Fonds-Experten in den Neunzigerjahren als Sozialarbeiter tätig war. Wichtige Erfahrungen in internationalen Kapitalanlagen konnte er sicherlich auch als Verkäufer von Werbeflächen in den gelben Seiten sammeln.

Einige Klicks auf Web-Seiten und eine kritische Überprüfung seines Internetauftrittes hätten vielleicht auch die Investmentbanker der genannten Großbanken mit besseren Einsichten versehen. Helmut K. beschrieb seine Anlagestrategie als semi-automatisiertes Allokationssystem, das auf statistischen Parametern und Korrelationen basiere. Welche statistischen Parameter und welche Korrelationen – das bleibt natürlich ebenso geheim, wie die zugrunde liegenden Algorithmen, denn sonst könnte ja jeder die besagten Traumrenditen erzielen. Der Fonds mit einem angeblichen Return on Investment von 17,5 Prozent verfügte über zeitweise mehr als 8.000 Kunden, denen weder die unverständliche Firmenstruktur auffiel, noch die Tatsache, dass die von K1 benannten Prüfer weder als Wirtschaftsprüfer noch als Revisionssachverständige öffentlich registriert und anerkannt waren, ebenso wie die angeblich in Hamburg befindlichen Büros des in Augsburg und Miami residierenden K. eine Münchner Telefonvorwahl besaßen.

In der ersten Auflage haben wir den damals noch laufenden Prozess wie folgt kommentiert:

Zu dem beschriebenen Tätertypus des Helmut K. würde ein Teilgeständnis im Gerichtsverfahren passen, nicht aus Einsicht, sondern aus prozesstaktischen Erwägungen.

Das Teilgeständnis wurde dann tatsächlich im weiteren Prozessverlauf abgelegt, allerdings mit der Einschränkung, er habe es nicht von Anfang an auf Betrug abgesehen. Das führte zu einer Verurteilung von Helmut K. zu zehn Jahren und acht Monaten Freiheitsstrafe. Einen als Fondsverwalter eingesetzten Mitangeklagten verurteilte das Gericht wegen Beihilfe zum Betrug zu einer Haftstrafe von drei Jahren und neun Monaten.

10.2 Die Lehren ziehen – Betrug mit Kapitalanlagen ist vermeidbar

Eine Zehnjahresrendite von 883 Prozent muss erklärbar sein, wenn vergleichbare Anlagevehikel mit ihren Modellen im selben Zeitraum eine durchschnittliche Rendite von 160 Prozent erzielen. Andernfalls gelten einfache Marktweisheiten wie „too good to be true" (zu schön um wahr zu sein) oder die, dass man nur in Modelle investieren sollte, die man auch versteht.

Was ist ein „semiautomatisiertes Allokationssystem" – hat davon einer der beteiligten Banker je gehört, bevor er Helmut K. kennen lernte? Für Anleger hat Ken Fisher (2009) fünf untrügliche Zeichen herausgearbeitet, wann ein Betrug mit Kapitalanlagen nicht auszuschließen ist:

1. Der Finanzberater verlangt uneingeschränkte Zugriffshoheit über die Anlagen, d. h. er nimmt sie in eigene Verwaltung (ohne Depotbank), vermischt sie ggf. mit den Anlagen anderer Investoren und Firmengeldern.

2. Die Gewinne der Kapitalanlagegesellschaft sind durchweg überdurchschnittlich, schlechte Jahre oder gar Verlustjahre gibt es nicht, vergleichbare Anbieter werden immer um Längen geschlagen (zu schön um wahr zu sein).

3. Die Anlagestrategie ist unverständlich, zu kompliziert und kann nicht mit wenigen Worten beschrieben werden. Methodik und Hintergründe sind „geheim".

4. Das Versprechen von nichtfinanziellen Vorteilen, die nichts mit den finanziellen Ergebnissen der Anlagetätigkeit zu tun haben, ergänzt das Dienstleistungsportfolio.

5. Der Anleger hat keine eigene Due Diligence durchgeführt, sondern wurde durch Bekannte, Freunde oder Dritte vermittelt, denen er vertraut hat.

Alle fünf Zeichen haben mit **Transparenz** zu tun. Transparenz fördert die Durchschaubarkeit und Nachvollziehbarkeit der Anlagestrategie. Sie verbietet die Vermischung von Eigengeld mit Anlagegeldern sowie das Aufkommen von Interessenkonflikten. Sie unterbindet auch unüberschaubare Firmengeflechte und die in allen Fällen zu beobachtende Selbstbedienung aus dem Anlagekapital.

Die Nutzung komplexer Strukturen oder wenig regulierter Offshore-Bankenplätze ist nicht per se schlecht. Sie sollte aber zu denken geben und einer intensiven Überprüfung unterzogen werden. Nichts ist im Zeitalter des Internet leichter, als festzustellen, ob wenigstens ein Bemühen um Transparenz vorliegt.

Wenn der gehobene Lebensstil des Anlageberaters (Privatjet, Luxuskarossen, Villa in Miami) das Einzige ist, was transparent ist, sollte dies dem um sein Geld besorgten Anleger Anlass zur Sorge geben. Renditeversprechen von 70 Prozent p.a. (European Kings Club) sind „nicht von dieser Welt" und man fragt sich, wie Beamte, Lehrer, Ärzte und auch Rechtsanwälte auf so etwas hereinfallen konnten. Dabei ist es kaum realistischer, in der heutigen Zeit eine Performance von 17,5 Prozent (K1 Hedge-Fonds) zu versprechen. Bei solchen Zahlen, so sollte man meinen, müssten doch alle Warnlampen angehen.

Die einfache Frage muss lauten: Warum schafft einer, was alle anderen nicht schaffen? Diese Frage ist auch zielführend, wenn einer wie Madoff über all die Jahre gleichbleibend hohe Renditen im genauen Langzeitmittel der Finanzbranche erzielt. Schwächere Jahre, Volatilität oder einfach mal Pech oder eine einzelne Fehlentscheidung scheint es bei den Stars dieser Branche nicht zu geben.

Letztlich gleichen sich die Fälle. Die Technik der Überzeugung der später geprellten Anleger basiert ebenfalls auf demselben Grundprogramm: Intransparenz und Geheimniskrämerei werden als „Erfolgsgeheimnis" oder „Geheimstrategie" verkauft. Der Anleger darf sich glücklich schätzen, überhaupt zum exklusiven Kreis der Auserwählten gehören zu dürfen. Promis (häufig aus der zweiten, dritten oder hinteren Reihe) werden als Marketingvehikel vorgeschoben oder treten zur vermeintlichen Adelung von Firmenveranstaltungen auf. Wie viele **Red Flags** müssen noch gehisst werden, bevor Anleger oder ihre Berater ihre Finger von solchem Unfug lassen?

Aber auch Banken sollten mit geeigneten Due-Diligence-Maßnahmen in der Lage sein, frühzeitig zu erkennen, wenn sie zu solchen Methoden missbraucht werden sollen. Im Fall European Kings Club war dies gelungen, weil die Benutzung von Konten als Sammel- und Durchlaufkonten und der hohe Bargeldanteil der Zahlungen die Aufmerksamkeit von Geldwäschebeauftragten einiger Institute hervorgerufen hatten. Tatsächlich sind viele aus der Geldwäschebekämpfung bekannte Indizien auch zur Prävention und Erkennung von Betrug mit Kapitalanlagen geeignet. Das kritische Hinterfragen solcher Geschäftsbeziehungen, eine ausführliche Customer Due Diligence und die Anwendung der verstärkten Sorgfaltspflichten i. S. des § 6 GwG helfen hier unmittelbar weiter.

Das gleiche gilt für eine geordnete Informationssammlung und -auswertung: Die SEC, die amerikanische Wertpapieraufsichtsbehörde, hat inzwischen unter Investor.gov eine Infoseite für Anleger eingerichtet, auf der sie vor Ponzi-Schemes, also Schneeballsystemen, ebenso warnt wie vor anderen Betrugsmaschen.

Auch die BaFin und die Ermittlungsbehörden, insbesondere die FIU des BKA sollten ihre Angst vor entsprechenden Warnmitteilungen ablegen und die gesetzlich Verpflichteten mit mehr praxisrelevanten Materialien bei der Aufgabenerfüllung unterstützen.

C Prävention

1. Überblick

Im Folgenden sollen einige ausgewählte Präventions- und Sicherungsmaßnahmen vorgestellt und besprochen werden. Dabei kann ein Anspruch auf Vollständigkeit nicht erhoben werden. Vielmehr soll verdeutlicht werden, dass eine umfassende Präventionsstrategie jeweils aus einer ganzen Reihe von Einzelmaßnahmen zusammen zu setzen ist, um adäquate Wirksamkeit zu erlangen.

In der öffentlichen wie in der fachspezifischen Diskussion wird zwischen Prävention und Folgemaßnahmen, die der Repression im rechtlichen Sinne bzw. der Schadenfallbearbeitung dienen, schon seit geraumer Zeit nicht mehr hinreichend unterschieden. Das ist vornehmlich der seit Jahren im Vordringen begriffenen Bezeichnung der „vorbeugenden Verbrechensbekämpfung" und der damit einhergehenden „Bekämpfungsrhetorik" gegenüber allen denkbaren Risiken und Gefahren zu verdanken. Dabei wird übersehen, dass Präventionsmechanismen oft ganz anderen rechtlichen Voraussetzungen unterliegen als die Rechtsverfolgung und dass die Ergebnisse der jeweiligen Maßnahmen auch nur bedingt miteinander vergleichbar sind.

Auch gute und sinnvolle Prävention wird nie zur vollständigen Abwesenheit von Fällen oder Schäden führen. Fallaufklärung an sich hat über den Einzelfall hinaus kaum präventive Wirkung. Wir gehen auf diese Effekte und die deutlich zu Tage tretenden Unterschiede in der Anwendung einzelner methodischer Schritte im Teil D dieses Buches näher ein. Die folgenden Präventionsmaßnahmen stellen daher nur einen Ausschnitt möglicher Präventionsansätze dar, sind aber bei der Gestaltung des Systems auf jeden Fall in Erwägung zu ziehen.

Die Gefährdungsanalyse, die schriftlich fixierte Ordnung und das IT-gestützte Monitoring bei Kreditinstituten stellen jedenfalls das gesetzlich geforderte Mindestprogramm dar.

1.1 Gefährdungsanalyse

Im Rahmen ihrer Verpflichtung, ein angemessenes Risikomanagement zur Verhinderung von strafbaren Handlungen zu gewährleisten, sind die Institute gehalten, interne Grundsätze und angemessene geschäfts- und kundenbezogene Sicherungssysteme zu schaffen.

In der Geldwäschebekämpfung war durch das nach wie vor gültige Rundschreiben 8/2005 (GW) der BaFin deutlich gemacht worden, dass angemessene **Sicherungssysteme**, die an der Größe, Organisation und Gefährdungssituation des einzelnen Instituts auszurichten sind, auf der Grundlage einer institutsinternen Gefährdungsanalyse zu schaffen sind, die die institutsspezifischen Risiken erfasst und dem Institut die Möglichkeit gibt, die identifizierten Risiken zu kategorisieren, zu gewichten und darauf aufbauend geeignete Präventionsmaßnahmen zu treffen.

Für den Bereich der Kriminalitätsbekämpfung war zunächst ein ähnliches **Rundschreiben** geplant, das zur Zeit der Drucklegung der ersten Auflage dieses Buchs allerdings erst in einer Entwurfsfassung zur Konsultation vorlag. Der Entwurf wurde bereits vor dem Gesetzesentwurf verbreitet und dann im Rahmen des Gesetzgebungsverfahrens von der BaFin alsbald wieder zurückgezogen, da er auf den verabschiedeten Gesetzestext nicht hinreichend abgestimmt war. Viele Ansätze aus diesem Papier sind inzwischen in die DK-Hinweise eingeflossen.

Die DK-Hinweise betonen, dass sich die **Kategorisierung** der identifizierten Risiken an der Schadenseintrittswahrscheinlichkeit und der zu erwartenden Schadenshöhe zu orientieren hat. Zur Beurteilung dieser Messgrößen sind wiederum die Größe und Organisationsform des Instituts sowie seine Geschäfts- und Kundenstruktur zu berücksichtigen.

Diese Auffassung ist nicht ganz unbestritten. Wieland (2010) betont, dass Compliance-Risiken nicht ausschließlich über die Formel „Eintrittswahrscheinlichkeit des Ereignisses mal Erwartungswert des Schadens“ erfasst und bewertet werden können. Er moniert zu Recht, dass im Hinblick auf die Singularität vieler Schadensereignisse brauchbares statistisches Material zur Bestimmung einer Eintrittswahrscheinlichkeit häufig nicht vorliegt, „sodass man in der Regel auf subjektive Expertise und auf eine angemessene Wahrnehmung angewiesen ist". Die subjektiven Expertenmeinungen und Erfahrungen wiederum sind nach Auffassung Wielands auch von den Werten und moralischen Vorstellungen, die im Unternehmen vorherrschen, abhängig.

Der Auffassung Wielands ist zuzustimmen: Die Subjektivität der Einschätzungen wird sich dabei nicht nur in Abhängigkeit von den in der Organisation vorherrschenden ethischen Werten, sondern auch in Abhängigkeit vom Erfahrungshintergrund der Beurteiler vollziehen. Mit anderen Worten: Wer bereits Schadensfälle erlebt und bearbeitet hat, deren Schadenshöhe in die Hunderttausende geht, wird einem Schaden von beispielsweise 20.000 € ganz anders gegenübertreten als jemand, der bisher die Bearbeitung von Schadenshöhen bis zu 5.000 € gewöhnt war.

Immerhin bestehen aber für die Festlegung der Eintrittswahrscheinlichkeit regelmäßig Erfahrungswerte, die sich aus der Gesamtschau vorhandenen Materials ermitteln lassen.

Die DK-Hinweise empfehlen, die **Wahrscheinlichkeit eines Schadenseintritts** und die wahrscheinliche **Schadenshöhe** mittels sogenannter Scoring-Werte zu bewerten und für den möglichen Handlungsbedarf anhand eines Risk Mapping festzulegen.

Ziel muss die Gewährleistung einer einheitlichen **Risikoanalyse** sein, die mit der Geldwäschegefährdungsanalyse verknüpft werden darf. Zur Vorgehensweise haben die DK-Hinweise Formulierungen aus dem **Rundschreiben 8/2005 (GW)** zur Gefährdungsanalyse bei der Geldwäschebekämpfung voll inhaltlich übernommen und nennen folgende notwendigen Maßnahmen:

- die vollständige Bestandsaufnahme der institutsspezifischen Situation,
- die Erfassung und Identifizierung der abstrakten kunden-, produkt- und transaktionsbezogenen Risiken,
- die Bewertung der identifizierten Risiken,
- die Entwicklung geeigneter Maßnahmen aufgrund des Ergebnisses der institutsinternen Risikoanalyse und
- die regelmäßige Aktualisierung des Risikoprofils sowie die Überprüfung und Weiterentwicklung der getroffenen Präventionsmaßnahmen.

Es wird konzediert, dass das **Erfahrungswissen** der eigenen Mitarbeiter, öffentlich verfügbare Informationen, aber auch eine enge Verzahnung mit den institutsweit vorhandenen Erkenntnissen aus der Risikovorsorge zu integrieren sind. Insbesondere wird hier auf die Nutzung vorhandener Schadensfall-Datenbanken, die in den meisten Häusern im Bereich Risikomanagement, hier operationelles Risiko, vorhanden sind, abgestellt.

Neben den genannten Risikokategorien der kunden-, produkt- und transaktionsbezogenen Risiken schlage ich vor, auch die institutsspezifische **Organisation** sowie die tatsächlich gelebten **Prozesse** in die Ermittlung vorhandener Kriminalitätsrisiken einzubeziehen. Gerade das Risiko, Opfer eines internen Betrugs zu werden, ergibt sich, wie im Allgemeinen Teil dargelegt, aus der genauen Kenntnis des internen Täters darüber, wo die Organisation Schwächen aufweist und Prozesse umgangen oder unterlaufen werden können.

Die Aufnahme dieser beiden Risikokategorien muss nicht unbedingt eine zusätzliche Arbeitsbelastung darstellen. In jedem Institut ist entsprechendes Erfahrungswissen bei der internen Revision, aber auch beim externen Wirtschaftsprüfer durch Untersuchung der Governance im Allgemeinen und einer Vielzahl von Prozessen im Einzelnen vorhanden, sodass in Kombination mit einer Auswertung der bereits erlittenen Schadensfälle gute Anhaltspunkte zur Bewertung des internen Betrugsrisikos vorhanden sind.

Für das **externe Betrugsrisiko** wird man diesbezüglich neben der Einbeziehung allgemein zugänglicher Informationen über Arten des Betrugs und sonstiger Straftaten zum Nachteil von Instituten eine **Schnittstellenanalyse** durchführen können, um zu ermitteln, an welchen Stellen der externe Täter in die Organisationsstruktur eindringen kann oder mit Prozessen so weit in Berührung kommt, dass er sie zu strafbaren Handlungen missbrauchen könnte. Als Konsequenzen sehen die DK-Hinweise das Reduzieren von Risiken, das Versichern von Risiken, aber auch die Akzeptanz von Risiken vor.

Wo das betroffene Institut die **Bagatellgrenze** zieht, wie viele Bagatellfälle in einem gewissen Zeitraum hinnehmbar erscheinen, ist Frage der Festlegung der individuellen Risikotoleranz. Im Gesetzestext hat der Gedanke der Abschichtung von Kleinstrisiken allerdings keinen Niederschlag gefunden.

1.2 Methodik der Gefährdungsanalyse

Die Verbände haben schon teilweise vor Schaffung des damaligen § 25c KWG im Jahr 2011 Leitfäden zur Analyseerstellung erarbeitet, deren Inhalt an dieser Stelle jedoch nicht vollständig referiert werden soll und kann (VÖB, 2005 und 2008, 2010; BdB, 2008).

Der Leitfaden des BdB erscheint für kleinere und mittlere Institute aus verschiedenen Gründen ungeeignet, um praxisrelevante Ergebnisse mit vertretbarem Arbeitsaufwand herbeiführen zu können. Insoweit sei nur auf die dort verwendete Risikoskala mit insgesamt zehn Merkmalsausprägungen verwiesen, die ihrerseits der Erläuterung auf mehreren Seiten bedarf.

Andere Methodiken mit fünf Risikoklassen (Käppel-Schäfer/Schäfer, 2008) oder der standardisierten Einteilung in niedriges-mittleres-hohes Risiko (Knoll/Kaven, 2010) führen zu brauchbareren Ergebnissen.

Der insoweit sehr gute Leitfaden des Bundesverbandes öffentlicher Banken, Stand April 2010, stellt als Erhebungsinstrumentarium für die erste Analyse z. B. einen Fragebogen vor, der Selbsteinschätzung und Bestandsaufnahme in allen Bereichen des Instituts mit angemessenem Aufwand ermöglicht.

Für die Risikoarten:

- Kundenrisiken,
- Produktrisiken,
- Transaktionsrisiken,
- Vertriebswegerisiken und
- sonstige Risiken

werden Fragen zum Ist-Zustand und zur Risiko-Einschätzung vorgestellt und eine Auswertungsmöglichkeit erklärt.

In kleineren und sehr kleinen Organisationseinheiten kann m. E. eine solche **Fragebogen-Aktion** auch durch Gespräche mit den zuständigen Managern ersetzt werden. Für die Objektivierbarkeit und Auswertung einer solchen Befragung ist es allerdings von entscheidender Bedeutung, einen strukturierten Gesprächsablauf vorzusehen, sowie zumindest bestimmte Leitfragen vorformuliert zu verwenden und die Ergebnisse in einem einheitlichen Format festzuhalten.

Dafür kann – wie für die Zwecke eines Self-Assessments auch – die Technik der **SWOT-Analyse** zum Zweck der weiteren Vereinfachung Verwendung finden. In den Kategorien Stärken – Schwächen – Möglichkeiten – Probleme lassen sich punktuell die Risiken in Geschäfts- oder Produktbereichen erfassen und so schnelle Übersichtlichkeit herstellen.

Abbildung 4: SWOT-Analyse

Strenghts

- Schadenfall-Daten vorhanden
- Op-Risk Szenarien
- Sonderfallprüfungen/Revision
- Finanzermittlungen/GW
- Nutzung GW-Monitoring-System
- Hohe WpHG-Kunden-Quote

Weaknesses

- Noch keine Zentralisierung
- Schadenfall-Reporting
- Recovery: Zuständigkeit/Prozesse
- Kein Fraud-Tool
- Kreditprozesse nicht einheitlich
- Keine StR-Expertise bei Legal

Opportunities

- Vorstands-Awareness
- 3 MAK genehmigt
- Verknüpfung mit WpHG-Bögen/ CRM-Datenbank
- Gefährdungsanalyse GW
- Online-Banking Portal

Threats

- Massen-Transaktionsverkehr (Giro)
- Hohe Storno-Quote bei Kontoeröffnungen (z. B. Projekt 50+)
- Umsatzdruck BauFi (KonsKred.)
- Keine entsprechende Umsetzung im Mutterhaus
- Belastung Operations/JT mit anderen Themen

Abbildung 4 zeigt ein Beispiel eines SWOT-Analyse-Bogens zur Feststellung des Standes der organisatorischen Vorkehrungen zur Kriminalitätsprävention im Institut oder einem Teilbereich desselben. Geht man mit dieser Analyseform durch alle Abteilungen und Bereiche eines (kleineren bis mittleren) Instituts, sind die Grundlagen für den nachfolgend einsetzenden Risiko-Management-Prozess gelegt.

Hat das Institut eine gewisse Größenordnung und Komplexität erreicht, wird man auf IT-Unterstützung und Methoden wie die im VÖB-Papier vorgestellte Risiko-Matrix zurückgreifen müssen.

Der in der Gefährdungsanalyse abzubildende spezielle **Risikomanagementprozess** besteht im Rahmen der aufsichtsrechtlichen Vorgaben letztlich – wie jeder andere Risikomanagementprozess auch – aus den Teilkomplexen der Risikostrategie, der Risikoidentifikation, der Risikomessung, der Risikobewertung,

Risikosteuerung und der Risikokontrolle. Ergänzt wird dieser Prozess durch eine adäquate Risikodokumentation einschließlich des Berichtswesens und der Kontrolle des Risikomanagementprozesses. Es bedarf für die Schritte der Risikoidentifikation, der Risikomessung und der Risikobewertung gerade in kleineren und mittelgroßen Häusern keiner Algorithmen zur Berechnung von Risikowerten oder fein ziselierter „Sub-Indikatoren-Gewichtungen", sondern angemessener, vernünftiger, sich aus allgemeinem Erfahrungswissen ergebender Zuordnungskriterien, die auf die Spezifika des eigenen Hauses anzuwenden sind.

Dabei ist das Herunterbrechen und Individualisieren der Erkenntnisse auf die kunden-, produkt- und transaktionsbezogenen Spezifika des Instituts und damit die Ermittlung dieser Risiken als Mindestanforderung seitens der Aufsicht vorgegeben.

Im Rahmen der Feststellung der individuellen Risikogeneigtheit des eigenen Hauses in diesen Kategorien können die bereits getroffenen Risiko-Minimierungsmaßnahmen in die Betrachtung einbezogen werden, um so den aktuellen Ist-Stand zu ermitteln.

Für den Anwender bietet sich eine dreistufige Vorgehensweise an, die auf dem nachfolgenden Anwendungsschema abgebildet ist. Auf jeder Assessment-Stufe sind wiederum drei Schritte zu vollziehen:

1. Im Brutto-Risk-Assessment wird das Bruttorisiko mit spezifischen Risikobeschreibungen unterlegt und mit der potentiellen Schadenshöhe und einer Eintrittswahrscheinlichkeit versehen, um als erstes Zwischenergebnis das generelle Risiko (Bruttorisiko) feststellen zu können.

2. Auf der zweiten Stufe werden diesem generellen Risiko die vorhandenen Sicherungssysteme zur Risikominimierung gegenübergestellt, bestehend aus den drei Schritten Benennung der vorhandenen Betriebsanweisungen und Richtlinien (Organisationshandbuch), Prozessbeschreibungen und Auflis-

tung und Beschreibung zusätzlicher Sicherungsmaßnahmen. Dem folgt eine Einschätzung der Wirksamkeit dieser Maßnahmen und Systeme.

3. Dies führt insgesamt zur Feststellung des aktuellen Risikos (Nettorisiko), also des tatsächlich bestehenden, konkret-individuellen Risikos der Einheit.

Im Arbeitsschritt Kommentare/Empfehlungen wird der Bearbeiter aufgefordert, zunächst sein Einzel-Assessment zu erläutern und festgestellte Lücken im Sicherungssystem zu benennen. Er bekommt durch eine Freitext-Funktion zudem Gelegenheit, Empfehlungen auszusprechen und Punkte zu benennen, die an die Führungskräfte und Risikoverantwortlichen adressiert sind.

Damit sind bei größeren Einheiten sowohl das lokale Management (Geschäftsleitung von selbstständigen operativen Einheiten), Bereichsleiter von Geschäftsbereichen, als auch der Berichtsadressat der Risikoanalyse, die zuständige zentrale Stelle, gemeint. Schließlich hat der befragte Bereich die Möglichkeit, hier Vorschläge für weitere Maßnahmen oder Verbesserungsmöglichkeiten darzustellen, sodass die fertige Risikoanalyse in den Kreislauf der ständigen Weiterentwicklung der für das Compliance-Management erforderlichen Maßnahmen integriert wird.

Prinzipiell sind alle drei Stufen der Risikobeurteilung mit deren jeweils drei Einzelschritten für jeden oben genannten Risikobereich und die darin enthaltenen Risikofaktoren anzuwenden.

Abbildung 5: Risiko-Erhebung

	Brutto-Risk-Assessment	Sicherungs-systeme und Maßnahmen	Aktuelles Risiko und Kommentare
1.	Risiko-Faktoren	Organisationshandbuch, Anweisungen, Richtlinien	Eintrittswahrscheinlichkeit, Schadenshöhe
2.	Risikobeschreibung, Einzelrisiken	Prozesse	Risikoergebnis- Nettorisiko
3.	Eintrittswahrscheinlichkeit, Schadenshöhe, Risikoergebnis	Zusätzliche Sicherungsmaßnahmen	Festgestellte Lücken, Kommentare, Empfehlungen
	Bruttorisiko	Effektivitätsbewertung	Nettorisiko

Der Feststellung des Nettorisikos folgt die Ableitung von Maßnahmen, deren Dringlichkeit sich nach den oben dargestellten Effektivitätsstufen darstellen lässt.

Die vorbeschriebene Methodik kann in allen als relevant eingestuften Funktionen und nachgeordneten Unternehmen zur Risikoerfassung durchgeführt werden und soll später von diesen an die jeweils zuständige regionale oder globale Verantwortungslinie weitergereicht werden, um eine einheitliche gruppenweite Risiko-Analyse und die Umsetzung von § 25l KWG zu ermöglichen.

Zur Durchführung einer solchen Risiko- oder Gefährdungsanalyse in ihren Einzelschritten sollen an dieser Stelle die nachfolgenden Bemerkungen genügen:

Ausgangspunkt ist, wie erwähnt, die Feststellung eines Bruttorisikos unter Verwendung zuvor ermittelter genereller Risiko-Faktoren.

Die generellen Risiko-Faktoren stellen Regelbeispiele für folgende Risikobereiche und die darin enthaltenen Risiken dar und werden durch die in den Interviews erhobenen spezifischen Risiken bzw. ihre konkrete Risikobeschreibung ergänzt:

- Rechtsrisiko,

- Kundenrisiko,

- Produktrisiko,

- Transaktionsrisiko,

- Vertriebsrisiko sowie

- Organisations- und Prozessrisiko (inkl. Risiken, die sich aus der Governance ergeben).

Anhand der Regelbeispiele und der Betonung, dass weitere Beispiele und Zuordnungen im Rahmen der individuellen Unternehmenssituation in der jeweiligen Funktion oder Einheit festzulegen und zu erarbeiten sind, sollte es den zukünftigen Ansprechpartnern der zentralen Stelle im jeweiligen Bereich ermöglicht werden, ihr generelles Risiko selbst einzuschätzen und den folgenden fünf Risikostufen zuzuordnen:

0 Risiko nicht vorhanden oder ausgeschlossen,

1 geringes Risiko,

2 mittleres Risiko,

3 hohes Risiko,

4 sehr hohes Risiko.

Zur genaueren Bestimmung der Risikostufe wird bei quantifizierbaren Risiken mit erwartbaren Schadenshöhen gearbeitet. Nicht quantifizierbare, qualitative Risiken, z. B. Reputationsrisiken, sollen nach Möglichkeit dennoch einer potentiellen Schadenshöhe zugeordnet werden. Ausgangspunkt der Berechnung kann z. B. das Ergebnis der Geschäftstätigkeit des Instituts im Durchschnitt der letzten zwei Jahre sein. Die Schadenshöhe wird in diesem Fall in Prozent dieses Ergebnisses angegeben.

Alternativ können auch Schadenssummen in Euro-Beträgen festgelegt werden, die sich an der Institutsgröße und der Risikoneigung bemessen:

0	ausgeschlossen,		
1	gering	< 0,1 %	(oder: bis 25.000 €),
2	mittel	0,1 – 1,0 %	(oder: 25.000 – 250.000 €),
3	hoch	1,0 – 5,0 %	(oder: 250.000 – 1,5 Mio. €),
4	sehr hoch	> 5%	(oder: über 1,5 Mio. €).

Anhand eines Tableaus der Eintrittswahrscheinlichkeiten jedes erkannten Risikos wird die vorläufige Risikoeinstufung im Hinblick auf empirisch feststellbare Eintrittswahrscheinlichkeiten und von Erfahrungswissen getragene Häufigkeitsschätzungen verfeinert, um so zu einer Festlegung des generellen Risikos für jeden einzelnen Risiko-Bereich zu kommen. Den Einheiten/Funktionen wird später ein Template zur Verfügung gestellt, in dem vorgegebene Risikobeschreibungen sowie individuell zu ergänzende Risikobeschreibungen und ihre generelle Einstufung anzufügen sind.

Die Eintrittswahrscheinlichkeiten werden wie folgt bewertet:

0 ausgeschlossen,

1 geringe Eintrittswahrscheinlichkeit – seltener als alle zwei Jahre,

2 mittlere Eintrittswahrscheinlichkeit – alle zwei Jahre,

3 hohe Eintrittswahrscheinlichkeit – einmal im Jahr,

4 sehr hohe Eintrittswahrscheinlichkeit – mehr als einmal im Jahr.

Aus der Kombination der Risikoeinschätzung und der Eintrittswahrscheinlichkeit wird das (abstrakte) Bruttorisiko sodann wie folgt festgelegt:

0	nicht existentes Risiko,
1-2	geringes Risiko,
3-7	mittleres Risiko,
8-11	hohes Risiko,
12-16	sehr hohes Risiko.

Empfehlenswert ist an dieser Stelle bereits eine Zuschreibung des jeweiligen Einzelrisikos zu dem betroffenen Bereich und die Benennung eines konkreten Ansprechpartners, der von der Bereichsleitung als Risikoverantwortlicher festzulegen ist. Der Ansprechpartner ist zukünftig für die Fortschreibung der Risiko-Bewertung des ihm zugewiesenen Risikos in der Risikoanalyse verantwortlich und hat über die Sicherungsmaßnahmen und ihre Wirksamkeit im Rahmen der periodischen Neuaufnahme der Risikoanalyse an die zentrale Stelle zu berichten.

Die Verantwortung für das Risiko und die zu implementierenden Maßnahmen einschließlich ihre Wirksamkeitskontrolle verbleibt hingegen beim zuständigen Leiter der betroffenen Einheit (Risk Owner), ebenso die Ad-hoc-Berichtspflicht in signifikanten Einzelfällen.

Im Kapitel „Implementierte geschäfts- und kundenbezogene Sicherungssysteme zur Risikominimierung/Sicherungsmaßnahmen" sind die in der Einheit geltenden Organisationsregeln, Betriebsanweisungen und Richtlinien sowie Arbeits- und Prozessbeschreibungen und die individuell ergriffenen zusätzlichen Sicherungsmaßnahmen hinsichtlich des Managements spezifischer Risiken der betroffenen Funktion/Einheit ausführlich zu beschreiben (Freitext-Feld) und anschließend einer Bewertung der Effektivität der ergriffenen Maßnahmen zuzuführen.

Folgende Effektivitätsstufen hinsichtlich der eingeführten Sicherungsmaßnahmen zur Verringerung des Bruttorisikos finden Verwendung:

0 nicht einschlägig: sofern das Bruttorisiko des betreffenden Risikofaktors der Risikokategorie „Null" zugeordnet wird.

1 zufriedenstellend: Zustand der Sicherungsmaßnahmen wird insgesamt als adäquat eingeschätzt. Es gibt keine oder nur wenige Unzulänglichkeiten, die die Effektivität der Sicherungsmaßnahmen insgesamt jedoch nicht beeinträchtigen.

2 Verbesserungen erforderlich: Zustand der Sicherungssysteme zeigt leichte Unzulänglichkeiten und/oder einige Risikofeststellungen leichterer Art wurden getroffen. Im Ergebnis können durch überschaubare Maßnahmen kurzfristig erhebliche Verbesserungen des generellen Compliance-Risikos herbeigeführt werden.

3 erhebliche Verbesserungen erforderlich: bemerkenswerte oder erhebliche Sicherheitslücken, eine oder mehrere Feststellungen mit hohem Risiko oder einer Kombination aus mittleren Risiken wurden getroffen. Weitere Maßnahmen müssen unverzüglich und umfassend ergriffen werden.

4 nicht zufriedenstellend: Sicherungssysteme oder einzelne Sicherungsmaßnahmen zeigen erhebliche Ausfallerscheinungen oder sind nicht implementiert. Eines oder mehrere High-Risk-Findings wurden festgestellt. Im Ergebnis kann eine Verringerung des generellen Compliance-Risikos nicht erkannt werden, die Feststellungen können sogar zu einer Erhöhung des Bruttorisikos führen. Auch erhebliche Verletzungen gültiger Rechtsvorschriften führen zur Kategorie 4. Sofortiges und konsequentes Ergreifen von Maßnahmen ist unabdingbar.

Hinsichtlich der Effektivität der Maßnahmen sind auch die örtliche Infrastruktur der Einheit (bei ausländischen Einheiten) sowie personelle und sachliche Ausstattung und die Aufmerksamkeit (Awareness) des zuständigen oder lokalen/regionalen Managements zu berücksichtigen und kann thematisiert werden.

Sodann wird das Nettorisiko unter Berücksichtigung der Sicherungssysteme, Maßnahmen und ihrer Effektivität unter abermaliger Verwendung der Wertungsstufen für Eintrittswahrscheinlichkeit und Schadenshöhe neu bestimmt. Diese sind neu festzulegen, ohne dass eine numerische oder mathematische Verknüpfung mit der Effektivitätsbewertung der Maßnahmen erfolgt, um abermals das Erfahrungswissen der Anwender einzubringen und eine Einbeziehung von fachspezifischen oder regionalen Gegebenheiten und Besonderheiten zu ermöglichen. Ergebnis ist das numerisch festgestellte Nettorisiko in den gleichen Risikostufen wie beim Bruttorisiko.

Es folgt die Darstellung der festgestellten Lücken/Kommentare/Empfehlungen. Hier sollen – wiederum in Form eines Freitext-Feldes – einzelne Besonderheiten hervorgehoben, Bewertungen erklärt und notwendige Maßnahmen an das Management der Funktion oder Einheit adressiert werden. Die Kommentare dienen damit auch den Mitarbeitern der zentralen Stelle im Institut und in den operativen Einheiten zur Plausibilitätskontrolle und zur Feststellung, in welchen Fällen ein Eingreifen und die Kontaktaufnahme mit dem örtlichen Management erforderlich erscheinen.

Auch andere zusätzliche Sicherungsmaßnahmen können hier entwickelt oder vorgeschlagen werden.

Wird diese Vorgehensweise in ein Template oder Excel-Sheet eingearbeitet, verursacht die jährliche Aktualisierung bei den einbezogenen Einheiten deutlich weniger Aufwand als die erstmalige Erhebung. Auch eine anlassbezogene oder unterjährige Ergänzung bei Einbeziehung neuer Produkte oder Erkennung neuer Gefährdungssituationen ist ohne Weiteres möglich.

Die aus der Gefährdungsanalyse abgeleiteten Maßnahmen haben laut DK-Hinweisen vier verschiedene Ziele:

- **Ausschließen von Risiken,**
- **Reduzieren von Risiken,**
- **Versichern gegen Risiken,**
- **Akzeptieren von Risiken.**

Welches Ziel mit welcher Maßnahme erreichbar scheint und welches Handlungsziel angesichts der Durchführbarkeit verschiedener Maßnahmen als angemessen für die Risikosituation des Instituts zu gelten hat, bedarf der weitergehenden Erläuterung.

Zur Kategorisierung zutreffender Maßnahmen schlage ich eine an die hergebrachten Grundsätze der Gefahrenabwehr angelehnte Vorgehensweise vor: Im Gefahrenabwehrrecht wird im Hinblick auf die **Gefährdungsbetroffenen** zwischen generellen und individuellen Gefahrensituationen unterschieden. Als **generelle Gefahr** wird eine Gefahr bezeichnet, von der eine Vielzahl von Beteiligten, hier z. B. Marktteilnehmer, betroffen sind. Sie kann sich auf den Finanzsektor insgesamt beziehen, wird aber auch als generell zu bezeichnen sein, wenn sie z. B. alle im Investmentbanking tätigen Institute oder den gesamten Teilbereich des Privatbanking betrifft. Die Zuordnung zu den generellen Risiken (oder Gefahren) muss institutsspezifisch erfolgen. **Individuelle Gefahren** betreffen entweder dieses eine Institut oder diesen einen Finanzdienstleister. Sie können aber auch individuell ein bestimmtes Produkt oder eine Art von Transaktionen betreffen.

Im Hinblick auf die **Qualität** der Gefahr und damit auch ihre Eintrittswahrscheinlichkeit wird im Gefahrenabwehrrecht unterschieden zwischen **abstrakten und konkreten Gefahren**. Abstrakt ist eine Gefahr, wenn ihr Eintritt denkbar oder auch in Einzelfällen bereits vorgekommen ist, aber in der spezifischen Situation des Instituts nicht unmittelbar bevorsteht. Die konkrete Gefahr ist die im Einzelfall bestehende Gefahr, deren alsbaldige Verwirklichung erkennbar droht.

Abbildung 6: Gefahrensituationen

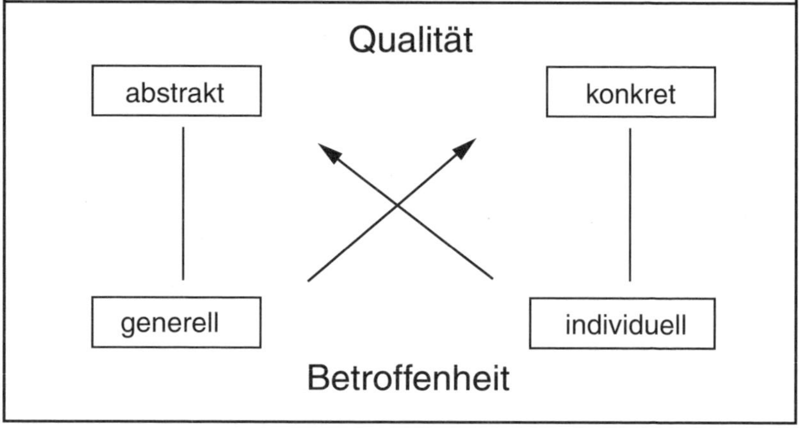

Aus Abbildung 6 ergeben sich vier denkbare Kombinationsmöglichkeiten: Die weiteste denkbare Kategorie ist die **abstrakt-generelle Gefahr**. Sie bezeichnet eine allgemeine Gefahrenlage, ohne jedoch eine persönliche Betroffenheit des Instituts oder von Individuen zu unterstellen. Die Gefahr ist zu registrieren und einzuschätzen. Der passende Reaktionstypus zur Regelung abstrakt-genereller Gefahren ist in der klassischen Gefahrenabwehr das Gesetz, hier also z. B. die Schaffung einer institutsweit gültigen Policy, die den Umgang mit der Gefahrenlage regelt.

Beispiel: Gegen die abstrakt-generelle Gefahr korruptionsverdächtigen Handelns bei Kundenveranstaltungen oder Geschenken an Kunden hilft zunächst eine „Gifts-and-Invitations-Policy". Hierin wird für das Institut oder die Institutsgruppe generell geregelt, welche Zuwendungen an Kunden als angemessen erachtet werden, an welche Kunden gar keine Zuwendungen erfolgen dürfen (z. B. an Vertreter öffentlicher Institutionen oder während laufender Ausschreibungsverfahren) und welche Vorkehrungen (z. B. Kunde zahlt Anreise selbst; Kunde muss Genehmigung seines Vorgesetzten vorlegen etc.) dabei zu treffen sind.

Bei der **abstrakt-individuellen Gefahr** besteht die Gefahrenlage zwar noch nicht greifbar, sie kann sich aber gerade hier, im individuell betrachteten Bereich, verwirklichen. Der passende Reaktionstypus ist die Organisationsanweisung, eine Richtlinie oder Guideline.

Beispiel: Die Richtlinie zur Vergabe von Sponsoren-Eintrittskarten bei einem Sportereignis konkretisiert, wer zur WM eingeladen werden darf, von wem im Hause, wie oft und ob Begleitpersonen mitgebracht werden dürfen und welche Nebenleistungen (Hubschrauber-Flug zum Event-Ort; anschließendes Dinner im Sterne-Restaurant) als angemessen betrachtet werden.

Die **generell-konkrete Gefahr** besteht für mehrere Betroffene, z. B. mehrere Divisionen, eine Vielzahl von Einheiten oder Kunden und hat dort auch schon die Stufe des Einzelfalls erreicht. Es kommt immer wieder zu Vorfällen in dieser Art, mit unterschiedlichen Betroffenen und unterschiedlichen Ausprägungsgraden. Im traditionellen Gefahrenabwehrrecht ist die geeignete Reaktionsform die Regelung der vielen Einzelfälle durch eine sogenannte Allgemeinverfügung. Bestes Bespiel für Allgemeinverfügungen sind Verkehrszeichen, die an einer bestimmten Gefahrenstelle durch eine jeden einzelnen Verkehrsteilnehmer treffende Handlungsanweisung Regelungen trifft, die Gefahren verringern sollen. In bestimmten Ausprägungsstufen der generell-konkreten Gefahr wird allerdings die „Allgemeinverfügung" in Form einer Handlungsanweisung, gezielter Working Procedures oder Prozessbeschreibungen nicht mehr ausreichen und bereits eine Einzellfallregelung zu treffen sein.

Beispiel: Einladungen zu „Kamingesprächen“ mit prominenten Sprechern für Neukunden im Privatbanking und Bestandskunden im Investmentbanking mit der Festlegung, wie viele solcher Events pro Kunde und Jahr angeboten werden dürfen.

Eine Einzelfallregelung ist immer erforderlich, wenn die Gefahr **individuell-konkret** ist. Hier liegt ein Einzelfall vor, die Verwirklichung der Gefahr droht gerade an dieser Stelle, es muss gehandelt und eine Einzelmaßnahme oder Anordnung (im Gefahrenabwehrrecht eben der „Verwaltungsakt“) getroffen werden, um den Schaden zu verhindern.

Beispiel: Die M&A-Abteilung beabsichtigt, im Rahmen der Einwerbung von Investoren für ein Public-private-Partnership (hier: Finanzierung und Bau eines Flughafens in einem Entwicklungsland mit geplantem anschließendem Going-public der Betreibergesellschaft) eine Parlamentsdelegation dieses Landes zur „Fortbildung“ und Besichtigung der Börse Frankfurt und einigen „Roadshow-Events“ einzuladen. Hier sind Einzelfallprüfung und Einzelfallfestlegung der zu treffenden Compliance-Maßnahmen unausweichlich.

Im Rahmen dieser Schematisierung ist es möglich, jedem erkannten Risiko die richtige Maßnahmenkategorie zuzuordnen und anschließend eine zielgenaue risikoadäquate Reaktion zu erarbeiten. Zugleich werden Fehl-Allokationen von Maßnahmen oder bloße Anscheins-Maßnahmen (Policy: „schreiben-abheften-vergessen“) auf diese Weise vermieden.

Es ist klar, dass die getroffenen Maßnahmen auch umgesetzt werden müssen, um das definierte Ziel zu erreichen. Policies, zu denen keine **Schulungsveranstaltungen** stattfinden, werden nichts nützen. Organisationsanweisungen und Richtlinien, die nicht in Prozesse umgesetzt und regelmäßig auf ihre Wirksamkeit und Einhaltung kontrolliert werden, haben keinen Effekt. Einzelfallregelungen, deren Beachtung nicht durchgesetzt oder, mangels Kontrolle, nicht überwacht wird, verpuffen wirkungslos.

Insofern stellt sich die im BaFin-Rundschreiben als allgemeine Sicherungsmaßnahme bezeichnete Einbindung der für die Verhinderung strafbarer Handlungen zuständigen zentralen Stelle in das operative Geschäft als wichtigste, zugleich auch anspruchsvollste Maßnahme der Umsetzung dar.

Systematische und strukturierte Aufdeckung von kriminellen Handlungen und deren konsequente Verfolgung sind wichtige Faktoren konsequenter Kriminalitätsbekämpfung. Im präventiven Ansatz hingegen ist das Ziel nur zu erreichen, wenn die Mitarbeiter genügend sensibilisiert und geschult sind, die Informationssammlung funktioniert, aber zugleich jeder Verantwortliche letztlich eingesehen hat, dass er der **Beratung** durch die zuständige zentrale Stelle in diesen Situationen bedarf und mit der Beratung sein operatives Geschäft nicht nur sicherer, sondern insgesamt besser zur Erreichung der operativen Unternehmensziele gestalten kann.

2. Schriftlich fixierte Ordnung

Zur Generierung eines Sicherungssystems sowie zur Dokumentation des Ineinandergreifens der Sicherungsmaßnahmen gehört eine schriftlich fixierte Ordnung, die man auch als **Organisationshandbuch** oder Compliance-Handbuch bezeichnen kann.

Kritische Stimmen wenden an dieser Stelle ein, es nütze nichts, ein paar Regeln schriftlich festzuhalten und in den Schrank zu stellen, das sei unnötiger Bürokratieaufwand. Das Gegenteil ist der Fall. Nicht nur die einschlägigen neueren Vorschriften zur Gestaltung von Risikomanagement und Compliance (MaRisk, MaComp) verlangen zu Recht eine schriftliche Beschreibung der Geschäftstätigkeit des Instituts, seiner Strategien, Sicherungsmaßnahmen des Risikomanagements, sondern auch § 25h KWG geht ganz selbstverständlich davon aus, dass solche Regelungen und die zugehörigen Strategien und Maßnahmen in schriftlicher Form niedergelegt werden.

Es ist für jede Unternehmensleitung sinnvoll, sich ihrer Geschäftsstrategie, ihrer Sinnhaftigkeit und Anpassung an die Marktentwicklung sowie die Vorgänge der **Institutssteuerung** und des Risikomanagements in gewissen Abständen schriftlich zu vergegenwärtigen und diese grundlegenden Prinzipien einer guten Unternehmensführung (Governance) in eine Form zu bringen, die jedem Mitarbeiter verständlich macht, welche Verhaltensweisen von ihm erwartet werden, wie Prozesse funktionieren und wie sie mit Leben erfüllt werden sollen, um das Institut in einen funktionierenden Mechanismus zu verwandeln.

Für den Teilbereich der Kriminalprävention gilt nichts anderes. Interne Organisation zu beschreiben, Prozesse festzulegen und Zielvorgaben zu formulieren („Wir wollen nicht für Geldwäsche, Terrorismusfinanzierung oder die Begehung sonstiger Straftaten missbraucht werden.“) schafft Bewusstsein und Aufmerksamkeit – bei Mitarbeitern wie bei Außenstehenden, also auch Kunden.

Erfahrene Wirtschaftskriminalisten bestätigen immer wieder, dass Unternehmen, die sich generell „in guter Verfassung“ befinden, auch im Markt der kriminellen Akteure als abwehrbereit wahrgenommen werden und daher als Opfer wirtschaftskrimineller Angriffe wesentlich unattraktiver sind. Schneider/John (2013) haben diese Erfahrungen in einer Studie zur Viktimologie von Unternehmen nunmehr auch mit statistischen Werten unterlegen können. Weitere anschauliche Beispiele dafür kann man annähernd täglich der Wirtschaftspresse entnehmen.

Auch die weitergehenden **rechtlichen Wirkungen** einer solchen schriftlich fixierten Ordnung und der einzelnen Bereichspolicies sollte man nicht unterschätzen: Einem Mitarbeiter, der Pflichtverletzungen gegen das Unternehmen begeht, wird man den Verstoß gegen interne Regeln nur dann zielgerichtet nachweisen können, wenn solche Regeln existieren und ihre sonstige Einhaltung im allgemeinen Unternehmensalltag nachgewiesen werden kann. Das kann Auswirkungen arbeitsrechtlicher Art ebenso ermöglichen wie die Geltendmachung von Schadensersatzansprüchen.

Es geht aber nicht nur um die Frage prozessualer Beweisbarkeit solcher Vorgänge, sondern um Prävention durch Früherkennung und Kontrollmöglichkeiten. Wo geordnete Prozesse herrschen, werden Abweichungen bei **Kontrollhandlungen** viel leichter offenbar als im ungeordneten Durcheinander. Schwachstellen in Prozessketten können identifiziert werden, wenn der Prozess einmal umfassend beschrieben oder grafisch dargestellt wird.

Schnittstellen zu anderen Prozessen oder anderen Bereichen, die häufig ein Einfallstor für den kriminellen Täter darstellen, werden ebenso wie Kontrolllücken häufig erst im Rahmen schriftlicher Fixierung erkennbar.

Schließlich ist es auch eine Frage der Motivation der Mitarbeiter, ihnen nachvollziehbare und lebbare Verhaltensregeln an die Hand zu geben. Gemeinsam formulierte Überzeugungen und erarbeitete Festlegungen finden dabei eine höhere Akzeptanz, als von oben verordnete, nicht praktizierbare Verhaltensanordnungen.

Selbstverständlich muss das Organisationshandbuch die tatsächlich gelebten Prozesse des Instituts darstellen und wiedergeben und es gehört auch dazu, dass die aufgestellten Regeln für alle gelten – inklusive Geschäftsleitung oder Vorständen. In vielen Lehrbüchern und Darstellungen wird dies **„Tone from the Top"** genannt, um zu verdeutlichen, dass sich hierin auch ein Anspruch an die Führungskräfte widerspiegelt.

Dabei sollten Realitätssinn und verbale Zurückhaltung bei der Abfassung einer schriftlich fixierten Ordnung im Vordergrund stehen. Eine vollmundig formulierte „Zero-Tolerance-Strategie", die schon beim ersten kleinen Zwischenfall ad absurdum geführt wird, weil sie arbeitsrechtlich nicht haltbar ist oder das „kleine Vergehen" ausgerechnet von einem umsatzstarken „Zugpferd" des Unternehmens begangen wurde, schadet mehr als sie nützt.

Klare Regeln, deutliche Aussagen und **Konsequenz** in der Anwendung angemessener Maßnahmen versprechen hingegen Erfolg. Das nachfolgende

Beispiel stellt einen Auszug aus einem Muster-Organisationshandbuch für Institute, die in dem Bereich Finanzportfolioverwaltung und Anlageberatung tätig sind, der DAB-Bank dar und wendet sich insbesondere auch an kleinere Institute und Organisationseinheiten. Die darin enthaltenen Formulierungen stellen einen Anhaltspunkt dar, wie die Einrichtung und die Aufgaben der zentralen Stelle zur Kriminalitätsbekämpfung organisiert werden können.

Anpassungen an die individuellen Geschäftsprozesse und die inhaltliche Abstimmung mit den Policies verwandter Bereiche bleiben bei Verwendung dieses Mustertextes allerdings erforderlich.

Vorkehrungen zur Kriminalitätsbekämpfung

1. Zielsetzung/Zweck

Diese Arbeitsanweisung dient der Umsetzung der gesetzlichen und aufsichtsrechtlichen Vorschriften zur Verhinderung strafbarer Handlungen, die zu einer Gefährdung des Vermögens des Instituts führen können. Die zu diesem Zweck erforderlichen internen Sicherungsmaßnahmen sind in § 25h KWG beschrieben und die sich daraus ergebenden Pflichten der Gesellschaft finden darin ihre gesetzliche Grundlage. Die gesetzlichen Vorschriften werden in der Gesellschaft im Rahmen des risikobasierten Ansatzes umgesetzt und sind Teil des Risikomanagements des Instituts.

Zugleich sollen die Mitarbeiterinnen und Mitarbeiter der Gesellschaft dahingehend sensibilisiert werden, dass Betrug zulasten des Instituts, sonstige betrügerische oder strafbare Handlungen, die einen Vermögensschaden bei der Gesellschaft herbeiführen können und Transaktionen, die dem Betrug zum Nachteil der Gesellschaft oder ihrer Kunden dienen können, im Geschäftsverkehr nie ganz auszuschließen sind. Nur eine ständige Wachsamkeit und Sensibilität für Sachverhalte, die als zweifelhaft oder ungewöhnlich anzusehen sind, kann dazu beitragen, Schaden von der Gesellschaft abzuwenden. Der Missbrauch unserer Dienstleistungen für betrügerische oder sonstige kriminelle Zwecke – sei es zum Nachteil der Gesellschaft oder zum Nachteil unserer Kunden – soll im Rahmen dieser Vorkehrungen so weit wie möglich ausgeschlossen werden, auch, um den Finanzplatz Deutschland zu schützen und das durch langjährige, erfolgreiche Arbeit aufgebaute Vertrauen unserer Kunden und des Marktes sowie die Reputation unseres Unternehmens zu schützen.

Vertrauen ist und bleibt eine wichtige Grundlage des Wirtschaftslebens. Unsere Kunden bringen unserer Gesellschaft Vertrauen entgegen, wir vertrauen unseren Kunden. Aber Vertrauen heißt nicht blindes Vertrauen. Das Hinterfragen und Überprüfen von Verhaltensweisen und Transaktionen dient nicht der uneingeschränkten Überwachung. Es ist auch kein Ausdruck des Misstrauens, sondern soll das bestehende Vertrauensverhältnis schützen und bewahren. In diesem Sinne ist Aufmerksamkeit gefordert als positiver Beitrag zur Sicherung des Vermögens und des wirtschaftlichen Erfolges unserer Gesellschaft sowie zur Absicherung unserer Dienstleistungen gegen kriminellen Missbrauch.

1.1 Anwendungsbereich und Definitionen

Die nachfolgenden Regelungen gelten für alle Geschäftsbeziehungen der Gesellschaft und die im Rahmen dieser Geschäftsbeziehungen durchgeführten baren und unbaren Transaktionen. Soweit im Rahmen der geschäftlichen Aktivitäten Tatsachen festgestellt werden, die auf Geldwäsche oder Terrorismusfinanzierung hindeuten, sind die in Kapitel 5 dieses Handbuchs niedergelegten Vorkehrungen gegen Geldwäsche anzuwenden und zu befolgen. In diesem Fall ist zwingend der Geldwäschebeauftragte der Gesellschaft zu informieren. Werden Tatsachen offenbar, die den Verdacht des Insiderhandels oder der Marktmanipulation als naheliegend erscheinen lassen, ist der Compliance-Beauftragte der Gesellschaft zu informieren. Der Compliance-Beauftragte und die zuständige Stelle für die Kriminalitätsbekämpfung prüfen in diesem Fall gemeinsam, ob strafbare Handlungen i. S. d. § 38 WpHG vorliegen und entscheiden einvernehmlich über das weitere Vorgehen. Für Interessenkonflikte oder Verstöße gegen Compliance-Vorschriften, die nicht den Verdacht einer strafbaren Handlung auslösen, bleibt nach Maßgabe dieses Handbuchs der Compliance-Beauftragte der Gesellschaft zuständig.

1.1.1 Betrug und betrugsähnliche Handlungen

Institute können durch eine Vielzahl von kriminellen Handlungen betrogen und an ihrem Vermögen oder Eigentum erheblich geschädigt werden. Neben dem Grunddelikt des Betruges – § 263 Strafgesetzbuch (StGB) – kennt das Strafrecht eine Vielzahl wirtschaftskrimineller Handlungen, die zu erheblichen Schäden in der Volkswirtschaft, aber auch beim einzelnen Unternehmen führen können. Die Formen und Handlungsmuster des Betruges und der Wirtschaftskriminalität sind so vielfältig und komplex wie das Wirtschaftsleben insgesamt. Beispielhaft seien hier nur aufgezählt:

Subventionsbetrug, Kapitalanlagebetrug, Kreditbetrug, Bankrott, Computerbetrug, Urkundenfälschung und die betrügerische Verwendung von gefälschten Daten, Zahlungsmitteln wie Schecks und Wechseln, Zahlungskarten und Kreditkarten.

Auch der elektronische Geschäftsverkehr ist vor immer neuen Betrugsmaschen nicht sicher, wie die Beispiele des Skimming und des Phishing zeigen.

Betrug und betrügerische Handlungen zeichnen sich regelmäßig dadurch aus, dass ein Geschäftspartner getäuscht wird oder ein bei ihm bereits vorhandener Irrtum ausgenutzt wird, um ihn zu geschäftlichen Handlungen zu veranlassen, die einen Vermögensschaden herbeiführen. Ziel des Täters ist es, sich an der irrtumsbedingten Vermögensverfügung des Geschäftspartners zu bereichern.

Auch Mitarbeiter in der Finanzbranche können sich strafbar machen, wenn sie vorsätzlich zum Nachteil ihrer Gesellschaft agieren und dabei einen Vermögensschaden herbeiführen. Die Untreue, § 266 StGB, setzt nicht voraus, dass der Täter sich selbst bereichern will. Wer seine geschäftlichen Befugnisse missbraucht oder willentlich gegen vermögensbezogene

Pflichten verstößt und dadurch seinem Geschäftsherrn einen Vermögensnachteil zufügt, kann bereits strafbar handeln, ohne dass eine Bereicherung des Täters eintritt oder beabsichtigt ist.

Aufgrund der Vielgestaltigkeit des Wirtschaftslebens gibt es auch eine Vielzahl von Straftatbeständen, die vorsätzliches oder fahrlässiges Fehlverhalten bei der Abwicklung von Geschäften, innerhalb geschäftlicher Beziehungen oder bei Transaktionen kriminalisieren. Diese Tatbestände können hier weder umfänglich noch vollständig aufgeführt und erklärt werden. Aufgabe aller Mitarbeiter der Gesellschaft ist es daher, zweifelhaften oder ungewöhnlichen Geschäftsvorfällen aufmerksam gegenüberzutreten und im Falle des Verdachts die zentrale Stelle zur Kriminalitätsbekämpfung zu informieren.

1.1.2 Sonstige strafbare Handlungen

Bestechung und Bestechlichkeit, also die Korruption im wirtschaftlichen Verkehr, nehmen leider im modernen Wirtschaftsleben immer noch breiten Raum ein. Hierbei handelt es sich nicht um „das Gleitmittel der Wirtschaft", sondern um schwerwiegende Straftaten, die in unserem Unternehmen nicht geduldet werden. Die Übergänge von erlaubten Zuwendungen, Methoden der Kundenwerbung und Kundenbindung zur Annahme oder Gewährung unerlaubter Vorteile sind oft fließend. Näheres hierzu regeln u.a. die hausinternen Bestimmungen zu Einladungen und Geschenken, zum Marketing und zur Werbung sowie zu Zuwendungen und Kickbacks im Rahmen des Wertpapierhandels. In Zweifelsfällen sind der Compliance-Beauftragte und die zentrale Stelle zur Kriminalitätsbekämpfung zu befragen. Bestechung und Bestechlichkeit sind auch im internationalen Wirtschaftsverkehr strafbar und werden in vielen Ländern der Welt noch viel schärfer bestraft als in Deutschland (z. B. UK-Bribery Act, US-FCPA – Foreign Corrupt Practices Act).

Es ginge zu weit, hier alle Straftaten aufzuführen, die einen wirtschaftlichen Schaden für das Unternehmen herbeiführen können. Auch Diebstahl von Arbeitsmitteln oder Daten und Geschäftsgeheimnissen sind keine Kavaliersdelikte. Wirkungsvoller Schutz – auch der Mitarbeiter unseres Hauses – kann nur gewährleistet werden, wenn ein entsprechender Verdacht unverzüglich an die Zentralstelle gemeldet wird. Jegliche Art von Straftaten sind im Zusammenhang mit der Erbringung unserer Dienstleistungen und bei oder bei Gelegenheit der Arbeit unerwünscht.

1.1.3 Transaktion

Eine Transaktion ist jede Handlung, die eine Geldbewegung oder eine sonstige Vermögensverschiebung bezweckt oder bewirkt. Darunter verstehen wir auch die Ordererteilung, jede sonstige Anweisung zur Portfolioverwaltung oder Weisungen des Kunden, die eine Transaktion im Depot oder im Portfolio nach sich ziehen. Mit diesem Begriff ist daher nicht nur die Annahme oder Abgabe von Bargeld, Wertpapieren oder Edelmetallen verbunden. Der Begriff umfasst vielmehr auch sonstige Geschäfte, die eine Geldbewegung oder eine sonstige Vermögensverschiebung bezwecken oder bewirken (Beispiele: Überweisung, Kontoeröffnung, Scheckeinreichung, Kreditzusage, Kreditrückführung sowie sachenrechtlicher Eigentümerwechsel [Abtretungen, Sicherungsübereignung, Tausch von Vermögenswerten]).

1.1.4 Geschäftsbeziehung

Geschäftsbeziehung ist jede geschäftliche Beziehung, die unmittelbar in Verbindung mit den geschäftlichen Aktivitäten der Gesellschaft unterhalten wird und bei der beim Zustandekommen des Kontrakts davon ausgegangen wird, dass sie von einer gewissen Dauer sein wird. Eine Geschäftsbeziehung umfasst die Gesamtheit der vom Kunden genutzten bzw. dem Kunden zur Verfügung stehenden Leistungen/Produkte.

1.1.5 Know-your-customer-Prinzip

Das KYC-Prinzip ist der Dreh- und Angelpunkt einer erfolgreichen Verhinderung von Betrug und strafbaren Handlungen zum Nachteil der Gesellschaft.

Es umfasst:

- *die Identifizierung des Vertragspartners,*
- *die Abklärung des wirtschaftlich Berechtigten,*
- *die Einholung von Informationen über Art und Zweck der Geschäftsbeziehung,*
- *die kontinuierliche Überwachung der Geschäftsbeziehung,*
- *die Aktualisierung der vorhandenen Daten in angemessenem Zeitabstand.*

Das KYC-Prinzip ist der Feind von Anonymität und Intransparenz.

Die Feststellungen zum KYC sind risiko-basiert vorzunehmen. Daher müssen im Hinblick auf das jeweilige individuelle Risiko des Unternehmens, einer Straftat zum Opfer zu fallen oder für Betrugszwecke missbraucht zu werden, angemessene Präventionsmaßnahmen ergriffen werden. Sorgfältige Dokumentation und Aufbewahrung der Unterlagen ergänzen das KYC-Prinzip und tragen zur Verhinderung von Anonymität und Missbrauch bei.

2. Prozessbeschreibung

2.1 Interne Sicherungsmaßnahmen

Zur Verhinderung strafbarer Handlungen, die zu einer Gefährdung des Vermögens des Instituts führen können, hat die Gesellschaft ein geschäfts- und kundenbezogenes Sicherungssystem geschaffen, das nachfolgend dargestellt wird.

Das Sicherungssystem ist Teil der im Institut bestehenden und im Organisations-Handbuch niedergelegten Regelungen zur Compliance und zur Verhinderung von Geldwäsche und Terrorismusfinanzierung. Die Regelungen sind als Komponenten eines ganzheitlichen Systems zur Risikoüberwachung und Risikosteuerung zu verstehen.

Jeder Mitarbeiter hat daher auch die Regelungen zur Compliance sowie die Vorkehrungen gegen Geldwäsche zur Kenntnis zu nehmen und – soweit im Folgenden auf diese verwiesen wird – diese als Einheit mit den vorliegenden Vorkehrungen aufzufassen.

Das Sicherungssystem besteht aus:

- *der Einrichtung einer zentralen Stelle für die Kriminalitätsbekämpfung,*
- *den Vorkehrungen zur Verhinderung der Anonymität von Geschäften,*
- *dem richtigen Verhalten bei Verdachtsfällen,*
- *den Vorkehrungen zur Untersuchung verdächtiger Sachverhalte,*
- *den Grundsätzen zur Erstattung von Strafanzeigen,*
- *den Aufzeichnungs- und Aufbewahrungspflichten sowie*
- *den weiteren Sicherungsmaßnahmen.*

2.2 Zentrale Stelle zur Kriminalitätsbekämpfung

Sämtliche Aufgaben und Pflichten der Kriminalprävention sind der zentralen Stelle zur Kriminalitätsbekämpfung im Institut zugewiesen. Die zentrale Stelle hat ... Mitarbeiter. Zum Leiter/zur Leiterin der zentralen Stelle ist Herr/Frau ... mit Beschluss der Geschäftsleitung vom ... berufen. Die zentrale Stelle ist der Funktion des Geldwäsche-Beauftragten zugeordnet.

Wesentliche Aufgabe der Zentralstelle ist die Umsetzung der internen Sicherungsmaßnahmen in der Gesellschaft, die Untersuchung von Verdachtsfällen und die Vorbereitung der Entscheidung über die Erstattung von Strafanzeigen nach Maßgabe der folgenden Regelungen.

Sie hat die internen Sicherungsmaßnahmen zu diesem Zweck zu aktualisieren und ihre Einhaltung und Wirksamkeit zu kontrollieren.

Der/die Leiter/-in der Zentralstelle ist berechtigt, für alle Angelegenheiten im Zusammenhang mit der Verhinderung von Straftaten unternehmensintern Weisungen zu erteilen. Er/Sie hat jederzeit und ungehindert Zugang zu allen für seine/ihre Aufgabenerfüllung relevanten Aufzeichnungen und Informationen zu erhalten.

Ergänzend gilt, dass die Mitarbeiter der Zentralstelle sich durch fortlaufende Schulung und externe Beratung mit den rechtlichen Entwicklungen und neuesten Techniken zur Prävention von Straftaten vertraut machen sollen.

2.3 Vorkehrungen zur Verhinderung von Anonymität

Alle Vertragspartner sind bei Begründung einer Geschäftsbeziehung zu identifizieren. Die Identifizierung von natürlichen Personen, von juristischen Personen und Personenhandelsgesellschaften sowie die

Abklärungen zu einem wirtschaftlich Berechtigten sind nach Maßgabe der Vorkehrungen gegen Geldwäsche, hier Kapitel ..., durchzuführen. Dienstleistungen, auch Beratungsdienstleistungen, die noch nicht zu einer Transaktion führen, dürfen erst erbracht werden, wenn der Kunde/Vertragspartner in der beschriebenen Art und Weise identifiziert ist. Bei Anbahnungsgesprächen und Akquisemaßnahmen ist darauf Wert zu legen, die Personalien des Gesprächspartners möglichst frühzeitig in Erfahrung zu bringen, ohne dass eine vollständige formelle Identifizierung durchgeführt werden müsste. Ebenso ist bei Neubegründung einer Geschäftsbeziehung vom Kundenbetreuer dafür Sorge zu tragen, dass Informationen zum Zweck und der angestrebten Art der Geschäftsbeziehung eingeholt und dokumentiert werden. Auf Basis dieser Informationen sind Überlegungen zu den der Geschäftsbeziehung innewohnenden Risiken im Hinblick auf die Begehung strafbarer Handlungen zum Nachteil der Gesellschaft sowie den darin verkörperten Rechtsrisiken und Reputationsrisiken anzustellen und zu dokumentieren.

Die Gesellschaft überwacht die Geschäftsbeziehung einschließlich der in deren Verlauf durchgeführten Transaktionen kontinuierlich.

Die kontinuierliche Überwachung beginnt mit der Aufnahme der Geschäftsbeziehung bzw. der ersten Nutzung einer Dienstleistung oder eines Produktes. Sie endet mit Beendigung der Geschäftsbeziehung.

Der Kundenbetreuer hat die Gesellschaft bei dieser kontinuierlichen Überwachung zu unterstützen. Wesentliche Änderungen der Identifizierungsdaten sowie der Art und des Umfangs der Geschäftsbeziehung und wesentliche Abweichungen vom erwarteten Verlauf der Geschäfts-

beziehung sind der zentralen Stelle zur Kriminalitätsbekämpfung zu melden, wenn sich aus der Art der Änderung Anhaltspunkte für eine Änderung des Risikos, des Auftretens strafbarer Handlungen, sowie Anhaltspunkte, die zu einer Gefährdung des Vermögens des Instituts führen können, ergeben.

Die Pflicht zur Aktualisierung der Kundendaten im Rahmen der Vorkehrungen gegen Geldwäsche bleibt davon unberührt.

3. Verhalten bei Verdachtsfällen

3.1 Allgemeines

Sachverhalte, die darauf schließen lassen, dass ein Vorgang oder eine Verhaltensweise dazu dient, eine Gefährdung des Vermögens der Gesellschaft herbeizuführen, sind der zentralen Stelle zur Kriminalitätsbekämpfung unverzüglich anzuzeigen.

Die mögliche Schadenshöhe, die sich aus dem auffälligen Vorgang ergeben kann, ist für die interne Verdachtsmeldung unerheblich.

Für die Abgabe einer internen Verdachtsmeldung an die Zentralstelle ist es ausreichend, dass der Sachverhalt als zweifelhaft oder ungewöhnlich anzusehen ist und der Eintritt eines Schadens nicht ausgeschlossen werden kann. Dies gilt auch, wenn die Anfrage eines dubiosen Kunden bereits abgelehnt wurde oder sonst nicht die Absicht besteht, in dem Sachverhalt weitere Geschäftsaktivitäten zu entfalten oder Dienstleistungen zu erbringen.

Als zweifelhaft oder ungewöhnlich sind insbesondere Sachverhalte anzusehen,

- *wenn ein wirtschaftlicher oder rechtlicher Hintergrund offenkundig fehlt,*

- *wenn wesentliche Abweichungen vom üblichen Verhalten oder Geschäftsgebaren eines Kunden festzustellen sind,*
- *wenn ungewöhnliche Abwicklungsformen von Geschäften festzustellen sind,*
- *wenn der Sachverhalt sich bei Anwendung der Berufserfahrung, des Erfahrungswissens und der fachlichen Kenntnisse des Mitarbeiters als nicht nachvollziehbar, unverständlich oder außergewöhnlich erweist*

und

- *die festgestellten Auffälligkeiten, Ungewöhnlichkeiten oder Zweifel darauf hindeuten, dass dem Vorgang unrechtmäßiges Handeln, strafbare Handlungen oder kriminelle Verhaltensweisen und Absichten zugrunde liegen könnten.*

Anhaltspunkte für die genannten Auffälligkeiten liegen insbesondere vor, wenn ein Geschäftspartner offensichtlich um Anonymität und Verschleierung bemüht ist, Geschäftsstrukturen undurchsichtig und intransparent dargestellt oder vermittelt werden, Geschäftsaktivitäten unverständlich oder nicht nachvollziehbar sind oder das Geschäft insgesamt „zu gut, um wahr zu sein" erscheint.

Dies kann insbesondere der Fall sein bei der Verwendung wohlklingender, aber inhaltsleerer Namen, Bezeichnungen und Phrasen, der Bezugnahme auf nicht nachprüfbare Geschäftspartner und -beziehungen, dem Einsatz angeblich geheimer oder dem Markt völlig unbekannter Informationen, Methoden und Verfahrensweisen sowie der Benutzung verschachtelter Strukturen und exotischer Geschäftssitze.

Erweisen sich Angaben des Geschäftspartners als falsch oder nicht nachprüfbar oder werden angeforderte Unterlagen nicht, unvollständig oder nur zögerlich zur Verfügung gestellt, ist höchste Vorsicht und die Einschaltung der Zentralstelle geboten.

Die gewählten Beispiele sind weder vollständig noch abschließend. Sie dienen als Entscheidungshilfe, wann die Zentralstelle anzusprechen ist.

Wird ein Mitarbeiter im Rahmen einer Geschäftsbeziehung mit verdächtigen Finanztransaktionen oder Angeboten (auch angetragene, aber anschließend abgelehnte Geschäftsbeziehungen und Transaktionen sind als zweifelhaft oder ungewöhnlich anzusehen) konfrontiert, ist er im Rahmen seiner Aufgaben vor Ausführung der Transaktion oder Begründung der Geschäftsbeziehung verpflichtet, eine interne Verdachtsmeldung an die Zentralstelle zur Kriminalitätsbekämpfung zu erstatten.

3.2 Maßnahmen bei Verdachtsfällen

Die Festlegung und Durchführung der angemessenen Maßnahmen zur weiteren Untersuchung der als auffällig, zweifelhaft oder ungewöhnlich identifizierten Sachverhalte obliegt der zentralen Stelle zur Kriminalitätsbekämpfung.

Zur Untersuchung des Sachverhalts setzt sie die zur Verfügung stehenden Mittel und Methoden unter Beachtung des Verhältnismäßigkeitsgrundsatzes ein, bereitet die vorhandenen Informationen auf und verdichtet sie mit öffentlich zugänglichen oder im Wege des erlaubten

Informationsaustauschs erlangten Informationen mit dem Ziel, festzustellen, ob dem zweifelhaften, auffälligen oder ungewöhnlichen Sachverhalt das Risiko eines Vermögensschadens oder einer Vermögensgefährdung des Instituts anhaftet und ob der Vorgang Anhaltspunkte für die Begehung strafbarer Handlungen enthält. Darüber hinaus ist bei Abschluss der Untersuchungen die Frage zu beurteilen, ob eine Strafanzeige gem. § 158 der StPO erstattet werden soll.

Die zentrale Stelle führt ihre Untersuchungen zügig, planvoll und zielgerichtet und stellt einen möglichst zeitnahen Abschluss der Untersuchungen sicher. Sie trägt alle notwendigen und hinreichenden Informationen zusammen, die für die Entscheidung über die Erstattung einer Strafanzeige erforderlich sind, dehnt ihre Ermittlungen aber nicht über das dafür erforderliche Maß hinaus aus.

Die zentrale Stelle hat bei der Durchführung ihrer Untersuchung die Grenzen des allgemeinen Rechts, insbesondere des Arbeitsrechts, des Datenschutzrechts und des Strafprozessrechts einzuhalten und zu berücksichtigen. Die Anwendung illegaler oder rechtlich fragwürdiger Ermittlungshandlungen ist verboten. Bei der Beschaffung von Beweismitteln ist dafür Sorge zu tragen, dass diese zivil- und strafprozessual verwertbar sind.

Bei der Zusammenarbeit mit externen Ermittlungshelfern (z. B. IT-Dienstleister, Detekteien, Privatermittler) ist dafür Sorge zu tragen, dass diese ebenfalls die Grenzen des allgemeinen Rechts einhalten und ausschließlich die beauftragten und vorgegebenen Ermittlungshandlungen durchführen. Die Beauftragung externer Ermittlungshelfer geschieht nur auf der Grundlage einer schriftlich dokumentierten Dienstleistungsvereinbarung sowie nach Zustimmung der Geschäftsleitung, die ebenfalls schriftlich zu dokumentieren ist.

Naheliegende Ermittlungsmaßnahmen können sein:

- *Datenerhebung aus unternehmensinternen Quellen oder öffentlich zugänglichen Dateien (sog. Open-Source-Intelligence),*
- *Befragung von Mitarbeitern, die mit dem Sachverhalt befasst waren,*
- *Informationsaustausch mit anderen betroffenen Instituten (im Rahmen des § 25h Abs. 3 KWG),*
- *Gespräche mit den betroffenen Kunden oder dem Antragsteller,*
- *Befragung von (unbeteiligten) Dritten.*

Beim Zugriff auf im Unternehmen vorhandene Daten ist zwischen unternehmenseigenen Daten und Mitarbeiterdaten zu unterscheiden. Bei der Auswertung von Mitarbeiterdaten (insb. E-Mail und weitere Kommunikationsdaten) sind die Vorschriften des Mitarbeiter-Datenschutzes zu beachten.

Bei der Befragung von Personen ist zwischen Verdächtigten und Zeugen zu unterscheiden. Handelt es sich bei dem Verdächtigten um einen Mitarbeiter, ist die Personalabteilung zu beteiligen.

Wird bei der Untersuchung auf Geschäftsgeheimnisse zugegriffen, so sind diese besonders zu kennzeichnen, als vertraulich zu behandeln oder geheim zu halten. Dem ist im Abschlussbericht durch geeignete Maßnahmen (z. B. Anonymisierung, Schwärzungen, Verweise ohne Zitat-Charakter) Rechnung zu tragen.

Die inhaltliche Durchführung der Untersuchung und ihre Gestaltung steht im pflichtgemäßen Ermessen der zentralen Stelle.

Das Ergebnis der Untersuchung ist schriftlich zu dokumentieren. Die Dokumentation umfasst die Einschätzung des sich aus dem jeweiligen Vorgang ergebenden Risikos im Hinblick auf das Vorliegen von strafbaren Handlungen, die zu einer Gefährdung des Vermögens des Instituts führen können, sowie der Einschätzung der weiteren durch die Untersuchung offenbar gewordenen Risiken, insbesondere der operationellen Risiken, Rechtsrisiken und Reputationsrisiken für die Gesellschaft.

Die Dokumentation schließt mit einer Empfehlung, ob Strafanzeige erstattet werden soll oder nicht.

Über die Erstattung einer Strafanzeige entscheidet die Geschäftsleitung auf der Grundlage des Untersuchungsberichts sowie ggf. unter Heranziehung des Rates der Rechtsabteilung, der internen Revision oder eines externen Rechtsberaters.

Dabei hat sie alle die Gesellschaft betreffenden Risiken, die sich aus der Strafanzeigenerstattung ergeben können, zu berücksichtigen.

Nach Feststellung eines auffälligen oder ungewöhnlichen Sachverhalts gelten die Vorschriften zur Überwachung der Geschäftsbeziehung aus den Vorkehrungen gegen Geldwäsche sinngemäß.

4. Aufzeichnungs- und Aufbewahrungspflichten

4.1 Allgemeine Aufzeichnungspflichten

Die im Zusammenhang mit dem KYC-Prinzip erhobenen Angaben und eingeholten Informationen über Vertragspartner, Geschäftsbeziehungen und Transaktionen sind im CRM aufzuzeichnen.

Es ist sicherzustellen, dass die gespeicherten Daten:
- *mit den festgestellten Angaben übereinstimmen,*
- *während der Aufbewahrungsfrist verfügbar sind und*
- *jederzeit innerhalb einer angemessenen Frist lesbar gemacht werden können.*

4.2 Aufzeichnung von Untersuchungsvorgängen

Die Inhalte und Ergebnisse von Untersuchungshandlungen sind aufzuzeichnen und fallbezogen bei der Zentralstelle aufzubewahren. Es ist sicherzustellen, dass Personen außerhalb der zentralen Stelle keinen Zugriff auf die Unterlagen nehmen können. Dem Wirtschaftsprüfer und der Bundesanstalt für Finanzdienstleistungen ist für Prüfungszwecke Einsicht in die Unterlagen auf begründete Anforderung zu gewähren. Das Gleiche gilt für die Interne Revision. Über Auskunftsersuchen von Ermittlungsbehörden entscheidet die Leitung der zentralen Stelle.

4.2.1 Aufbewahrungspflichten

Die Aufzeichnungen und sonstigen Belege über Verdachtsfälle sind unbeschadet anderer gesetzlicher Bestimmungen mindestens fünf Jahre aufzubewahren. Aufbewahrungsfristen, die anderen gesetzlichen Bestimmungen unterliegen, werden von den Regelungen nicht tangiert. Die Aufbewahrungsfrist beginnt mit dem Schluss des Kalenderjahres, in dem die jeweilige Angabe festgestellt worden ist. Die Regelungen des § 8 GwG finden entsprechende Anwendung.

4.3 Weitere Sicherungsmaßnahmen

4.3.1 Unterrichtung der Mitarbeiter

Es ist ferner Aufgabe der zentralen Stelle, die Mitarbeiter der Gesellschaft regelmäßig über neue Erkenntnisse zur Wirtschaftskriminalität, sonstige strafbare Handlungen und Methoden der Täter zu unterrichten und über die nach § 25h KWG bestehenden Pflichten zu informieren. Die Schulung der Mitarbeiter erfolgt gemeinsam und in enger Abstimmung mit den Geldwäsche-Schulungen. Die Vorschriften über die Zuverlässigkeit der Mitarbeiter sind entsprechend anzuwenden.

4.3.2 Kontrollen

Kontrollmaßnahmen sind gemeinsam mit dem Geldwäsche-Beauftragten zu planen, durchzuführen und zu dokumentieren.

4.3.3 Gefährdungsanalyse

Auch im Rahmen der Kriminalprävention ist eine Gefährdungsanalyse durchzuführen. Sie ist nicht Bestandteil dieser Arbeitsanweisung. Sie wird gesondert dokumentiert. Sie enthält die aus dem Gefährdungspotenzial abzuleitenden Maßnahmen.

Die Gefährdungsanalyse wird gemeinsam mit dem Geldwäsche-Beauftragten erstellt und kann mit der Geldwäsche-Gefährdungsanalyse in einem Dokument zusammengefasst werden.

4.3.4 Berichterstattung

Die Zentralstelle für Kriminalitätsbekämpfung erstattet der Geschäftsleitung mindestens einmal jährlich Bericht über die von ihr geleistete Arbeit, den Stand der Erfüllung der gesetzlichen Pflichten und von ihr bearbeitete Einzelfälle. In Einzelfällen von besonderer Bedeutung hat sie der Geschäftsleitung unverzüglich zu berichten und diese regelmäßig über den Fortgang des Verfahrens zu unterrichten.

3. Einzelmaßnahmen

Im Folgenden wollen wir eine Reihe von einzelnen Präventionsmaßnahmen exemplarisch vorstellen. Jede Maßnahme hat für sich genommen nur eine begrenzte Reichweite; erst durch das systematische Zusammenspiel einer Vielzahl von Maßnahmen lassen sich tatsächliche Präventionswirkungen erzielen.

3.1 Das Vier-Augen-Prinzip

Das Vier-Augen-Prinzip ist die am meisten überschätzte Präventionsmaßnahme im Gesamtkatalog der Möglichkeiten, kriminellem Handeln vorzubeugen.

Zwar ist es als richtig anzuerkennen, dass allein das Wissen des potenziellen Täters, dass noch eine andere Person den Vorgang anschauen oder abzeichnen werde, die Hemmschwelle gegenüber Manipulationen erhöht. Mehr als ein allgemeiner, allenfalls **generalpräventiver Aspekt** ist darin jedoch nicht zu sehen, denn das an sich gute Prinzip wird in der Praxis durch viele kleine menschliche Schwächen wieder ausgehebelt.

Der zur Manipulation entschlossene Täter wird für die Vorlage seines Vorgangs beim Freizeichner einen passenden Moment wählen: wenn es gerade hektisch zugeht, der andere telefoniert oder mit Fristsachen überhäuft ist, weitere Personen im Raum sind oder der Täter selbst die Eilbedürftigkeit der Freizeichnung als Druckmittel einsetzen kann.

Da das Vier-Augen-Prinzip in Form der Mitzeichnung oder Freizeichnung regelmäßig in derselben Abteilung oder demselben Geschäftsbereich vorgenommen werden muss, kennt der Täter die Schwächen und Gewohnheiten des Kollegen und kann sie sich mit der Zeit zunutze machen.

Auch gerade das Argument der Kollegialität wird von geschickten Tätern unterschwellig in den Raum gestellt.

> *„Wieso stellst du das plötzlich infrage, das haben wir doch immer schon so gemacht?*

„Habe ich etwas falsch gemacht, dass du mich plötzlich kontrollierst?“

„Mach doch nicht solche Umstände, die Sache muss raus. …“

sind die typischen Haltungen oder unterschwelligen Bemerkungen des Kontrollierten, der sich seines Kontrolleurs entledigen will. Demjenigen, der das Vier-Augen-Prinzip ernst nimmt und wirklich noch einmal in die Sache einsteigt, wird unterstellt, er beschuldige den Kollegen zu Unrecht, stelle jedermann unter Generalverdacht oder habe sonst wohl nichts Besseres zu tun. Psychologische Hilfsmittel, die, geschickt platziert, die Gründlichkeit und Intensität der Kontrolle schnell auf ein Maß herabsetzen, das dem Täter Gelegenheit gibt, seine Manipulation zu ermöglichen.

Umgekehrt hat man – zumal als Vorgesetzter – tatsächlich genug anderes zu tun und kann sich der Feststellung – „dann kann ich es ja gleich selber machen“ – bisweilen schwer entziehen.

Durch die fachliche und soziale Nähe des Mitzeichners, die aus sachlichen Gründen gerechtfertigt ist, entstehen oft psychologische Hemmschwellen, die den Kontrollmechanismus als solchen wirkungslos werden lassen.

Echte Kontrolle braucht daher auch Unabhängigkeit und Objektivität. Einem Außenstehenden, der nicht täglich mit dem Kollegen oder der Kollegin zu tun hat, vielleicht sogar dasselbe Büro teilt, fällt es leichter, den zweiten Blick vor sich selbst und dem kontrollierten Kollegen als sinnvoll und angemessen zu rechtfertigen.

Die Erfahrung zeigt, dass viele Manipulationen gerade in dem Moment auffallen, in dem der Mitzeichner gewechselt hat, neu in der Abteilung ist oder sonst die für das Kontrollversagen mitverantwortliche soziale Bindung zum Täter noch nicht aufgebaut hat.

Damit soll nicht gesagt sein, dass das Vier-Augen-Prinzip unsinnig sei und abgeschafft werden sollte. Im Gegenteil: Den Mitarbeitern muss nur immer wieder deutlich gemacht werden, wozu es dient. Nicht die Bespitzelung oder gar Denunziation des anderen ist Gegenstand des Prinzips, sondern **Qualitätskontrolle** und gegenseitige Unterstützung zur Gewährleistung besserer Ergebnisse.

Dem Anwender muss klargemacht werden, dass er den Vorgang kontrolliert, nicht den Kollegen. Ein undifferenziert in den Raum gestelltes „Know-your-colleague"-Prinzip, das das Erkennen von auffälligen Veränderungen im Umfeld und im Lebenswandel von Kollegen gewährleisten soll, wirkt hier eher kontraproduktiv und lässt fatale Assoziationen aufkommen.

Ein richtig verstandenes Vier-Augen-Prinzip macht hingegen Sinn, da es auf die Sache bezogen ist und tatsächlich zur Früherkennung von Fehlentwicklungen beitragen kann. Mitarbeiter müssen daher dazu ermuntert werden, das Vier-Augen-Prinzip ernst zu nehmen, indem seine sachlichen Vorteile herausgestellt werden und bewusst gemacht wird, welche unangenehmen Folgen kleine Nachlässlichkeiten im Alltag zeitigen können, wenn sie auf falsch verstandener Kollegialität beruhen.

Als Standardmaßnahme der Prävention taugt das Vier-Augen-Prinzip dennoch: Bürokratischer Aufwand und präventiver Effekt stehen bei richtiger Anwendung in einem ausgewogenen Verhältnis. Gelegentliche Rotation bei den Kontrollaufgaben erhöht die Erfolgswahrscheinlichkeit.

3.2 Hinweisgebersysteme und Ombudsmann

Egal, ob man sie Whistleblower-Hotlines, „ask us - tell us", Beschwerdetelefon (früher war es ein Beschwerdebriefkasten) oder einfach **Hinweisgebersysteme** nennt, eines haben die seit dem Sarbanes-Oxley Act (SOX) aus dem Jahr 2002 verstärkt in Mode gekommenen Mechanismen gemeinsam: Beschwerdeführern wird die Möglichkeit gegeben, ihr Anliegen in anonymisierter Form vorzutragen und ein unterschiedlich ausgeprägter Schutz vor Nachteilen durch die Offenbarung versprochen.

In § 25a Abs. 1 Satz 4 Ziff. 3 KWG wird die Einrichtung eines solchen Systems nunmehr als Teil der ordnungsgemäßen Geschäftsorganisation der Institute gefordert.

Nicht in allen europäischen Bankaufsichts-Systemen wird die anonyme Einreichung von Hinweisen auf eigens dafür organisierten Kommunikationswegen geduldet (Frankreich).

Erfahrungsberichte zu den Ergebnissen von Hinweisgebersystemen schwanken je nach Interessenlage des Berichterstatters von einem Extrem zum anderen. Betreiber von Hinweisgebersystemen, die die Technik und bisweilen auch den Ansprechpartner am anderen Ende der Hotline zur Verfügung stellen, berichten von interessanten Mitteilungen, einer hohen Rate relevanter Informationen und nur wenig Missbrauch durch anonyme Verleumdung, üble Nachrede und Vorgesetzten- oder Kollegenschelte.

Andere Berichterstatter wollen eher unsubstantiierte Mobbingvorwürfe, falsche Verdächtigung unliebsamer Vorgesetzter und eine hohe Querulantenquote festgestellt haben.

Wie die Wirklichkeit aussieht, ist schwierig festzustellen. Die Förderung von Querulantentum, Denunziantentum und Blockwart-Verhalten ist ein Problem, dem man vor dem Hintergrund spezifisch deutscher Historie ins Auge sehen muss. Andererseits gilt es auch festzuhalten, dass eine ganze Reihe großer Wirtschaftsskandale (Beispiele sind Flowtex, Balsam, Enron und jüngst in den USA der Fall Madoff) erst durch das fast schon querulatorische Nachhaken Einzelner, die sich durch voreilige Einstellungsverfügungen, das hohe soziale Ansehen der Täter und eiligst bereitgestellte Gefälligkeitsgutachten nicht davon abbringen ließen, die Straftaten beim Namen zu nennen, aufgedeckt wurden. Eindrucksvoll ist in diesem Zusammenhang auch die Schilderung einer

Hinweisgeberin der Korruptionsaffäre bei IKEA, die bei Leyendecker (2007) geschildert wird.

Bei der Einrichtung von Hinweisgebersystemen gilt es in der Praxis daher, einige Punkte zu beachten:

Will man anonyme Meldungen ermöglichen, so muss die **Anonymität** des Hinweisgebers in jedem Fall geschützt werden – es sei denn, der Hinweis stellt sich als offensichtlich vorsätzlich oder grob fahrlässig unwahre Tatsachenbehauptung heraus.

In diesem Fall muss umgekehrt für eine klare Sanktion gegen den böswilligen Hinweisgeber Sorge getragen und dem Betroffenen die Möglichkeit zu zivilrechtlicher oder strafrechtlicher Genugtuung eröffnet werden. Auf der Wahrung oder dem Widerruf der Anonymität lastet also eine große Verantwortung.

Wird das Hinweisgebersystem – telefonisch oder elektronisch (E-Mail) – an einen **Dienstleister** ausgelagert, so muss sichergestellt werden, dass dieser beruflich zur Geheimhaltung berechtigt ist, auch wenn die Ermittlungsbehörden den Hinweisgeber als Zeugen ermitteln oder Betroffene zivilrechtlich auf Auskunft klagen. Bei Anwälten und Wirtschaftsprüfern sind solche Zeugnisverweigerungsrechte vorhanden, bei den Mitarbeitern eines Callcenter-Betreibers mit Sicherheit nicht.

Will man die Compliance-Funktion, die zentrale Stelle zur Kriminalprävention im Sinne des § 25h KWG oder den Geldwäschebeauftragten sowie die Revision zum möglichen Empfänger der Hinweise machen, muss ebenfalls geprüft werden, mit welchen Mitteln der Zeugenschutz erreicht werden kann.

Aber auch im Umgang mit den Hinweisen ist Vorsicht geboten: Nicht selten wird der Hinweisgeber durch die Zusammenhänge der von ihm bereitgestellten Informationen ohne Weiteres zu enttarnen sein – zumindest für den

Betroffenen. Wer sich auf Gespräche im kleinen Kreis oder den Inhalt von Projektunterlagen beruft, die nur wenigen Personen zugänglich sind, schränkt den Kreis der möglichen Informanten auf ein leicht überschaubares Spektrum ein.

Zeitliche und örtliche Zusammenhänge sind im Kreis der Eingeweihten oft leichter nachvollziehbar als der Hinweisgeber glaubt, gerade wenn verschiedene Ereignisse geschildert werden, bei denen ganz unterschiedliche Personen anwesend waren. Die Schnittmenge derer, die bei allen Ereignissen dabei waren und mithin die Schilderung abgegeben haben können, ist da oft schnell ermittelt.

Andererseits sind **anonyme Hinweise**, bei denen der Hinweisgeber auch im Verlauf der Kontakte zur Hinweisgeberstelle nicht das Vertrauen entwickelt, seine Identität zu offenbaren, im Hinblick auf Beweiswert und Wahrheitsgehalt mit **Vorsicht** zu genießen. Genaue Überprüfungen, die Ermittlung weiterer, belegbarer und nachvollziehbarer Quellen, Indizien und Beweise sind unabdingbar, bevor Maßnahmen ergriffen werden, die den Charakter eines rechtlichen Eingriffs gegen den Verdächtigten haben.

Die Richtlinien für das Straf- und Bußgeldverfahren beschreiben diesen Umstand unter dem Begriff „namenlose Anzeigen“ zutreffend:

> *„Auch bei namenlosen Anzeigen prüft der Staatsanwalt, ob ein Ermittlungsverfahren einzuleiten ist. Es kann sich empfehlen, den Beschuldigten erst dann zu vernehmen, wenn der Verdacht durch andere Ermittlungen eine gewisse Bestätigung gefunden hat.“*

Prägnanter kann man es für die internen Ermittlungen, die einem solchen Hinweis folgen können, kaum ausdrücken.

Schließlich ist bei Hinweisgebern, die unter allen Umständen anonym bleiben wollen, noch ein weiterer Aspekt zu berücksichtigen, der das Unternehmensinteresse direkt betrifft. Nimmt die zuständige Stelle im Unternehmen vorsichtige interne Ermittlungen aufgrund des anonymen Hinweises auf, kann dies dem Hinweisgeber wegen seiner Anonymität aber nicht mitteilen, besteht nicht selten die Gefahr der Frustration des Hinweisgebers. Er merkt nicht, dass etwas getan wird und glaubt, dass wieder einmal alles „unter den Teppich gekehrt" werden soll. Nicht selten wenden sich Personen, deren Gerechtigkeitsgefühl der Ursprung des Hinweises war, in ihrer vermeintlichen Enttäuschung dann an Außenstehende – die Presse, die Aufsichtsbehörde, die Ermittlungsbehörden. Den Ermittlungs- oder Aufsichtsbehörden wird man die zwischenzeitlich ergriffenen Maßnahmen erläutern und darstellen können. Bei Anfragen der Presse wird dies schon schwieriger und die bloße Mitteilung, über interne Angelegenheiten werde mit der Presse nicht gesprochen, kann bereits einen Schaden im Hinblick auf die Reputation auslösen.

Diese Überlegungen zeigen aber auch, dass die Einrichtung einer Hinweisgeberstelle oder einer Hotline mit Sicherheit eine Folge haben müssen: Jeder gemeldete Vorfall bedarf der Untersuchung. Ignorieren oder weglegen ohne tätig zu werden, weil das Bauchgefühl auf einen Querulanten hindeutet, geht nicht. Wer Hinweise entgegennimmt, muss also auch Mechanismen einrichten, sie zu untersuchen.

Ist die Hinweisgeberstelle ausgelagert auf einen sogenannten **Ombudsmann**, gilt es ebenfalls sicherzustellen, dass dieser in der Lage ist, zugesicherte Anonymität auch zu gewähren. Auch hier kommen nur Personen in Betracht, denen ein professionelles Zeugnisverweigerungsrecht zusteht. Das Verhältnis zum beauftragenden Unternehmen muss aber ebenso klargestellt werden. Der Ombudsmann muss die Berechtigung haben, auch der Unternehmensleitung gegenüber die Vertraulichkeitszusage einzuhalten, solange ihm nicht nachgewiesen wird, dass der Hinweisgeber falsche Verdächtigungen oder Verleumdungen mit strafbarer Relevanz ausgesprochen hat.

Ob der Ombudsmann selbst die ersten Untersuchungen zur **Plausibilisierung** des Hinweises anstellen soll, bevor er ihn an die zuständige Stelle im Unternehmen weitergibt, ob er gar die gesamte Untersuchung selbst durchführen soll oder ob dies im Hinblick auf seine anwaltliche Stellung als Ombudsmann einen standesrechtlichen Interessenkonflikt auslöst, ist umstritten. Auch wenn der anwaltliche Ombudsmann vom Unternehmen beauftragt ist, so ist er doch gegenüber dem Hinweisgeber verpflichtet, dem Vertraulichkeitsversprechen auch dadurch Rechnung zu tragen, dass er den Hinweis dann nicht ungefiltert an unternehmensinterne Stellen weitergibt, wenn dies zur folgerichtigen Enttarnung des um Anonymität bemühten Hinweisgebers führt. Daher ist es aus meiner Sicht kaum zu vermeiden, dass dem Ombudsmann das Recht auf erste Plausibilitätsprüfungen zugestanden wird, sodass er auch in die Lage versetzt wird, vorhandene Informationen des Hinweisgebers so anzureichern, dass seine Enttarnung zumindest wesentlich erschwert wird.

Die Herausforderung liegt hier weniger in der juristischen Gestaltung des Rechtsverhältnisses als in der praktischen Handhabung. Wird dem Ombudsmann klar, dass ihm ein Hinweis vorliegt, der dem Unternehmen schon allein wegen der Schadensintensität zugeleitet werden muss, aber unweigerlich mit der Enttarnung des Hinweisgebers verbunden ist, so muss er den Interessenkonflikt lösen, ohne seine anwaltlichen Pflichten der einen oder anderen Seite gegenüber zu vernachlässigen.

Ähnliches gilt für die Frage der Einschaltung der Ermittlungsbehörden. Soll der Ombudsmann ggf. ohne das Wissen des beauftragenden Unternehmens, vielleicht sogar entgegen dessen ausdrücklichem Wunsch, ermächtigt sein, die Ermittlungsbehörden einzuschalten, wenn er dies für erforderlich hält?

Diese und weitere Fragen müssen geklärt sein, wenn das Hinweisgebersystem und die Einrichtung eines Ombudsmannes präventive Wirkung entfalten sollen. Die Präventionswirkung liegt darin, dass Mitarbeiter eines Unternehmens wissen, an wen sie sich wenden können, bevor Verhaltensweisen oder Sachverhalte eine unerwünschte Eigendynamik entwickeln. Viele wirtschaftskriminelle Handlungen, gerade im Bereich der internen Täter, ziehen sich über einen längeren Zeitraum hin oder bleiben über Jahre unentdeckt. Hier kann entsprechend sensibler Umgang mit den Informationen eine frühzeitige Erkennung ermöglichen und damit der Verfestigung von Schwachstellen oder der Entwicklung verfestigter interner Täterstrukturen sinnvoll vorbeugen.

Unternehmen, bei denen die Täterstrukturen teilweise schon so verfestigt waren, dass man von „betrieblicher Übung" oder vererbten Korruptionskartellen sprechen konnte, haben die Aufarbeitung der Sachverhalte häufig noch mit einem zeitlich befristeten **Amnestieprogramm** oder deutlich formulierten Kronzeugenregelungen untermauert.

Auch hier sind eine Reihe rechtlicher wie tatsächlicher Implikationen zu berücksichtigen. Als generelle Präventionsmaßnahme eignen sich diese methodischen Ergänzungen eher nicht (vgl. Jahn, 2009; Schürrle/Olbers, 2010; Wehnert, 2009).

Jenseits der klassischen Whistleblowing-Funktion ist allerdings zu überlegen, die Meldung von Sachverhalten, die den Verdacht betrügerischer Handlungen in sich tragen könnten, dergestalt zu vereinfachen, dass auch hierfür eine **Hotline** und/oder eine **Mailboxfunktion** in der zentralen Stelle für die Kriminalitätsbekämpfung eingerichtet wird. Erforderlich ist für so einen vereinfachten Meldeweg, alle Sachverhalte oder Incidents, die gemeldet werden sollen, genau zu definieren. Ein entsprechend schneller, relativ unbürokratischer Zugang dürfte die Meldequote deutlich erhöhen und so der Absicht des Gesetzgebers, auffällige und unklare Sachverhalte in den Kenntnisbereich der zentralen Stelle zu bringen und einer Untersuchung zuzuführen, erhöhen.

Vonseiten der zentralen Stelle wäre ein qualifiziertes und zeitnahes **Feedback** an die meldende Einheit oder Person sicherzustellen, sobald eine erste Bewertung des gemeldeten Sachverhaltes möglich ist. Das Feedback unterliegt in diesem Fall auch keinen Einschränkungen. Der Urheber kann problemlos namentlich kontaktiert werden, da auch ein Informationsverbot analog § 12 GwG nicht greifen würde.

Inwieweit ermittlungstaktische Erwägungen es geboten sein lassen, den Anzeigenden nicht über alle Einzelheiten der geplanten Vorgehensweise zu verständigen, ist im jeweiligen Einzelfall zu entscheiden. Ein bloßer Hinweis, dass der gemeldeten Angelegenheit eine Folge gegeben wird, die auf der Untersuchungspflicht des § 25 h KWG beruht, kann diesbezüglich aber keinen Schaden für die Ermittlungen anrichten und gibt dem Meldenden das gute Gefühl, die erforderliche Aufmerksamkeit erlangt zu haben.

3.3 Plausibilitäts-Checks

Eine geeignete und in vielen Fällen leicht durchzuführende Präventionsmaßnahme sind Plausibilitäts-Kontrollen, mit denen vom Kunden, Geschäftspartner oder Bewerber eingereichte **Dokumente** auf ihre Sinnhaftigkeit, Vollständigkeit, Allgemeingültigkeit und damit Plausibilität untersucht werden. Ein solcher Plausibilitäts-Check gibt zwar keine letzte Sicherheit bei der Beantwortung der Frage, ob eingereichte Dokumente ge- oder verfälscht sind, hilft jedoch, Auffälligkeiten und Ungereimtheiten zu offenbaren, die sich insgesamt – insbesondere bei mangelhafter Beantwortung von Nachfragen – zu einem Verdacht verdichten können.

Plausibilitäts-Checks können in der Zuständigkeit jener Abteilungen durchgeführt werden, die mit den eingehenden Dokumenten ohnehin befasst sind, die Hintergründe der Einreichung der Dokumente kennen und daher auch eine gewisse Routine im Durchsehen dieser Dokumente entwickelt haben. Der Plausibilitäts-Check stellt dann eine Maßnahme der Qualitätskontrolle dar, für die im Falle der Entdeckung von Auffälligkeiten oder Besonderheiten ein Eskalationsprozess zur zentralen Stelle für die Kriminalitätsbekämpfung eingerichtet sein muss, um die weitere Untersuchung sicherzustellen.

Die Prüfungskriterien des jeweiligen Plausibilitäts-Checks sollten zunächst abstrakt festgelegt werden und können sich an den Prozessen orientieren, für die bei der Gefährdungsanalyse eine Betrugsgefahr real festgestellt wurde. Als Beispiel wären hier neben der Kreditvergabe die erstmalige Versendung von

Debit-Kontokarten an Neueröffnungs-Kunden oder der Eingang von Bewerbungsunterlagen für qualifizierte Positionen im Unternehmen zu nennen.

Gabriel (Gabriel/Scherp, 2014) verdeutlicht die Möglichkeiten eines wenig aufwendigen, aber relativ effektiven Plausibilitäts-Checks am Beispiel des Musters einer zur Kreditgewährung eingereichten Gehaltsabrechnung. Als Prüfinhalte benennt er:

1. Personalnummer – Zwar hat jeder Arbeitgeber eine unterschiedliche Systematik, die bei der prüfenden Stelle nicht unbedingt bekannt sein muss. Auffällig sind jedoch vollständig fehlende Personalnummern oder Personalnummern mit nur einer oder zwei Kennziffern.

2. Eintrittsdatum – Ist der Kunde noch in der Probezeit? Wie lang ist die erkennbare ununterbrochene Beschäftigungszeit? Korreliert das Gehalt mit Beschäftigungsdauer und Stellung im Unternehmen? Stimmen die Eintrittsdaten mit weiteren vorgelegten Urkunden (Zeugnissen etc.) und der darin geschilderten beruflichen Entwicklung überein?

3. Steuerklasse/Kinderfreibetrag – Prüfung der Übereinstimmung mit anderen, weiter vorlegten Unterlagen oder mündlich gemachten Angaben. Eine Gehaltsbescheinigung ohne Eintragung einer Steuerklasse kann es eigentlich nicht geben.

4. Angabe zum Bekenntnis – Auch wenn der Arbeitnehmer keiner Religionsgemeinschaft angehört oder einer solchen, die nicht der Kirchensteuerpflicht unterliegt, ist auf Gehaltsabrechnungen hier eine Merkmalskennung („ohne") vom Arbeitgeber anzugeben.

5. Geburtsdatum – ist regelmäßig in jeder Gehaltsabrechnung enthalten. Eröffnet Überprüfungsmöglichkeiten zu weiteren eingereichten Unterlagen.

6. Sozialversicherungsnummer – enthält das Geburtsdatum und den Anfangsbuchstaben des Geburtsnamens. Bei fehlender oder mangelhafter Plausibilität wäre ein Abgleich mit dem Sozialversicherungsnachweis erforderlich.

7. Bankverbindung und Konto – sind häufig, aber nicht immer auf der Gehaltsabrechnung vorgesehen. Hier Überprüfung, ob die Angaben bei mehreren vorgelegten Abrechnungen durchgängig und gleichlautend erfolgen.

8. Gehaltshöhe und Gehaltsbestandteile – müssen zu Alter, Ausbildung, Betriebszugehörigkeit, Branche und den sonstigen vorgetragenen Lebensumständen passen. Bei der Betragshöhe sollte die Vorlage mehrerer Monatsabrechnungen erfolgen, um Sonderzahlungen wie z. B. Weihnachtsgeld, Urlaubsgeld etc. identifizieren zu können.

9. Jahreswerte – Gehaltsabrechnungen enthalten i. d. R. systembedingt einen kumulierten Monatswert, dessen Übereinstimmung mit dem angeblich vorgelegten Monat der Gehaltsabrechnung zu überprüfen ist.

10. Solidaritätszuschlag – Auch hier erfolgt regelmäßig der Ausweis der Monats- und Jahreswerte durch den Arbeitgeber, sodass die Stimmigkeit überprüft werden kann.

11. Abzüge – Insbesondere Sozialversicherung, Krankenversicherungsbeiträge (gesetzlich/freiwillig) eröffnen die Überprüfung der Stimmigkeit mit den Beitragsbemessungsgrenzen und/oder dem angegebenen Grundgehalt.

Eine Überprüfung der angegebenen Anschrift des Arbeitgebers und ein Abgleich darauf hin, ob die entsprechenden Daten konsistent verwendet werden, sollte darüber hinaus eine Selbstverständlichkeit sein.

Von hohem präventivem Wert ist es auch, sich generell das **Einverständnis** des Kunden oder Bewerbers erteilen zu lassen, die vorgelegten Urkunden beim

Urheber, also vormaligen Arbeitgeber, jetzigen Arbeitgeber, der Hausbank o. Ä., abzuklären. Selbst wenn man über die Einholung von Stichproben hinaus nicht beabsichtigt, vollständige Erhebungen vorzunehmen, lohnt es, die Reaktion des Urkundenbenutzers auf eine solche Anfrage zu testen.

Plausibilitäts-Checks, wie der vorgestellte, lassen sich zu einer Vielzahl von Themen erarbeiten und ausformulieren. Gerade bei sich häufig wiederholenden Vorgängen mit Massencharakter bieten sie eine gute Ergänzung zur Einholung externer Bonitätsdaten wie z. B. Schufa- und Kreditreformauskünften. Auf die rechtlichen Grenzen präventiver Datennutzung (dazu sogleich) muss allerdings auch hier Rücksicht genommen werden.

3.4 KYC-Prinzip

Das Know-your-customer-Prinzip ist nun wirklich nicht neu im Kanon der Präventionsmöglichkeiten und -vorschriften. Dennoch lohnt es, an dieser Stelle noch einmal einen vertieften Blick darauf zu werfen, da es auch als Sicherungsmaßnahme gegen vermögensgefährdende Straftaten von eklatanter Bedeutung ist, wenn es richtig angewendet wird. Das Prinzip geht zurück auf das Papier des Baseler Ausschusses für Bankenaufsicht aus dem Oktober 2001 mit dem Titel „Sorgfaltspflicht der Banken bei der Feststellung der Kundenidentität" und hat sich seitdem in vielerlei Hinsicht weiterentwickelt. Schon damals hieß es im Vorwort:

> *„Die Schutzmechanismen gehen über einfache Kontoeröffnung und das Aufbewahren von Unterlagen hinaus; sie verlangen von den Banken die Formulierung von Regelungen für die Annahme von Kunden sowie ein gestaffeltes System für die Feststellung der Kundenidentität. Dieses System beinhaltet eine umfassendere Sorgfaltspflicht für Geschäftsverbindungen mit höherem Risiko sowie eine aktive Überwachung der Geschäftsverbindungen auf verdächtige Vorgänge."*

Mit dieser Veröffentlichung wurde festgeschrieben, was seitdem als Allgemeinwissen gilt: KYC geht über die bloße Identifizierung im formellen Sinne und auch über die Verifizierung der Identifizierungsdaten im Sinne einer Plausibilitätskontrolle deutlich hinaus.

Die Umschreibung des deutschen Gesetzgebers, wonach Informationen über den Zweck und die angestrebte Art der Geschäftsbeziehung (§ 3 Abs. 1 Ziff. 2 GwG) einzuholen sind, wird ergänzt durch die weitergehende Forderung im Gesetzestext des § 25h KWG, dass durch geeignete Sicherungsmaßnahmen auch der Begünstigung der Anonymität von Geschäftsbeziehungen und Transaktionen vorzubeugen sei. Durch diese beiden Formulierungen wird deutlich, dass Ziel des KYC-Prinzips die umfassende Kenntnis des Kunden und seiner geschäftlichen Verhaltensweisen ist, was im Hinblick auf die Geldwäschebekämpfung die Herkunft der Mittel ebenso einschließt wie im Hinblick auf die Straftatenprävention und die Vorbeugung vor Terrorismusfinanzierung die zukünftige Verwendung der Mittel.

Auf die vielfältigen Möglichkeiten der Verknüpfung verschiedener Datenbanken, insbesondere auch der Nutzung eines Customer-Relationship-Management-Systems (CRM) zur Herstellung eines vollständigen Informationsüberblicks, ist bereits hingewiesen worden.

Zu bedenken ist auch, dass der vollständige Überblick nicht nur der Verdachtsgewinnung im gesetzlich umschriebenen Sinne dient, sondern umgekehrt auch dazu beitragen kann, die Transaktionen des Kunden reibungsloser und ohne Verzögerung abzuwickeln. Wird ein bestimmtes Geschäft, das per definitionem für das regelbasierte System eine Auffälligkeit darstellen kann, im Rahmen des Monitorings als Alert gemeldet, kann umfassende Kundenkenntnis dazu beitragen, das Geschäft als plausibel und im Rahmen der Kundenbeziehung risikolos zu klassifizieren, sodass es ohne Zeitverluste und weitschweifige Untersuchungshandlungen dennoch durchgeführt werden kann.

Ferner wird auch das Management von **indirekten Risiken** durch ein angemessenes KYC ermöglicht. Das Geschäftsgebaren oder die einzelne Transaktion des Kunden mag zwar nicht dazu angetan sein, das Institut direkt durch

Straftaten zu schädigen; sind jedoch Schädigungshandlungen gegenüber Dritten oder weiteren Kunden erkennbar, dient die Prävention zugleich dem Management von Rechtsrisiken und Reputationsrisiken, die auf das Institut zurückschlagen können. Eigene Interessen des Instituts sind z. B. auch dann betroffen, wenn Assets des Kunden Verfall oder Einziehung in Strafverfahren oder OWi-Verfahren drohen oder der Kunde millionenschwere Geldbußen wegen Kartellverstößen, Embargoverstößen oder vergleichbaren Fehlverhaltensweisen fürchten muss, sodass aus Institutssicht Sicherungsmittel für verauslagte Kredite ebenso verloren gehen könnten wie nennenswerte Umsatzeinnahmen aus Transaktionskosten und Margen.

Bei alledem kann es nicht Sinn des KYC-Prinzips sein, die Rechtmäßigkeit des Geschäftsgebarens des Kunden zu überwachen oder für dessen Compliance mit aufsichtsrechtlichen Regeln einzustehen. In einer Reihe von Geschäftsbeziehungen entsteht aber zwischen Institut und Kunde eine solche geschäftliche Nähe, dass die vom Kunden ausgehenden Betrugsrisiken relativ direkt auf das Institut durchschlagen und damit das Schadensrisiko dorthin transportieren. Als Beispiel sei insoweit auf die Auseinandersetzungen in den USA zwischen dem Insolvenzverwalter des Madoff-Vermögens und den ehemaligen Madoff-Banken über die Mitverantwortung der Institute und ihre Möglichkeiten, den Madoff-Betrug viel früher als geschehen aufzuklären, hingewiesen.

Beteiligt sich ein Institut am Vertrieb oder der Auflegung betrügerischer Fonds oder von Anlageformen, die sich letztlich als Schneeballsystem erweisen, wird sich das Institut kritische Fragen zu seiner Kundenkenntnis und den Präventionsvorkehrungen gefallen lassen müssen. Bei der Ausgabe von Akkreditiven oder der Finanzierung von Auslandsgeschäften stellen amerikanische Behörden (z. B. OFAC) schon seit langem die Frage der Mitwisserschaft oder der Erkennbarkeit von Umgehungsgeschäften, die letztlich der Lieferung in sanktionierte Wirtschaftsgebiete dienen.

Die BaFin weist fortlaufend in Rundschreiben auf die Erfüllung von Sorgfaltspflichten bei Transaktionen und Geschäftsbeziehungen mit dem Iran durch

Umgehungsgeschäfte hin – ein Sachverhalt, der die Zurechnungsmöglichkeiten nicht nur im Hinblick auf Geldwäschebekämpfung und Teilnahme an Embargoverstößen verdeutlicht, sondern zugleich den Blick auf das Schadensrisiko des eigenen Instituts aus diesen Vorgängen – nicht selten: sonstige Straftaten – richtet.

Die Grenzziehung, wie weit die jeweilige Kundenkenntnis gehen muss und ab welcher Schwelle eine Wirtschaftsstraftat als solche erkannt werden müsste, bleibt indes schwierig. Sie kann nur im Zuge der individuellen Gefährdungsanalyse und von Fall zu Fall entschieden werden.

Als Faustregel kann gelten: Je spezialisierter das Geschäft und je höher das Geschäftsvolumen, desto intensiver müssen die auf dem KYC beruhenden Kontrollmechanismen ausgeübt werden. Das bedeutet zugleich, umso detailreicher müssen die vorhandenen KYC-Informationen sein.

Methodisch sind damit die aus der Geldwäschebekämpfung bekannten und dort bereits hinlänglich implementierten Regelungen für die Annahme von Kunden, die Vorkehrungen zur Identifizierung der Kunden sowie die Aufbewahrung und Aktualisierung der Identifizierungsdaten ohne Weiteres auf die Kriminalitätsprävention übertragbar. Die Blickrichtung muss allerdings partiell geändert und verschoben werden.

Nicht die ausländische, politisch exponierte Person (§ 6 Abs. 2 Ziff. 1 GwG) stellt im Rahmen der Kriminalprävention die entscheidende Herausforderung für das betroffene Institut dar, sondern beispielsweise Geschäftsmodelle von Kunden, die durch ihre Abwicklung über Institutskonten und -dienstleistungen im Markt ein gewisses Vertrauen des Instituts in Anspruch nehmen. Auch Geschäfts- und Kooperationspartner rücken in den Mittelpunkt des Interesses, die unter Ausnutzung entgegengebrachten Vertrauens vermögensschädigende Absichten gegen das Institut verfolgen. Das KYC-Prinzip muss also durch entsprechende Maßnahmen auf verschiedene Geschäftspartner des Instituts in allen relevanten Liefer- und Leistungsbeziehungen ausgedehnt werden.

Der ursprüngliche Kundenbegriff erfährt damit eine deutliche Erweiterung. Diese scheint jedoch gerechtfertigt, auch im Hinblick auf die Besonderheiten der Korruptionsbekämpfung und die Möglichkeiten der Früherkennung von kollusivem Zusammenwirken risikobehafteter Geschäftspartner und Mitarbeiter des Instituts.

3.5 Integrity-Verträge

In der Industrie wird bei der Umsetzung von Compliance-Programmen mehr und mehr dazu übergegangen, Ethikkodizes und Verhaltensregelungen für eigene Mitarbeiter auch auf die Beziehung zu Lieferanten und Auftraggebern anzuwenden, indem diesen eine Erklärung abverlangt wird, dass sie den Verhaltenskodex des Geschäftspartners anerkennen und zum Bestandteil der vertraglichen Beziehung machen. In **Integritätsverträge** dieser Art fließen dann nicht selten auch weitergehende Anforderungen, die über den Bereich der Straftatenprävention hinausgehen, ein. Dazu zählen insbesondere Bekenntnisse zu Themenbereichen, die der sog. Corporate Social Responsibility zugerechnet werden, AGG-Themen oder Themen wie Umweltschutz und Verbot der Kinderarbeit.

Im Bereich der Korruptionsprävention können solche speziellen Lieferantenkodizes oder gegenseitige Integritätsverpflichtungen ein durchaus sinnvolles Präventionsmittel darstellen, wenn sie mit gegenseitigen Rechten und Pflichten der Vertragsparteien verbunden werden und realistische Kontrollmöglichkeiten beinhalten.

Speziell in der Finanzbranche ist jedoch zu bedenken, dass die Mehrheit der Geschäftspartner (z. B. Produktgeber für den Betrieb von Kapitalanlagen, Fondsgesellschaften usw.) bereits selbst der Kapitalmarktregulierung unterworfen sind. Ob es gegenüber Geschäftspartnern aus ebenfalls regulierten Industrien Sinn macht, weitere eigene Verhaltenskodizes aufzustellen, ist durchaus umstritten.

Übergreifende **Branchen- oder Verbandsstandards** (z. B. Ehrenkodex des Verbands unabhängiger Vermögensverwalter Deutschland e. V. oder Wohlverhaltensregeln des Bundesverbands Investment und Asset Management e. V.) im Einverständnis beider Parteien zur Vertragsgrundlage zu erheben, macht hingegen ohne Weiteres Sinn.

Allerdings sind auch hierbei einige rechtliche Voraussetzungen zu berücksichtigen, da solche Klauseln im Regelfall dann dem Recht der **Allgemeinen Geschäftsbedingungen** (AGB) unterfallen, wenn sie einseitig von einer Vertragspartei verwendet werden. Ein Code of Conduct oder eine Lieferantenklausel ist dann als Allgemeine Geschäftsbedingung einzustufen (§ 305 BGB), wenn sie vorformuliert ist und einseitig dem Vertragspartner auferlegt wird.

Mit der Verwendung von AGB geht die Gefahr einher, Klauseln zu verwenden, die im Nachhinein als unwirksam wegen Benachteiligung des Geschäftspartners und eines Verstoßes gegen Treu und Glauben angesehen werden und dann ggf. das gesamte Vertragswerk infizieren können. Als unwirksam werden z. B. Klauseln angesehen, die im Hinblick auf das äußere Erscheinungsbild und den Vertragsinhalt so ungewöhnlich sind, dass der Vertragspartner des Verwenders nicht mit ihnen zu rechnen braucht. Eine Klausel ist dann als überraschend anzusehen, wenn der Vertragspartner gewissermaßen durch sie überrumpelt wird. Diese Überraschung kann z. B. aus der Einbeziehung von Themen hergeleitet werden, mit denen der Vertragspartner nach Ansicht des Gerichts nicht zu rechnen braucht, da sie weit über den eigentlichen Vertragszweck hinausgehen und für die Regelung z. B. eines Lieferantenverhältnisses und eines Lieferprozesses nicht unbedingt benötigt werden. Solche unwirksamen Klauseln werden nicht Vertragsbestandteil und grundsätzlich bleibt der restliche Vertrag insgesamt wirksam, aber Auswirkungen auf andere Vertragsklauseln im Sinne der zuvor genannten Infizierung sind nicht auszuschließen.

So wird z. B. die Einräumung von Auditierungsklauseln an den Verwender der AGB kritisch gesehen, weil **Auditierungsrechte** von der Rechtsprechung im Regelfall nur anerkannt werden, wenn an den Kontrollen ein durch hinreichende Verdachtsmomente für schwerwiegende Verstöße gerechtfertigtes Interesse besteht und den schutzwürdigen Interessen des Vertragspartners ausreichend Rechnung getragen wird. Auch die Weiterreichung von Untersuchungs- und Ermittlungspflichten bei Dritten, z. B. Subunternehmern, dürfte nicht selten eine überraschende und unverhältnismäßige Klausel darstellen, da sie den Betroffenen zur aktiven Untersuchung fremder Strukturen und Vertriebswege zwingen würde. Die Verpflichtung zur Weitergabe von Informationen wird im Lichte des Datenschutzes Gefahr laufen, als eine den Dritten benachteiligende Klausel angesehen zu werden.

Der gute Wille, der generell in der Verwendung von Integrity-Klauseln zum Ausdruck kommt, läuft also Gefahr, an den strengen Maßstäben des AGB-Rechts zu scheitern.

Erfolgversprechender sind in diesem Zusammenhang individuelle Vereinbarungen für bestimmte Teilbereiche, deren Risikogeneigtheit die Vertragspartner in der Verhandlungsphase erkannt haben. So kann es aus Gründen der **Korruptionsbekämpfung** durchaus Sinn machen, sich gegenseitig zu versichern, dass die Mitarbeiter der jeweils anderen Partei nicht durch persönliche Geschenke, Einladungen oder sonstige Zuwendungen in die Gefahr von Interessenkonflikten gebracht werden sollen und z. B. im Rahmen eines Projektabwicklungsvertrages ganz konkrete Verfahrensweisen und Grenzen für die gegenseitige Bewirtung, Einladungen, Reisekosten etc. festzulegen.

Auch die Erklärung, dass jede Partei über den jeweiligen Verhaltenskodex der Gegenseite informiert wurde und der Gegenpartei die Einhaltung ihres eigenen Kodexes verbindlich zusagt, hat größere Chancen, im Falle eines Verstoßes als rechtswirksam anerkannt zu werden und ebenfalls vereinbarte Sanktionen (z. B. Vertragsstrafen, Vertragsauflösung, Kündigungsklauseln) wirksam werden zu lassen.

4. Präventive Datennutzung und Monitoring

4.1 Datennutzung zu präventiven Zwecken

Auch zu präventiven Zwecken kann die Nutzung umfangreicher Datenbestände, insbesondere Mitarbeiterdaten, in Betracht kommen.

Soweit die Daten bei Auswertungsläufen im Rahmen des Monitorings oder bei gezielten Suchläufen auf Übereinstimmungen in verschiedenen Systemen im Wege des **Datenabgleichs** individualisierbar bleiben, muss ein gesetzlicher Erlaubnistatbestand zur Datennutzung oder die Einwilligung jedes einzelnen Betroffenen vorliegen.

Es ist ersichtlich, dass Methoden des sogenannten Massendatenabgleichs im Rahmen eines Einwilligungsverfahrens nicht durchführbar sind. Ob generelle Einwilligungserklärungen, z. B. im Arbeitsvertrag oder durch Rundschreiben an alle Mitarbeiter, rechtswirksam sind, ist umstritten. Als **Erlaubnisnorm** bleibt daher bei der derzeitigen Rechtslage nur § 28 BDSG, der die Datennutzung u. a. erlaubt zur Durchführung eines rechtsgeschäftlichen Schuldverhältnisses mit dem Betroffenen (also hier dem Arbeitsvertrag) und zur Wahrung berechtigter Interessen des Arbeitgebers, soweit dies erforderlich ist und kein Grund zu der Annahme besteht, dass das schutzwürdige Interesse des Betroffenen an einer Nichtverwendung der Daten überwiegt.

Soweit sich der Datennutzungsvorgang auf die Aufdeckung von Straftaten bezieht, ist allerdings nach der derzeit gültigen Rechtslage das Verhältnis zu § 32 BDSG strittig und ungeklärt. Teilweise wird die Auffassung vertreten, nach der Schaffung von § 32 BDSG seien nur noch Datenabgleiche, Suchläufe und ähnliche Nutzungen erlaubt, die auf der Basis eines Verdachts gegen den Betroffenen beruhen. Jegliche präventive Nutzung ohne Verdacht und Anlass, also sogenannte Datenscreenings, Listenabgleiche oder regel- und typologiebasierte Monitoringverfahren seien mit Einführung dieser Regelung nicht mehr erlaubt.

Demgegenüber vertritt die wohl überwiegende Meinung die Auffassung, § 32 BDSG regele ausschließlich die Datennutzung zu repressiven Zwecken, also der Straftatenermittlung (vgl. dazu ausführlich Teil C). Die Vertreter dieser Auffassung gehen davon aus, dass die Schaffung des § 32 BDSG keinen Einfluss auf **verdachtsunabhängige Kontrollen** habe und schon gar nicht geeignet sei, gesetzlich vorgeschriebene Präventionskontrollen zu verbieten. Dennoch muss in diesem Zusammenhang darauf hingewiesen werden, dass auch die Wahrung berechtigter Interessen bei Vorliegen einer gesetzlichen Untersuchungspflicht den Datennutzer nicht von einer Interessenabwägung gegenüber den schutzwürdigen Interessen des Betroffenen entpflichtet. Gerade bei der Methode des Massendatenabgleichs wird die Begründung der Erforderlichkeit bereits zu einer erhöhten Darlegungslast aufseiten des Datennutzers führen, da auch die Treffer eines solchen Datenabgleichs zunächst allenfalls Indizien für eine Auffälligkeit hervorbringen, jedoch keine Aufgreifkriterien oder Beweismittel für das Vorliegen einer Straftat zum Nachteil des Instituts bereitstellen.

Die bei der Güterabwägung zu stellende Frage lautet also, ob es keine anderen Mittel der Erkenntnis- bzw. Verdachtsgewinnung gibt, die die Schutzrechte der Betroffenen weniger beeinträchtigen. Oder umgekehrt formuliert: ob die mit dem Datenlauf zu gewinnenden Erkenntnisse wirklich von so großem Wert und so hoher Relevanz sind, dass sie die schutzwürdigen Interessen der Betroffenen deutlich überwiegen.

Im Falle der Geldwäschebekämpfung ist die Wertung des Gesetzgebers zu diesen Fragen deutlich: Der Zweck, Geldwäsche oder Terrorismusfinanzierung aufzudecken und der Verdachtsmeldung, zu der ja eine Pflicht besteht, zuzuführen, überwiegt die schutzwürdigen Belange des Betroffenen. Anders lässt sich die Kombination aus Pflicht zum IT-gestützten Monitoring in § 25h Abs. 2 KWG (nur für Kreditinstitute) und der Meldepflicht aus § 11 GwG (für alle Verpflichteten) nicht auslegen. Die Beschränkung der Pflicht zur Einführung von Datenverarbeitungssystemen auf Kreditinstitute lässt aber umgekehrt den Rückschluss zu, dass anderen Instituten durchaus Möglichkeiten zugestanden werden, auch ohne Datenverarbeitungssystem und IT-Unterstützung ein Sicherungssystem zu schaffen und die erforderlichen Nachforschungen anzustellen. Für die Zwecke der Kriminalprävention lässt sich mithin aus dem Gesetzeszusammenhang eine Erforderlichkeit der Datennutzung bei anderen Instituten als Kreditinstituten nicht direkt herleiten. Die Erforderlichkeit muss für jeden Einzelakt der Datennutzung entsprechend begründet werden.

Unbenommen bleibt die Nutzung anonymisierter Daten für präventive Datenabgleiche, da ein Eingriff in schutzwürdige Interessen eines Betroffenen erst mit der Zuordnung der Daten zur Einzelperson vorliegt. Datenabgleiche, um System-Schwachstellen aufzudecken oder Prozesse auf ihre Stimmigkeit und Prozessfehler zu untersuchen, bleiben also erlaubt.

Sollen im Verlaufe der weiteren Untersuchung die Daten dann repersonalisiert werden, müssten allerdings nach derzeitiger Rechtslage entweder ein Straftatenverdacht im Sinne des § 32 BDSG oder ein anderer wichtiger Grund der Wahrung berechtigter Interessen (z. B. Churning-Kontrolle, Kontrolle der Einhaltung anderer, nicht strafbewehrter MiFID-Regeln, Kontrollen bezüglich aufsichtsrechtlicher Reporting-Regeln usw.) vorliegen.

Für Bewerbungssituationen gilt der Grundsatz, dass Beschäftigtendaten unmittelbar bei dem Bewerber zu erheben sind und allgemein zugängliche Daten ohne Mitwirkung des Bewerbers nur erhoben werden dürfen, wenn der Arbeitgeber zuvor hierauf hingewiesen hat und auch nur, wenn nicht das schutzwürdige Interesse des Bewerbers an einem Ausschluss der Datenerhebung überwiegt. Bei Daten aus sozialen Netzwerken, die der elektronischen Kommunikation dienen, überwiegt laut Gesetzestext das schutzwürdige Interesse des Beschäftigten. Das heißt, diese Daten dürften nicht einmal nach Erteilung eines entsprechenden Hinweises „ohne Mitwirkung" des Bewerbers erhoben werden. Laut Gesetzestext soll dies nicht für soziale Netzwerke gelten, die zur Darstellung der beruflichen Qualifikation ihrer Mitglieder bestimmt sind. Mit Einwilligung des Bewerbers darf der Arbeitgeber aber auch bei sonstigen Dritten personenbezogene Daten erheben.

4.2 Monitoring

Das Gesetz verlangt in § 25h Abs. 2 KWG lediglich von Kreditinstituten das Betreiben von Datenverarbeitungssystemen, die der Überwachung des Zahlungsverkehrs dienen und ein Herunterbrechen auf die einzelne Transaktion und die einzelne Geschäftsbeziehung sowie die darin zutage tretenden Auffälligkeiten ermöglicht.

Wie im Kapitel zuvor dargestellt, sollen diese automatisierten Suchläufe, die in der Vergangenheit bisweilen mit dem politisch negativ besetzten Begriff der Rasterfahndung bezeichnet wurden, auch aus der Sicht des Datenschutzes rechtlich zulässige Standardmaßnahmen darstellen.

Der früher häufig verwandte Begriff des „Research" ist inzwischen dem im anglo-amerikanischen Sprachraum üblichen Begriff des Monitorings gewichen, welches nicht nur die Überwachung einer bereits als auffällig identifizierten Geschäftsbeziehung, sondern auch die regelbasierte Suche im massenhaften Transaktionsdatenverkehr bezeichnet.

Kreditinstitute, die von der IT-gestützten Monitoringpflicht im Rahmen der Straftatenprävention betroffen sind, werden zumeist bereits über ein entsprechendes System zum Geldwäschemonitoring verfügen und daher in der Lage sein, durch Anpassung des Regelsets an Bedürfnisse der Kriminalitätsprävention oder durch Implementierung eines weiteren spezifischen Betrugspräventions-Moduls das vorhandene System so zu erweitern, dass sie den Anforderungen Folge leisten können.

Institute, die nicht Kreditinstitute sind, jedoch Zahlungsverkehr betreiben, sind aufgefordert, intensiv zu analysieren, ob ohne unterstützendes Datenverarbeitungssystem eine hinreichende Überprüfungsdichte gewährleistet ist und ggf. ab welcher Größenordnung auf IT-Unterstützung nicht mehr verzichtet werden kann.

Wird eine IT-Lösung in Betracht gezogen, sollte diese, gerade bei Neuanschaffungen, in den Gesamtzusammenhang einer Compliance-Strategie gerückt werden. Eine Vielzahl von grundlegenden Daten, die für die Geldwäschebekämpfung (Kundenannahmeprozess, Identifizierungsdaten) und die Compliance (z. B. WpHG-Bogen, Watchlists, Market-abuse-Monitoring usw.) Verwendung finden, bieten die Chance, ein integriertes Gesamtbild zu entwerfen und einem risikobasierten Untersuchungsprozess zuzuführen. Werden diese Prozesse noch mit den ebenfalls zumeist automatisierten internen Reportingprozessen und externen Meldepflichten kombiniert, entsteht die Möglichkeit, erhöhte Effektivität und Effizienz zu schaffen und langfristig das Risiko von Non-Compliance deutlich zu verringern.

Hier gilt, dass prozessorientierte, konfigurierbare und skalierbare „übergeordnete" Compliance-Systeme helfen, Mehrfachaufwendungen zu vermeiden und gleichzeitig die komplexen Anforderungen des § 25h KWG abzudecken. Ziel ist die systematische und kontinuierliche Überwachung aller relevanten Risiken durch Erfassung von aktuellen aufsichtsrechtlichen und gesetzlichen Normen, relevanten Prüfungsverordnungen, eigenen, geschäftsrelevanten Checklisten sowie umfangreichen Typologien und Risikoszenarien.

Die Feinjustierung der entsprechenden Regeln und Modelle bleibt in diesem Zusammenhang die größte Herausforderung, die nur im Rahmen langjähriger Erfahrung und stetiger Verbesserung des Regelwerks zu bewerkstelligen ist.

Die hohe Anzahl an **Falschmeldungen** (sog. False Positives) und die geringe Treffergenauigkeit regelbasierter Typologien, ohne das Korrektiv erfahrungsbasierter menschlicher Überprüfung, hat allerdings auch beim Gesetzgeber bereits zu einer gewissen Ernüchterung geführt:

> *„Bloße Warnmeldungen durch ein aufgrund der Verpflichtungen des Abs. 2 eingesetztes technisches Monitoring-System sind hingegen aufgrund der Breite und Fehleranfälligkeit der verwendeten Parameter und „Scores" ohne weitere Abklärung des Fachpersonals des Instituts noch nicht per se auffällig oder ungewöhnlich" (BR-Drs. 482/10, S. 102).*

Allerdings wird in diesem Zusammenhang auch klargestellt, dass die alleinige Einführung eines IT-gestützten Monitoring-Systems der gesetzlichen Untersuchungspflicht nicht Genüge tut. Ausdrücklich wird darauf hingewiesen, dass die bisherige Regelung bei den Adressaten den falschen Eindruck erweckt habe, dass ein Institut nur diejenigen Transaktionen aktiv zu prüfen hat, die aufgrund des Einsatzes von Monitoring-Systemen als auffällig in der EDV-gestützten Untersuchung im System festgestellt worden sind.

Insoweit muss der Einführung von Datenverarbeitungssystemen zum Zwecke des Monitorings nicht nur ein geordneter und durchdachter Untersuchungsprozess hinsichtlich der systemseitig generierten Treffer folgen, sondern auch eine Systematik zur Seite gestellt werden, die eine Erkennung von Ungereimtheiten, Auffälligkeiten und Besonderheiten außerhalb der Datenverarbeitungsprozesse gewährleistet.

D Ermittlungen

1. Interne Ermittlungen

§ 25h Abs. 3 KWG schreibt vor, dass jeder Sachverhalt, der sich im Rahmen des Tagesgeschäfts oder des Monitorings als zweifelhaft oder ungewöhnlich herausgestellt hat, vom Institut zu untersuchen sei. Ziel der **Untersuchung** soll sein, das Risiko der jeweiligen Geschäftsbeziehung oder Transaktion zu überwachen, einzuschätzen und die Erstattung einer Strafanzeige gem. § 158 StPO prüfen zu können.

Wie bereits im Teil A dargestellt, ist damit eine Pflicht zur Erstattung von Strafanzeigen nicht verbunden, jedoch die Pflicht, den Sachverhalt zu ermitteln, und zwar dergestalt, dass die Entscheidung, ob eine Strafanzeige erstattet werden soll oder sonstige Maßnahmen zur Schadensbegrenzung, zur Schadensregulierung oder zur Vermeidung weiterer ähnlicher Konstellationen in der Zukunft ergriffen werden müssen, auf der Basis hinreichender Sachverhaltskenntnis getroffen werden kann. Die interne Ermittlung dient also der **Sachverhaltsaufklärung**. Sie ist insofern konkret und individuell – das Gesetz spricht von Geschäftsbeziehungen und einzelnen Transaktionen – und daher abzugrenzen von abstrakten und generellen Maßnahmen, die der Prävention zuzurechnen sind und im Rahmen der präventiven Kontrolltätigkeiten der Verdachtsgewinnung dienen.

Die verwendeten Begriffe in der Literatur sind vielfältig. Man mag von „Internal Investigations“, internen Ermittlungen oder Sonderuntersuchungen sprechen oder die Tätigkeit „Erhebung“ nennen, wie es die Bundesrechtsanwaltskammer tut, um die Recherchen von staatlichen Ermittlungen abzugrenzen. Gemeint ist inhaltlich letztlich immer der Vorgang der unternehmensinternen Sachverhaltsaufklärung.

Wir verbleiben vorliegend bei dem Sammelbegriff der „Ermittlungen“, weil er am ehesten ein methodisch hinreichend erkundetes Feld umschreibt, auf das sich der vom Unternehmen beauftragte „Ermittlungsführer" mit seiner Vorgehensweise begeben sollte.

Ermittlungen können personenbezogen oder fallbezogen geführt werden, jedenfalls aber immer im Hinblick auf konkrete Geschehnisse. Im Gegensatz dazu dienen Datenanalysen im Bereich des Monitorings vornehmlich dem Ziel, individuelle Sachverhalte erst zu identifizieren, denen dann im Wege der Nachforschung, der Sonderuntersuchung oder einer umfassenden internen Ermittlung nachgegangen wird. Die Einrichtung einer Whistleblowing-Hotline oder die Entgegennahme von Hinweisen durch den Ombudsmann sind ebenfalls keine Instrumente der internen Ermittlungen, sondern abstrakt-generelle Präventionsmethoden, aus denen sich Einzelsachverhalte erst ergeben können.

Den früher im Zusammenhang mit IT-unterstützten Datenscreenings (insoweit falsch) gebrauchten Begriff des „Research" verstehen wir hier ebenfalls als allgemeine Präventionsmaßnahme: Research ist z. B. Teil des KYC-Prinzips, wenn öffentlich zugängliche Datenquellen ausgewertet werden, um Erkenntnisse über einen einzelnen Kunden oder ein einzelnes angetragenes Geschäft (z. B. ein Projekt) zu erlangen. Insoweit ist **Research** eine Form des Wissensmanagements: möglichst alle im Einzelfall verfügbaren Daten zu erlangen.

Ferner kann „Research" eine allgemeine Auswertungsmaßnahme sein: z. B. bestimmte Quellen aus Presse, Informationsblättern, behördlichen Veröffentlichungen etc. auf relevante Fallkonstruktionen zu durchsuchen, um anschließend festzustellen, ob es Betroffenheit auch im eigenen Haus gibt. Diese Kontrolle kann sich auf einzelne Kunden, aber auch auf die generelle Frage beziehen, ob solche Fallkonstellationen auch hier vorkommen können und daher ins Risiko-Erkennungsraster aufzunehmen sind.

Schließlich ist „Research" eine Ermittlungsmethode; im konkreten Untersuchungsfall soll ermittelt werden, wo der Täter oder die Tätergruppe bereits außerhalb des Unternehmens Spuren hinterlassen hat. Sind Profile in sogenannten sozialen Netzwerken eingestellt? Gibt es (frühere) Firmen-Auftritte im Netz? Sind die bekannten Personen bereits früher in Erscheinung getreten? Wenn ja, wie ...? Oft lassen solche Spuren auf weitere Tatbeteiligte, aber auch auf frühere Weggefährten des Täters schließen, von denen wertvolle Auskünfte zu erlangen sein könnten.

In der Fachliteratur werden die unterschiedlichen Zielsetzungen und damit einhergehenden differenzierten Anwendungsmethoden der jeweiligen Maßnahme häufig nicht genügend unterschieden. Viele Maßnahmen sind sowohl im Präventivbereich als auch als konkreter Untersuchungsschritt anwendbar; eine Differenzierung ist dennoch erforderlich, da die rechtlichen Voraussetzungen selten gleich sind und die Ergebnisse in beiden Bereichen unterschiedlichen Wertigkeiten unterliegen.

Da es bei einer Ermittlung immer um einen konkret umrissenen Verdachtssachverhalt geht, ist z. B. die Aussage, eine Sonderuntersuchung und eine Compliance-Systemprüfung seien einander ähnlich (DAI, 2010, Ziff. 3.2.4), ein Fehlschluss. Das Gegenteil ist der Fall: Nur weil die Methodik sich in Teilbereichen ähnelt, sind die Ziele noch lange nicht dieselben. Strafbare Handlungen, die zu einer Gefährdung des Vermögens des Instituts führen können, können zwar von mehreren Tätern gemeinsam und in einer Vielzahl von Fällen ausgeführt worden sein, als Gegenstand einer internen Ermittlung bleiben sie jedoch immer nach Zeit, Ort, Begehungsweise und Tatverdächtigem im Einzelfall bestimmbar. Anders kann eine Tat nicht ausermittelt, eine Strafanzeige nicht qualifiziert abgefasst werden.

Prozesse hingegen betreffen Arbeitsabläufe, systematische Vorgänge und Vorgehensweisen und sind auf eine Vielzahl nicht individualisierter Vorgänge in der Organisation bezogen. Wer dies untersucht, muss sich sehr wohl ein Bild über die Geschäftsabläufe machen (DAI, 2010, Abschnitt 6.1) und kann sicherlich „möglichst viele Prüfer über einen möglichst langen Zeitraum beschäftigen" (DAI, 2010, ebenda, S. 64) – die Begehung einzelner Taten, die Erfüllung einzelner Tatbestände, seien es Straftaten, Ordnungswidrigkeiten oder unerlaubte Handlungen des Zivilrechts, wird er so nicht aufklären. Dies ist auch der Grund für das nicht seltene Scheitern von Wirtschaftsprüfern mit ihrer „forensischen" Untersuchungsmethodik an der Herausforderung der im Einzelfall juristisch verwertbaren Sachverhaltsaufklärung.

Die revisorisch geprägte Methodik der **forensischen Wirtschaftsprüfung** erbringt gute Ergebnisse bei der Ermittlung von Systemfehlern, Systembrüchen und der Nutzung von Systemlücken durch den Täter. Mangels kriminalistischer Methodik scheitert sie jedoch oft an der Aufklärung des Einzelfalls.

Natürlich wird sich an eine Sonderuntersuchung des Einzelfalls häufig eine System-Prüfung anschließen müssen, um sicherzustellen, ob nicht eine Vielzahl von Einzelfällen das System ad absurdum führen oder im Hinblick auf Systemlücken das Risiko von Wiederholungsfällen durch andere Täter besteht. Aber dies ist ein zweiter, unabhängiger Prüfschritt, dessen Ergebnisse zurückführen in die Welt der Prävention – der Kontrollsysteme, der Monitoringmethoden und der Verdachtsgewinnung.

Interne Ermittlungen in dem hier verstandenen Sinne dienen der Tataufklärung. Diese kann durch die Methoden der forensischen Wirtschaftsprüfung unterstützt und vorangetrieben werden, muss aber zugleich darüber hinausgehen, wenn die rechtlich verwertbare Aufklärung des Einzelfalls Ziel der Untersuchung sein soll.

Gewisse Überschneidungen und Synergien gibt es, wenn sich schon die Verdachtssituation auf eine Vielzahl von Einzelfällen richtet, wie dies z. B. bei den großen Korruptionsskandalen der jüngsten Vergangenheit mit jeweils einer Vielzahl von betroffenen Mitarbeitern, einer Vielzahl von betroffenen Tochter- und Landesgesellschaften der Unternehmen und einer Vielzahl mutmaßlicher Bestechungszahlungen in einer Vielzahl von Projekten der Fall war. Hier hat die **systemische Prüfung** ihre Berechtigung, denn sie kann Aufgreifkriterien liefern für die Verdachtsfindung in einzelnen Unternehmensbereichen, anderen Ländern oder ähnlichen Projekten. Die Aufklärung eines systemischen Versagens ist dann Ausgangspunkt für die Einzelfalluntersuchung und kann im Wege der Gesamtschau für die Zurechnung eines Organisationsverschuldens gewertet werden.

Die Aufklärung des Einzelfalles durch Zurechnung individueller Tathandlungen (auch wenn es viele sind) hat dann wieder mit kriminalistisch-juristischer Methodik zu erfolgen und gehört nach der hier gewählten Darstellungssystematik in den Bereich der reaktiven Straftatenbekämpfung, während die Methodik von Systemprüfungen den präventiven Konzepten zugerechnet wird.

Daraus ergibt sich, dass jede interne Ermittlung ein konkret festgelegtes und klar umrissenes Ziel braucht. Dieses Ziel sollte schriftlich festgelegt und im Verlauf der Untersuchung immer wieder überprüft, wenn nicht sogar infrage gestellt werden. Das zunächst formulierte Untersuchungsziel ist Ausgangspunkt der Planung einer internen Ermittlung.

1.1 Festlegung des Untersuchungsziels und Planung

Untersuchungsziele können so vielgestaltig sein, wie die Lebenssachverhalte, die zu einem Schaden oder der Tathandlung geführt haben. Ein Beispiel mag dies verdeutlichen:

Im Controlling des Instituts wird festgestellt, dass auf einem bestimmten Konto, das eigentlich nur Zahlungseingängen dient, über einen längeren Zeitraum unkontrollierte Abflüsse durch Lastschriften eines zunächst nicht näher definierten Geschäftspartners vorgekommen sind. Ein verantwortlicher Unternehmensbereich kann nicht festgestellt werden, ein Betreuer oder Kontakt des angeblichen Geschäftspartners erscheint nicht ersichtlich, die auf den Lastschriften angegebenen Rechnungsnummern sind nicht zuzuordnen. Fest steht nur: Die Lastschriften sind gebucht, die Gelder sind abgeflossen, das (erste) Empfängerkonto ist bekannt. Die grundsätzliche Fragestellung wird nun lauten: Wer hat die Abflüsse (Lastschriften) auf Konto-Nr. 12345 zu verantworten? Hieran schließen sich eine Reihe von Folgefragen an:

- Wer hat die Lastschriften veranlasst?
- Gibt es nachvollziehbare (Rechts-)Gründe für die Abflüsse?
- Gibt es interne Beteiligte?
- Gibt es ein kollusives Zusammenwirken interner Beteiligter (fahrlässig oder vorsätzlich) mit dem Empfänger der Lastschrift-Zahlungen?
- Wer ist Anspruchs-Verpflichteter für eine Asset-Recovery oder für Schadensersatzansprüche?

Erfüllt der Vorgang zureichende tatsächliche Anhaltspunkte für die Begehung von:

- strafbaren Handlungen?
- Ordnungswidrigkeiten?
- schadensersatzauslösenden Verhaltensweisen?
- Verstößen gegen interne Verfahrensregeln?

Ist ein Teil der genannten Fragen geklärt, werden neue Fragestellungen in die Zielformulierung aufgenommen werden müssen, andere können gegebenenfalls entfallen:

- Gibt es weitere Anspruchsverpflichtete (z. B. Mittäter, Tatbeteiligte, Begünstigte, Geldwäscher usw.)?
- An welcher Stelle im System, in welchem Prozessablauf konnte dem Täter der Angriff gelingen?

- Gibt es Anhaltspunkte für weitere, ähnliche Tathandlungen anderer Täter?

- Wieso wurde die Tat erst nach geraumer Zeit und der Durchführung mehrerer Einzelhandlungen entdeckt?

- Welche Änderungen bei den Abläufen und im Kontrollsystem sind geeignet, zukünftig gleichartige Fälle zu vermeiden?

Man sieht, die Untersuchungsziele werden im Verlauf der Untersuchung variieren und sich verändern. Eine fortlaufende **Anpassung der Ziele** bei komplexen Sachverhalten ist ebenso geboten wie die konsequente Vernachlässigung von Nebenschauplätzen, um das eigentliche Untersuchungsziel nicht aus dem Auge zu verlieren oder zu verwässern. Was dem eigentlichen Untersuchungsziel nicht dient, sollte konsequent vermieden werden, um Ressourcen zu schonen. Das Untersuchungsziel ist im Zuge fortschreitender Erkenntnisgewinnung daraufhin zu hinterfragen, ob es noch richtig formuliert und weder zu eng noch zu weit gesteckt ist.

Die Formulierung des Ziels darf nicht zu einer Vorab-Festlegung auf bestimmte Untersuchungsergebnisse führen. Ohne hinreichende **Priorisierung** besteht die Gefahr, eine Untersuchung „kaputt zu ermitteln“, sei es durch das Abdriften auf ausufernde Nebenschauplätze, sei es durch vorauseilende Blickverengung („Die Schadenshöhe ist egal, wir brauchen nur einen Kündigungsgrund.“).

Aus der richtigen Zielformulierung lassen sich dann auch Rückschlüsse auf die anzuwendenden Methoden und damit die Planung der Untersuchung ziehen. Die Fragestellungen zu unserem obigen Beispiel können lauten:

- Welche Dokumente könnten die Geschäftsbeziehung zu dem Auftraggeber der Lastschriften beweisen und die einzelnen Verfügungen mit einem Rechtsgrund unterlegen?

- Welche Mitarbeiter haben oder hatten Kontakt zu dem Auftraggeber der Lastschriften? Sind zu den Lastschriften entsprechende Rechnungen eingegangen und wo wurden sie bearbeitet? Wer im Institut kennt den Vorgang und hatte damit Berührung?

Die Methoden, die sich zunächst aufdrängen, sind also die Dokumentenanalyse (Rechnungen, Verträge etc.) und die Befragung von Mitarbeitern, die den Auftraggeber der Lastschriften kennen könnten. Zu beachten ist aber, dass das „Nichts" nicht zu beweisen ist. Die Suche muss also einem „Etwas" gelten, einem nachvollziehbaren Sachverhalt und kann sich nicht darauf kaprizieren, „zu beweisen", dass ein Vertragsverhältnis nie bestanden hat und Rechnungen des Lastschriftenstellers nie eingegangen sind. Wer versucht, diese Form des Negativbeweises zu erbringen, wird im Nirwana der verschiedenen Möglichkeiten enden und spätestens an der Frage „können Sie ausschließen, dass ...?", die geschickte Verteidiger so gerne stellen, scheitern. Man kann natürlich nicht ausschließen, dass ein Mitarbeiter, der das Unternehmen schon lange wieder verlassen hat, vor geraumer Zeit doch einen Vertrag mit dem Auftraggeber der Lastschriften geschlossen hat, diesen weder ordnungsgemäß durch die Genehmigungsprozesse gebracht noch in den Unternehmenssystemen dokumentiert hat und dass alle Rechnungen des Lastschriftenstellers auf dem Postweg verloren gegangen oder in einer schlampigen Buchhaltung an falscher Stelle abgelegt worden sind.

Mit solchen Negativ-Fragestellungen lässt sich nicht arbeiten, da keine Beweismittel vorhanden sind, die für oder gegen die Wahrscheinlichkeit solcher Sachverhaltsmöglichkeiten sprechen. Beweisbar ist im vorliegenden Fall sicherlich, wie die Prozesse im Unternehmen normalerweise laufen, die zur Erteilung von Lastschriftermächtigungen führen. Außerdem ist beweisbar, wie mit der ordnungsgemäßen Behandlung von Geschäftsbeziehungen vom Vertragsschluss bis zur Rechnungsbezahlung umgegangen wird. Der Nachweis standardisierter Prozesse, die grundsätzlich eingehalten werden, erbringt jedoch nicht den letzten Beweis, dass es im vorliegenden Fall keine Abweichungen und Ausnahmen gegeben haben könnte. Sie liefert allenfalls Anhaltspunkte und hat eine Indizienwirkung, dass ein Fall mit so vielen Abweichungen, Systembrüchen und Verstößen gegen interne Regeln eher unwahrscheinlich sein dürfte.

In jeder Investigation ist zu berücksichtigen, dass es in der Unternehmenswirklichkeit in aller Regel zwei Arten von Prozessen gibt: die schriftlich fixierten und die tatsächlich gelebten. Die schriftlich fixierten Prozesse stellen dar, wie der Vorgang eigentlich aussehen und ablaufen sollte. Sie können aus dem Blickwinkel der juristischen Aufarbeitung eines Vorfalles als starkes Indiz dafür dienen, dass Abläufe tatsächlich wie beschrieben funktionieren und die Anordnungslage, an die Mitarbeiter sich eigentlich zu halten haben, beschreiben. Voraussetzung hierfür ist aber die ständige Aktualität der schriftlich fixierten Ordnung.

Die **tatsächlichen Prozesse**, also Abweichungen von der SFO (schriftlich fixierte Ordnung), müssen aber ebenfalls ermittelt und dokumentiert werden. Zum einen ergeben sich hieraus Hinweise auf mögliche Compliance-Verstöße (oder auch die Entlastung von Mitarbeitern, die nur das getan haben, was im Unternehmen trotz anderer schriftlicher Anordnung übliche, geduldete oder sogar erwünschte Praxis war). Andererseits müssen die tatsächlichen Prozesse zur Überprüfung der Stärke oder Schwäche der eigenen Rechtsposition vor dem Ergreifen rechtlicher Maßnahmen festgestellt und bewertet werden. Man sollte nicht dem Irrglauben verfallen, der Verteidiger eines Verdächtigen sei nicht in der Lage, die Differenz zwischen schriftlich fixierter Ordnung und tatsächlicher Unordnung herauszuarbeiten und in ein schlagkräftiges Verteidigungsargument umzumünzen.

Fast jeder größere Betrugs- oder Untreuefall geht inzwischen mit der gerichtlichen Feststellung einher, unklare Prozesse oder mangelnde Kontrollen hätten es dem Täter leicht gemacht, den Taterfolg herbeizuführen. Über den Wahrheitsgehalt solcher Feststellungen und die Sinnhaftigkeit der daraus oft geschlussfolgerten Milderungsgründe für den Täter mag man im Einzelfall streiten, auf das Argument sollte man durch sorgfältige Zielführung und Planung der Investigation in jedem Fall vorbereitet sein.

Ebenfalls in die Zielformulierung mit einzubeziehen ist bereits die Frage, ob geeignete **Beweismittel** überhaupt zur Verfügung stehen können. Ob die Beweismittel dann tatsächlich den Beweis für oder gegen etwas erbringen, ist Frage der Untersuchung selbst. Unter der Fragestellung „Was ist wichtig?“ ist aber bereits vorausschauend zu prognostizieren, ob überhaupt ein Ergebnis erzielt, ein Untersuchungsziel erreicht werden kann. Welche Dokumente (elektronisch oder physisch) können Aufschluss geben über den Vorgang? Wo sind sie und wer ist Inhaber der Dokumente im datenschutzrechtlichen Sinne? Welche Personen können Aufschluss geben? Sind sie nach vorläufiger Bewertung Zeugen oder schon Verdächtige? Solche Fragestellungen geben Aufschluss über den voraussichtlichen Umfang der Untersuchung und helfen, das Untersuchungsziel konkreter zu umreißen.

Wird das Untersuchungsziel auch im späteren Ergreifen juristischer Maßnahmen – sei es Strafanzeige oder Zivilprozess – gesehen, stellt sich auch sehr früh die Frage nach der rechtlichen **Verwertbarkeit** von vorhandenen Beweismitteln. Das schönste Beweismittel ist nichts wert, wenn es vor Gericht nicht verwendet werden kann. Die gesamte Untersuchung kann durch berechtigte oder unberechtigte Skandalisierung der Beweiserhebung in ihr Gegenteil verkehrt werden.

Untersuchungsmethoden, wie die im Falle der HSH Nordbank angewandten, bei denen zwischen echten und fingierten Beweisen, zwischen gefundenen und untergeschobenen Indizien, zwischen Sachverhaltsaufklärung und Sachverhaltsverschleierung nicht mehr unterschieden werden kann, erzeugen einen Reputationsschaden – egal, wie die Sache am Ende ausgeht. Die Anwendung unlauterer Ermittlungsmethoden diskreditiert das Mittel der internen Ermittlung nachhaltig und hat Auswirkungen über den Einzelfall hinaus.

Für die Formulierung des Untersuchungsziels bedeutet das, dass Objektivität und Neutralität unabdingbare Voraussetzungen jeder internen Ermittlung sind (Hartung/von Hehn, 2010). Diese sollten in der Formulierung des Untersuchungsziels repräsentiert sein.

Als Vorbild für die interne Ermittlung und ihr Ziel kann hier die gesetzliche Beschreibung der staatsanwaltlichen Aufgabe im Ermittlungsverfahren in § 160 Abs. 2 StPO dienen. Umformuliert auf den Gegenstand einer unternehmensinternen Untersuchung würde sie sinngemäß lauten:

Die interne Ermittlung hat nicht nur die zur Belastung, sondern auch die zur Entlastung dienenden Umstände zu ermitteln und für die Erhebung der Beweise Sorge zu tragen.

Hierfür ist, ebenso wie für die Planung einer internen Ermittlung, kriminalistische und juristische Erfahrung vonnöten. Revisorische Prüfungserfahrung sollte ergänzend bereitstehen bzw. von Anfang an in den Untersuchungsprozess integriert werden.

1.2 Organisation interner Ermittlungen und externer Unterstützung

Organisatorischer Ausgangspunkt der **Planung** einer internen Ermittlung ist zuvorderst die Frage, welche Organisationseinheit die Untersuchung durchführen soll. In fast jedem Unternehmen kommen hier gleichberechtigt die interne Revision, die Compliance-Stelle, der Geldwäschebeauftragte, aber auch die Rechtsabteilung oder eine speziell zu bildende Projekt-Organisation in Betracht. § 25h KWG weist für den hier relevanten Bereich diese Aufgabe der zentralen Stelle im Institut für die Bekämpfung der sonstigen strafbaren Handlungen zu. Hier wäre nach dem Gesetzeszusammenhang im Regelfall auch die Untersuchungspflicht zu erfüllen, wobei Ausnahmen im Hinblick auf fachliche Kompetenzen oder Kapazitätsfragen möglich bleiben müssen.

Schließlich ist eine vollständige **Vergabe** der Untersuchung nach außen, an Rechtsanwälte oder Wirtschaftsprüfer in Erwägung zu ziehen. Die genannten internen Organisationseinheiten sind dann in der Regel auf die Zulieferung interner Informationen, die Schaffung von Zugängen und andere organisatorische Hilfsmaßnahmen reduziert, wenn sie nicht gleichberechtigt die Federführung (z. B. die Rechtsabteilung gegenüber den Anwälten) oder die „Kontrolle der Kontrolleure" übernehmen.

In bedeutenden Fällen wird die Einsetzung eines Lenkungsausschusses, der unternehmensintern ranghoch und neutral besetzt sein muss (Geschäftsleitungsmitglied, Chefsyndikus, Chief Compliance Officer usw.), die beste Methode sein, Friktionen zu vermeiden und einen geordneten Gang der Untersuchung zu gewährleisten. Vorrangiges Kriterium, auch bei der Beauftragung externer Untersuchungsführer, ist die Wahrung der **Objektivität der Untersuchung** (Hartung/von Hehn, 2010). Weitere Vorteile bestehen darin, dass auf Investigations spezialisierte Dienstleister häufig über mehr Erfahrung und die notwendigen Ressourcen verfügen, die ein schnelles Erreichen des Untersuchungszieles gewährleisten, ohne interne Abläufe und das Tagesgeschäft zu sehr zu belasten.

Als Nachteile fallen neben der Kostenseite nicht selten die Unruhe, die solche extern vergebenen Untersuchungsaufträge im Unternehmen auslösen, die Verunsicherung der Mitarbeiter und die mögliche mediale Aufmerksamkeit, die solche Beauftragungen auslösen können, ins Gewicht. Diese Nachteile sind aber durch eine geeignete Kommunikationsstrategie sowohl nach innen als nach außen auszugleichen und dürften in aller Regel durch das erhöhte Maß an Glaubwürdigkeit der Untersuchungsergebnisse, die gegebenenfalls Aufsichtsbehörden oder Ermittlungsbehörden zu präsentieren sind, mehr als ausgeglichen werden.

Nur wenn das Institut selbst über erfahrene und mit Ermittlungen vertraute Spezialisten verfügt, vielleicht sogar eine Größenordnung erreicht hat, in der es sich die dauernde Einrichtung einer solchen Einheit für Sonderuntersuchungen im Rahmen von Compliance oder der internen Revision erlauben kann, ist die vollständig interne Ermittlung möglicherweise die bessere Wahl.

Geht es um strafrechtlich relevante oder bankaufsichtsrechtlich brisante Sachverhalte, ist aber auch das nur bei externen Anwälten und Wirtschaftsprüfern anerkannte Schweigerecht aus dem Mandatsprivileg zu berücksichtigen. Nach einer neueren Entscheidung des EuGH vom 14.09.2010 (Az.: C-550/07 P, CCZ, 2010, S. 233) soll der Vertraulichkeitsschutz zwischen dem internen

(Syndikus-) Anwalt und dem Unternehmen nicht bestehen. Nicht-juristische Mitarbeiter einer Revision oder Compliance-Stelle genießen nach der deutschen Strafprozessordnung ohnehin keine Schweigerechte und keinen Beschlagnahmeschutz.

Will sich das Institut die Freiheit bewahren, die Untersuchungsergebnisse möglicherweise nicht an die Aufsichts- und Ermittlungsbehörden weiterzugeben oder diese im Falle behördlicher Ermittlungen sogar zu verschweigen, ist die **Einschaltung von Rechtsanwälten und/oder Wirtschaftsprüfern** unabdingbar (§§ 53, 53a, 97 StPO).

Auch dies ist seit Veröffentlichung einer Entscheidung des LG Hamburg nicht mehr unbestritten. Nach dieser Entscheidung sind die Gesprächsniederschriften, die von beauftragten externen Anwälten im Zuge ihrer Ermittlungen erstellt wurden, nicht beschlagnahmefrei. Da der befragende Anwalt weder Anwalt des Befragten noch im eigentlichen Sinne „Strafverteidiger" des beauftragenden Unternehmens ist, gilt weder das strafprozessuale Verteidigerprivileg aus § 53 Abs. 1 Ziff. 1 StPO, noch ist das allgemeine anwaltliche Schweigerecht aus Ziff. 3 derselben Vorschrift anwendbar. (LG Hamburg, StV 2011, 148).

Diese Auffassung ist für Kenner der Materie weder verwunderlich noch stellt sie, wie sofort reflexhaft von befragten Anwälten in der Presse beschworen, das Ende der internen Ermittlungen dar (FAZ vom 15.03.2011, S. 16). Zu internen Ermittlungen herangezogene Anwälte sind nun mal keine „staatanwaltsgleichen Wesen", die Straffreiheit, Strafrabatt, Vertraulichkeit u. Ä. zusagen können, um den Gesprächspartner aussagebereit zu machen. Genauso wenig kommen ihnen Zwangsmittel zu, wie mancher amerikanische Anwalt durch forsches Auftreten und unmissverständlich vorgetragene Verachtung der deutschen Rechtsordnung gerne glauben machen möchte. Diesen Auswüchsen in der einen wie der anderen Richtung durch die Rechtsprechung Einhalt zu gebieten, kann nur begrüßt werden.

In den direkten Schutzbereich der strafprozessualen Vorschriften zum Vertrauensverhältnis zwischen Anwalt und Mandant fallen allerdings nach derzeit herrschender Meinung nur die Strafverteidiger. Inwieweit die sonstige anwaltliche Befassung mit einem Vorgang sicherstellt, dass zugrunde liegende Unterlagen im Rahmen des Mandatsverhältnisses „anvertraut" sind (§ 51 Abs. 1 Ziff. 3 StPO), ist nicht für alle Fälle unbestritten. Die Ausweitung auf jegliche anwaltliche Tätigkeit, also insbesondere die des anwaltlichen Beraters – hier als Sonderuntersucher – und die eventuelle Gleichstellung von Steuerberatern und Wirtschaftsprüfern ist nach der hier vertretenen Auffassung auch mit der Schaffung von § 160a StPO nur insoweit erfolgt, wie die §§ 53 ff. StPO diesem Personenkreis bisher schon Zeugnisverweigerungsrechte zugestanden haben. Daher ist auch weiterhin bei der Beauftragung des externen Anwalts zur Durchführung einer Sonderuntersuchung in Erwägung zu ziehen, dass man in die Mandatsvereinbarung eine ausdrückliche Strafverteidigungsklausel aufnimmt, für den Fall, dass Straftaten oder Ordnungswidrigkeiten aufgeklärt werden sollen, um aus dem entsprechenden Ergebnis eine Verteidigungsstrategie zu erarbeiten.

Diese Verknüpfung von interner Ermittlung und Strafverteidigung wird nach Schaffung des geplanten Unternehmensstrafrechts (Verbandsstrafgesetzbuch) ohnehin einer vertieften Beachtung unterzogen werden müssen.

Im Falle der Einschaltung der Forensik-Abteilungen von Wirtschaftsprüfern bleibt einstweilen ungeklärt, ob und inwieweit der Schutz der §§ 53, 97 StPO auf die Beauftragung einer internen Ermittlung ausgedehnt werden kann. Kein Problem mit der Einschaltung besteht allerdings nach hiesiger Auffassung, wenn bereits ein strafrechtliches Ermittlungsverfahren im Gange ist und der Wirtschaftsprüfer im Hinblick auf dieses Ermittlungsverfahren beauftragt wird, Beweismittel und Zahlenmaterial für das betroffene Institut zusammenzustellen. Generell sollte mit solchen Sonderuntersuchungen ein neutraler Wirtschaftsprüfer, also nicht der Abschlussprüfer des Instituts, betraut werden, um Interessenkonflikte mit gesetzlichen Meldepflichten des Abschlussprüfers zu vermeiden.

Ebenfalls problematisch ist die **Hinzuziehung ausländischer Anwälte** für unternehmensinterne Ermittlungen, zumal wenn diese Anwälte von einer ausländischen Aufsichtsbehörde beauftragt worden sind (auch wenn dies auf Kosten des betroffenen Instituts geschieht). In diesem Fall wird man nur schwerlich das Handeln eines „Strafverteidigers" im Sinne der deutschen Strafprozessordnung reklamieren können. Die anlässlich der Ermittlungen im Fall Siemens geübte Kritik an der Vorgehensweise, z. B. amerikanischer Anwaltsermittler, tut dabei ein Übriges (vgl. Jahn, 2009; Wastl und Litzka, 2009; Dann und Schmidt, 2009; Wehnert, 2009). Neben sozio-kulturellen Unterschiedlichkeiten, die bei jeder grenzüberschreitenden Ermittlung nicht unterschätzt werden dürfen, ist es vor allem die Unkenntnis und die nicht selten bewusst und gewollt gelebte Ignoranz gegenüber deutschen Rechtsvorschriften und Rechtstraditionen, die dem Vorgehen gerade an den Stellen einen unangenehmen Beigeschmack verleihen können, an denen Abwägungen zu treffen sind, Verhältnismäßigkeitserwägungen eine Rolle spielen und Sensibilitäten zu berücksichtigen wären (z. B. bei Kann-Vorschriften). Diese Faktoren sind auch umgekehrt zu berücksichtigen, wenn die von der deutschen Muttergesellschaft in Auftrag gegebene Ermittlung Sachverhalte in ausländischen Tochtergesellschaften und Niederlassungen umfasst. Vermeiden lassen sich Probleme erfahrungsgemäß nur dadurch, dass entweder für jedes Land ein gesonderter Untersuchungsführer mit Kenntnissen des lokalen Rechts bestellt wird oder zumindest dem Untersuchungsführer ein Kenner des lokalen Rechts beratend zur Seite gestellt wird. Es bedarf keiner besonderen Erwähnung, dass diese Faktoren kostentreibend wirken.

Vor ganz anderen Gefahren ist zu warnen, wenn die Zusammenarbeit mit externen **Ermittlungshelfern** – vulgo: Detekteien, Privatermittlern, Wirtschaftsdetektiven – gesucht wird. Leider ist dieser Markt in Deutschland immer noch mit wenig Seriosität und häufig geringer Sachkunde verknüpft. Die wenigen guten und seriösen Adressen, die es im Markt gibt, werden in Fachkreisen hoch gehandelt.

Will das Institut dennoch mit solchen Ermittlungshelfern arbeiten, gilt es, einige Vorkehrungen zu beachten, damit die Ermittlung nicht später durch das Offenkundigwerden von Ungereimtheiten oder gar Straftaten der Ermittlungshelfer diskreditiert wird. Ein klarer **schriftlicher Auftrag**, Eingrenzung der vorzunehmenden Maßnahmen, Beschaffung ausschließlich verwertbarer Beweismittel und das Zurverfügungstehen der Ermittler als Zeugen in einem etwaigen Prozess sowie präzise schriftliche Dokumentation von Ermittlungsmethodik und Ermittlungsergebnissen stellen insoweit ein Mindestmaß an Verfahrenstransparenz und Sicherheit dar. Eine enge Führung der Ermittlungshelfer im vorgegebenen Rahmen bedeutet Aufwand, stellt aber auch sicher, dass die Ermittlung nicht zum eigenständigen Reputationsrisiko erwächst. Nicht wenige Wirtschafts- und Privatdetektive sind wegen ihrer bisweilen eigenwilligen Ermittlungsmethoden schon selbst zum Beschuldigten staatlicher Ermittlungsverfahren geworden. Die Verantwortung liegt insoweit eindeutig beim Auftraggeber.

Doch auch mancher Auftraggeber hat sich schon gewundert über hohe Reisekostenrechnungen seiner „Sicherheitsberater", denen umso flachere Ergebnisse gegenüberstanden. Kriminologen würden solche Vorgänge vielleicht als „sekundäre Viktimisierung" bezeichnen. Ferner gilt es zu bedenken, dass das Einsatzgebiet dieser Art Ermittlungshelfer oft nur beschränkt und für die benötigten Aufklärungszwecke möglicherweise gar nicht geeignet ist. Forensische Wirtschafts- und Buchprüfung, forensische IT und forensische Revision stellen hier zumeist die bessere, weil methodisch erprobte und durch Fallerfahrung geschulte Alternative dar.

Wird demgegenüber die Ermittlung tatsächlich als **interne Ermittlung** unter Inanspruchnahme ausschließlich eigener Ressourcen gestaltet, gewinnt die Frage, welche Organisationseinheit die Ermittlungen durchführen soll und wer zum Ermittlungsführer bestellt wird, besondere Bedeutung.

Compliance und interne Revision sind aufgrund ihrer Unabhängigkeit und Objektivität im Unternehmen sowie im Hinblick auf den vollständigen Überblick über Unternehmensorganisation und -struktur sicherlich die geeignetsten Funktionseinheiten für eine solche Aufgabe. Es erscheint müßig, dem in der Literatur bisweilen heftig ausgetragenen Streit, wer denn nun fachlich die besser geeignete Einheit sei, noch ein paar Seiten an Argumenten hinzuzufügen. Es kommt ohnehin auf die richtige Erfahrung und das benötigte Fachwissen der handelnden Einzelpersonen an, sodass ein guter Mix aus verschiedenen Kompetenzbereichen, verschiedenen Erfahrungshintergründen und unterschiedlichen Charakteren immer die beste Wahl darstellen dürfte.

Der Gesetzgeber sieht bei Ermittlungen hinsichtlich „sonstiger strafbarer Handlungen, die zu einer Gefährdung des Vermögens des Instituts führen können" (§ 25h KWG) die zentrale Stelle als regelmäßiges **Ermittlungsorgan** an. Hier ist die entsprechende Ermittlungskompetenz vorzuhalten und zu bündeln. Allerdings wird das in kleineren Instituten nur im Hinblick auf die Gesamtkoordination und Dokumentation gelten können, nicht für jede einzelne Ermittlungshandlung.

In die Planung einzubeziehen ist allerdings frühzeitig die Frage, welche weiteren Beteiligten im organisatorischen Sinn sowie im Hinblick auf fachliche Kompetenzen für die Investigation benötigt werden: Die Personalabteilung, IT-Abteilung und Kompetenzträger aus den betroffenen Fachabteilungen (z. B. Finanzen, Buchhaltung, Einkauf, Verkauf, Immobilien usw.). Auch hier ist bei der Auswahl der „Zuarbeiter" neben der fachlichen Kompetenz auf die Unvoreingenommenheit zu achten, um die Untersuchung nicht von Beginn an durch mögliche Interessenkonflikte zu diskreditieren. Auch die frühzeitige Einbeziehung des Betriebsrats wird zu diskutieren sein, ebenso wie eine Information direkter und indirekter Vorgesetzter der möglichen Verdächtigen.

Diese Überlegungen zeigen, dass auch an die Mittel und Wege einer internen Kommunikation gedacht werden muss. In bedeutenden Fällen, die Öffentlichkeits- oder Reputationswirkung haben können, muss auch eine externe Kommunikation, gegebenenfalls in Form der **Krisenkommunikation**, vorbereitet werden. Die Vielzahl möglicher Stakeholder, die Bestimmung des richtigen Zeitpunkts und Umfangs ihrer Information sowie die nicht selten erstrebenswerte Geheimhaltung der internen Investigation bis zum Vorliegen belastbarer Ergebnisse lassen es daher ab einer bestimmten Größenordnung angeraten erscheinen, eine spezielle, auf die Bedürfnisse des Falles zugeschnittene Projektorganisation mit der Durchführung der Ermittlungen zu betrauen. Eine solche **Projektorganisation** sollte unter anderem für die Berücksichtigung der Interessen der internen und externen Stakeholder, die Wahrung der Unabhängigkeit der Revision und des Wirtschaftsprüfers sowie die Beteiligung von Behörden in mehreren Ländern Sorge tragen. Bildet man im Rahmen der Projektorganisation Themenabschnitte, so ist vorzugsweise für jeden Themenabschnitt ein Abschnittsleiter zu bestimmen. Der interne Ergebnisaustausch sowie die übergeordnete Ergebniskommunikation müssen bei sich überschneidenden Themenbereichen gewährleistet sein, um der Projektleitung insgesamt einen permanenten Überblick sowie sachgerechte Berichterstattung und Votierung an den Auftraggeber der Untersuchung zu ermöglichen.

Größte Bedeutung kommt der Frage zu, wer **Auftraggeber der internen Ermittlung** sein soll (vgl. dazu Gündel/Feiler, in cb 3/2014). Neben dem für Compliance oder die interne Revision zuständigen Vorstandsmitglied kommt immer auch der Vorstand des betroffenen Unternehmensbereichs, einer betroffenen Tochtergesellschaft oder Zweigniederlassung sowie – im Hinblick auf zu erwartende Schäden – der Finanzvorstand eines Instituts in Betracht. Fest steht, dass ab einer gewissen Brisanz der Untersuchung und einer zu erwartenden Größenordnung von Schäden die Geschäftsleitung ein deutliches Zeichen der Verantwortungsübernahme setzen muss. Ob ein Vorstand einem anderen Vorstand in dessen Ressortbereich durch Anordnung einer Untersuchung ohne vorherige Absprache „hineinregieren" will, hängt von den Umständen des Einzelfalles ab.

Auch der Aufsichtsrat kommt als Auftraggeber einer Sonderuntersuchung infrage, insbesondere dann, wenn Pflichtverletzungen eines Vorstandsmitglieds nicht auszuschließen sind. Im Hinblick auf mögliches Organisationsverschulden, das Unterlassen geeigneter Kontrollmaßnahmen oder die mangelhafte Umsetzung von Unternehmensstandards kommt dieser Fall häufiger vor, als man erwarten möchte. Auch etwaige Animositäten zwischen den Verantwortlichen verschiedener Vorstandsressorts können auf diese Weise auf eine sachliche Ebene zurückgeführt werden.

Der Leiter der zentralen Stelle, der Leiter Compliance oder die Revisionsleitung eines Instituts können jedenfalls dann nicht mehr über die Einleitung einer internen Investigation ohne Auftrag aus der Geschäftsleitungsebene des Instituts allein entscheiden, wenn die Untersuchung erkennbar den Rahmen der durchschnittlichen, „normalen" Schadenshöhe sprengt, Personen in Führungs- und Managementebenen betrifft oder Auswirkungen auf die Reputation für das gesamte Institut haben kann. Wie bereits zum Thema Stellenbeschreibungen generell erörtert, sollten möglichst präzise beschriebene Leitlinien durch die Stellenbeschreibung oder eine Guideline zur Einleitung von internen Ermittlungen festgelegt sein.

Je mehr abstrakte Fragen, auch zur Aufbauorganisation eines Investigations-Projekts, der Hinzuziehung Externer, der Berichtswege usw. vorab geregelt sind, desto weniger Zeitdruck entsteht in der konkreten Situation.

Die Beschreibung von Zuständigkeiten und Verantwortlichkeiten erfolgt erfahrungsgemäß am grünen Tisch und ohne Entscheidungsdruck mit mehr Augenmaß und Sachverstand als in der Hektik von Eilentscheidungen.

1.3 Verdacht

Der Begriff des Verdachts begegnet uns im Rahmen von internen Ermittlungen an verschiedenen Stellen immer wieder und häufig in unterschiedlichem Gewand. § 25h KWG beschreibt den Verdacht, der die Untersuchungspflicht auslöst, als Sachverhalt, der als zweifelhaft oder ungewöhnlich anzusehen ist bzw. als auffälligen oder ungewöhnlichen Sachverhalt, der aufgrund des im Institut verfügbaren Erfahrungswissens über die Methoden sonstiger strafbarer Handlungen entsteht.

Durch den Verweis auf die Erstattung einer Strafanzeige gem. § 158 StPO wird der Blick aber auch auf die Kategorie des **strafprozessualen Anfangsverdachts** gelenkt. Schließlich verlangt § 32 BDSG für die Erhebung personenbezogener Daten eines Beschäftigten im Zuge einer internen Ermittlung den Verdacht, dass der Betroffene im Beschäftigungsverhältnis eine Straftat begangen habe. Diese und weitere Verdachtskategorien gilt es im Folgenden als regelmäßigen Ausgangspunkt einer internen Ermittlung näher zu umreißen.

Der strafprozessuale Anfangsverdacht im Sinne des § 152 Abs. 2 StPO ist dadurch gekennzeichnet, dass zureichende tatsächliche Anhaltspunkte dafür vorliegen, dass eine Straftat begangen wurde. Bezeichnenderweise definieren auch die Richtlinien für das Straf- und Bußgeldverfahren nicht näher, was diese tatsächlichen Anhaltspunkte sind und wann sie dazu hinreichen, die Verpflichtung der Staatsanwaltschaft nach dem Legalitätsprinzip zur Aufnahme weiterer Ermittlungen auszulösen. Tatsächliche Anhaltspunkte können, müssen aber noch keine prozessual verwertbaren Beweismittel sein. Beweisanzeichen, sog. Indizien und weitere konkrete Tatsachen, die es nahelegen, dass eine Straftat vorliegt, reichen aus. Zu bewerten sind die **Tatsachen** im Lichte kriminalistischer Erfahrung und unter Anwendung logischer Denkmethoden und Denkkategorien. Auch kriminalistische Hypothesen und logisch hergeleitete Schlussfolgerungen sowie allgemeine Lebens- und Berufserfahrung können die Annahme eines konkreten Anfangsverdachts begründen, solange sie auf eine Tatsachenbasis zurückzuführen sind. Zunächst fernliegende Indizien oder Anzeichen können sich im Zuge der Ermittlungen zum Indizienbeweis verdichten, wenn sie auf die prozessual zugelassenen Beweismittel zurückzuführen sind und auf diesen beruhen bzw. von diesen gestützt werden. Im Gegensatz dazu reicht das bloße Vorliegen von Vermutungen, Gerüchten, Vorurteilen oder Ahnungen für die Begründung eines Anfangsverdachts nicht aus.

Im Datenschutzrecht wird die Notwendigkeit eines Tatsachenkerns noch dadurch unterstrichen, dass es sich um „zu dokumentierende" tatsächliche Anhaltspunkte handeln muss. Die Dokumentationspflicht dient neben der personenbezogenen Konkretisierung von Ermittlungsmaßnahmen (Gola/

Schomerus, 2012) auch der Konzentration auf den Tatsachenkern und -gehalt des geäußerten Verdachts.

Verdacht ist damit ein Prognose- und Wahrscheinlichkeitsurteil. Er kann sich auch „gegen Unbekannt" richten, wenn die Anhaltspunkte zwar auf eine Straftat hindeuten, jedoch noch völlig ungeklärt ist, wer sie begangen haben könnte. Ein Verdacht ändert sich auch im Zuge der Ermittlungen. Er kann verdichtet oder entkräftet werden, vorhandene Beweismittel können für oder gegen bestimmte Tatvarianten oder verdächtige Personen sprechen. In jedem Fall beruht der Tatverdacht auf der Gesamtschau der jeweils vorliegenden Indizien und Beweismittel und der Würdigung ihrer Aussagekraft im Verhältnis zueinander.

Im Strafprozessrecht dient die Kategorie des Anfangsverdachts nicht nur zur Umschreibung der Pflicht der Staatsanwaltschaft, die Ermittlungen aufzunehmen (sogenanntes Legalitätsprinzip), sondern er ist in der Form des sogenannten „einfachen Tatverdachts" auch bereits Ausgangspunkt strafprozessualer Zwangsmaßnahmen. Die Durchsuchung beim Verdächtigen (§ 102 StPO) setzt z. B. lediglich voraus, dass ein Tatverdacht gegen die zu durchsuchende Person besteht, der nicht einmal so weit konkretisiert sein muss, dass die Beschuldigteneigenschaft schon begründet werden kann (Meyer-Goßner, 2014).

Dringender Tatverdacht hingegen besteht, wenn die überwiegende Wahrscheinlichkeit dafür spricht, dass der Beschuldigte Täter oder Teilnehmer einer Straftat ist und keine Rechtfertigungs-, Schuld- oder Strafausschließungsgründe vorliegen. Dringender Tatverdacht ist mithin die höchste Verdachtsstufe und höchste anzunehmende Wahrscheinlichkeit, die die Strafprozessordnung für die summarische Beurteilung des Ermittlungsstandes kennt. Er rechtfertigt deshalb auch so einschneidende Maßnahmen wie den Erlass eines Haftbefehls.

Der Begriff des **hinreichenden Tatverdachts** wird im Strafprozessrecht für die nach Abschluss der Ermittlungen zu fällende Prognoseentscheidung verwendet, ob eine Verurteilung des Täters im Hauptverfahren überwiegend wahrscheinlich erscheint. Hinreichender Tatverdacht setzt daher auch die Einbeziehung von prozessualen Fragen, wie z. B. der Erreichbarkeit und Verwertbarkeit von Beweismitteln sowie der vorläufigen Beurteilung der Schuldfähigkeit des Tatverdächtigen voraus. Die Kategorie des hinreichenden Tatverdachts ist mithin bei der Prüfung von Ergebnissen interner Ermittlungen und insbesondere der Frage, ob eine Strafanzeige gem. § 158 StPO gestellt werden soll oder nicht, nicht übertragbar.

Zu der Verdachtsschwelle, die die den Instituten obliegende Untersuchungspflicht nach § 25h Abs. 3 auslöst, haben wir in der Kommentierung des Gesetzes schon ausführlich Stellung genommen. Dennoch soll das Verhältnis zum strafprozessualen Anfangsverdacht – gerade im Hinblick auf die Entscheidung über die Strafanzeige – hier noch einmal näher ausgeleuchtet werden.

Die **Erstattung einer Strafanzeige** nach § 158 StPO verlangt keinen Anfangsverdacht im strafprozessualen Sinne.

Zum Vergleich: Die Pflicht zur Erstattung einer Verdachtsmeldung gem. § 11 GwG setzt nur einen Verdacht deutlich unterhalb der Schwelle des strafprozessualen Anfangsverdachts voraus (a. A. Herzog, 2010). Und auch die Anzeigepflicht nach § 10 WpHG impliziert lediglich, dass Tatsachen festgestellt werden, die den Verdacht begründen, dass mit einem Geschäft über Finanzinstrumente gegen ein Verbot oder Gebot nach § 14 WpHG (Insidergeschäfte) oder § 20a WpHG (Marktmanipulation) verstoßen wird. Der Verdacht, dass mit dem Verstoß zugleich gegen die Strafvorschriften des § 38 WpHG verstoßen wird, also ein Fall des strafbaren Insiderhandels oder der strafbaren Marktmanipulation vorliegt, ist im Gesetz ausdrücklich nicht gefordert. Dennoch wird an dieser Stelle von dem überwiegenden Teil der Literatur vertreten, dass es sich um einen strafprozessualen Anfangsverdacht handeln müsse, denn ein durch Tatsachen begründeter Verdacht bedeute nichts anderes, als dass tatsächliche Anhaltspunkte vorliegen müssten. Mithin sei nicht nachvollziehbar, warum der Verdachtsbegriff im WpHG ein anderer sein sollte als im Strafprozess (Fuchs, 2009, § 10, Rn. 6). Beiden Regelungen in GwG und WpHG ist jedoch gemeinsam, dass sie für den Fall einer nicht vorsätzlich oder grob fahrlässig unwahren Meldung bzw. Anzeigeerstattung eine Freistellung von der Verantwortlichkeit für den Erstatter bereitstellen. Dieser Mechanismus ist bei der Anzeigeerstattung gem. § 158 StPO aus guten Gründen nicht vorgesehen: Jeder Bürger kann die Meinung äußern, dass ein Sachverhalt Anlass zur Strafverfolgung biete und den Ermittlungsbehörden gegenüber die Anregung aussprechen, es solle geprüft werden, ob ein die Einleitung von Ermittlungen rechtfertigender Anfangsverdacht gegeben sei. Genau hier fängt aber die Schwierigkeit für die dem § 25h KWG unterworfenen Institute in der Abwägung, ob Strafanzeige erstattet werden soll oder nicht, erst an.

Zwar besteht – jenseits von § 138 StGB – keine Anzeigepflicht, jedoch eben auch kein Schutz im Falle der Anzeigeerstattung. Die meisten der angezeigten Personen dürften in der Realität der Institute im Wirtschaftsleben Tätige, in vielen Fällen auch (ehemalige) Kunden und Mitarbeiter sein.

Schaut man sich einmal an, mit welchen Mitteln Wirtschaftskriminelle sich gegen Tatvorwürfe, auch wenn sie von staatlichen Ermittlungsbehörden erhoben werden, zur Wehr setzen, lässt sich das **Risikopotenzial von Strafanzeigen** erahnen. Internetkampagnen, Schadenersatzklagen und nicht zuletzt Gegenanzeigen gegen die Verfolger sind an der Tagesordnung. Verleumdung, Bedrohung und immer wieder die Behauptung, erst die Strafanzeige oder die Strafverfolgung hätten das so gut funktionierende Geschäftsmodell der Betrüger zum Scheitern verurteilt und damit den Schaden erst hervorgerufen, gehören zum Arsenal nicht nur der organisierten Kriminalität, sondern auch und gerade von Betrügern, Kapitalanlagebetrügern, Verbreitern von Schneeballsystemen und anderen Wirtschaftskriminellen. Das alles sollte in schwerwiegenden Fällen nicht von der Erstattung einer Anzeige abhalten, ist aber in die Risikobetrachtung einzubeziehen und dahingehend zu bewerten, wie schwerwiegend der eigene vorzutragende Tatverdacht ist, wie dicht und belegbar die Indizien sind und wie nachvollziehbar die tatsächlichen Anhaltspunkte auf eine Straftatbegehung gerade durch den Angezeigten hindeuten.

Hat man auch nur ansatzweise das Gefühl, die Strafverfolgungsbehörden könnten den geäußerten Anfangsverdacht nicht teilen, die Plausibilität des dargestellten Sachverhalts nicht nachvollziehen oder in der Bewertung der vorgetragenen Anhaltspunkte zu einem anderen Ergebnis kommen, ist von einer Strafanzeige abzuraten. Die auf die Anzeigeerstattung folgende Einleitung eines Ermittlungsverfahrens durch die Staatsanwaltschaft – und damit Bejahung des Anfangsverdachts im strafprozessualen Sinne – ist das Mindeste, dessen man sich bei einer Anzeigeerstattung sicher sein sollte.

Hierzu reichen weder ein Bauchgefühl noch Sachverhalte, die nur auffällig, zweifelhaft oder ungewöhnlich sind.

Die in der Gesetzesbegründung genannten „Umgehungen von Rechtsvorschriften" sind bisweilen Indiz strafbaren Handelns, aber bei Weitem nicht in allen Fällen. Zur Anzeigeerstattung reichen sie alleine nicht aus. Auch Transaktionen oder Geschäftsbeziehungen, die keinen offenkundigen wirtschaftlichen oder rechtlichen Hintergrund haben, können einen Indizwert besitzen, sind aber immer darauf abzuklopfen, ob der wirtschaftliche oder rechtliche Hintergrund vielleicht nur dem Betrachter verborgen geblieben ist, aber eben bei genauer Betrachtung doch vorliegt.

Das Anzeige erstattende Institut hat insofern die (im Zivilrecht entwickelten) **Grundsätze der Wissenszurechnung** auch unter diesem Aspekt gegen sich gelten zu lassen. Was im Institut bekannt ist, muss im Abwägungsprozess herangezogen werden, egal an welcher Stelle die Information vorliegt. Sorgfältig, und damit nicht vorsätzlich oder grob fahrlässig unwahr, ist eine Anzeigeerstattung nur dann, wenn die im Institut vorhandenen Informationen mit den zu Gebote stehenden Mitteln herangezogen und ausgewertet wurden und auch der vom Gesetz ausdrücklich erlaubte Informationsaustausch mit anderen Betroffenen vorgenommen wurde.

Der spektakuläre Fall des Milliardenbetrügers Bernard Madoff zeigt, wie lange eine große Zahl von Personen mit Verdachtsmomenten gegen Madoff umgegangen ist, bevor etwas passierte. Seiner ehemaligen Hausbank wird vorgeworfen, mindestens eineinhalb Jahre vor dem Auffliegen des Schneeballsystems Verdacht geschöpft und intern diskutiert zu haben und damit den Schaden für Madoffs Anleger wissentlich oder grob fahrlässig erhöht zu haben. Vielleicht hätte aber auch der allseits anerkannte und beliebte Madoff, wären die Vorwürfe zwei oder drei Jahre zuvor erhoben worden, mit der geballten Macht seiner Reputation und dem Argument eingestellter Ermittlungen durch die SEC, die ihm nichts nachweisen konnte, gegen den Anzeigeerstatter zurückgeschlagen. Ein alternativer Geschehensablauf, der angesichts des Ausganges mancher Wirtschaftsstrafverfahren in Deutschland nicht unvorstellbar ist.

Es ist mir wichtig herauszuarbeiten, dass die Strafanzeige eines Instituts wegen des Verdachts einer Wirtschaftsstraftat eine andere Qualität hat als die Strafanzeige eines beliebigen Bürgers gegen den Nachbarn wegen ruhestörenden Lärms oder Parkens in der Feuerwehrzufahrt. Diese Überlegungen sollen nicht von der Erstattung einer Strafanzeige abhalten. Im Gegenteil: Häufig wird die Anzeigeerstattung und die darauf folgende Zusammenarbeit mit den Ermittlungsbehörden für das Opfer den einzigen Weg darstellen, um gegebenenfalls die Beute des Täters wiederzuerlangen, Schadenersatz zu erhalten oder seine sonstigen Rechtspositionen zu verteidigen.

In diesen Fällen macht die Strafanzeige, kombiniert mit den erforderlichen zivilrechtlichen Maßnahmen zur Schadenswiedergutmachung, Sinn. Sie sollte allerdings wohlerwogen sein und auf einem handfesten, objektiv nachvollziehbaren Anfangsverdacht (im Sinne der Strafprozessordnung) basieren.

1.4 Kriminalistik

Um eine sichere Bewertungsgrundlage zu erlangen, sollten die Untersuchungen ein Mindestmaß an kriminalistischer Methodik und Kriminaltaktik berücksichtigen. Ein kurzer Überblick darüber, wie eine interne Ermittlung systematisch aufbereitet werden kann, welche methodischen Schritte angewendet werden können und welche **Beweismittel** gegebenenfalls gefunden werden können, erscheint daher angebracht.

Bei den Beweismitteln unterscheidet man grundsätzlich zwischen Personalbeweis und Sachbeweis. Die Beweismittel im Strafverfahren sind:

- Zeugen (Personalbeweis),
- Sachverständige (Personalbeweis),
- Urkunden (Sachbeweis) und
- Augenschein (Sachbeweis).

Im Zivilprozess kommen noch die Parteien als weiteres Beweismittel (Aussage mit anderem Beweiswert als neutraler Zeuge) in Betracht.

Spuren sind Sachbeweise, die dem Augenschein oder dem Urkundenbeweis zugänglich sind. In dem hier zu berücksichtigenden Umfeld handelt es sich dabei nicht um Spuren, die mit kriminaltechnischen Mitteln zu sichern wären (z. B. Schuh-, Werkzeug- oder Blutspuren), sondern zumeist um urkundliche oder datentechnische Spuren. Transaktionen hinterlassen Spuren, nicht umsonst spricht man seit je her von der **„Papierspur"**. Mithin kommt es bei der Herangehensweise an einen Fall auf eine gründliche Aufbereitung des Ist-Zustandes an, um alle vorhandenen Daten zu ordnen, zu beurteilen, zu bewerten und einzeln sowie in ihrer Wechselwirkung auf ihren Aussagewert und ihre Beweiskraft hin überprüfen zu können. Ein festgelegtes Arbeitsschema im Sinne von Checklisten und immer wiederkehrenden Ermittlungsschritten kann es daher nur in kleinen, sich immer wiederholenden Vorgängen der Massenkriminalität geben. Ein sorgfältig ausgearbeiteter Betrug, eine geschickt verschleierte Unterschlagung bedürfen zwar einer Methodik im Sinne des planvollen Vorgehens zur Tataufklärung, können sich jedoch nicht in einer schematischen Regel- oder Typologienprüfung erschöpfen.

Die **kriminalistische Fallanalyse** (Ackermann/Clages/Roll, 2011) dient zu Beginn einer Ermittlung der Analyse des vorhandenen Informationspotenzials und der systematischen Fallaufbereitung. Erst nach Identifizierung der Probleme, die sich als Schlüsselfragen des Falles erweisen, ist eine Hypothesenbildung und daran anschließend die Auswahl der weiteren richtigen Ermittlungsmethoden möglich. Die gründliche Analyse der Ausgangssituation und Beweislage und damit das ganz grundsätzliche und gründliche Aktenstudium und die Ordnung der vorhandenen Informationen sind simple Handlungsanweisungen, die in jedem Kriminalistik-Lehrbuch gegeben werden.

Die Schwierigkeit der Datenaufbereitung besteht darin, aus der Vielzahl von Informationen die irrelevanten zu erkennen und zu eliminieren und mit denjenigen weiterzuarbeiten, die wesentlich sind. Dieser Vorgang wird durch die Möglichkeiten der IT-gestützten Methoden zur Massendatenanalyse nicht immer erleichtert. Dezidierte Auswahl der Suchbegriffe, klare Eingrenzung des Suchuniversums und dabei Beschränkung auf Bereiche, für die bereits ein Tatsachenkern vorliegt („tatsächliche Anhaltspunkte"), sind nicht immer einfach zu bewerkstelligen. Der Blick auf das Wesentliche droht angesichts der Faszination schier unerschöpflicher und wenig zeitintensiver Auswertungsmethoden verloren zu gehen. Daher ist die Denkarbeit vorzuverlagern in die Gestaltung der Suchkriterien.

Vorhandene Unterlagen und Informationen sind entsprechend dem zunächst formulierten Ermittlungsziel zu ordnen.

Ackermann/Clages/Roll (2011, S. 163) nennen beispielhaft folgende Analysefelder, auf die die Fallanalyse angewendet werden kann:

1. Verdachtslage
2. Tatsituation
   - 2.1 Tatort
   - 2.2 Tatzeit
   - 2.3 Modus Operandi
   - 2.4 Tatmittel/Tatwerkzeuge
   - 2.5 Beute/Taterfolg
   - 2.6 Tatmotiv
   - 2.7 Opfer
   - 2.8 Tatverdächtiger/Tatverdächtige
   - 2.9 Verdachtslage gegen bestimmte Personen
   - 2.10 Zusammenfassende Beurteilung der Tatsituation (Zwischenergebnis)
3. Beweislage
   - 3.1 Personalbeweis
   - 3.2 Sachbeweis
   - 3.3 Zusammenfassende Beurteilung der Beweislage (Zwischenergebnis)
4. Tat und Täterhypothesen
5. Fahndungslage
6. Rechtslage

Alle diese **Analysefelder** haben auch in der internen Ermittlung zur Aufklärung von Wirtschaftsstraftaten ihre Berechtigung. Die Frage nach dem Opfer z. B. deutet an, dass der Vorgang nicht nur unter dem Gesichtspunkt der strafbaren Handlungen, die zu einer Gefährdung des Vermögens des Instituts führen können, beleuchtet werden sollte, sondern dass ein Blick auf die Frage, ob es weitere Opfer gibt, den Ermittlungshorizont erweitern kann. Sind Kunden des Instituts bereits zu Opfern geworden? Gibt es andere Institute, bei denen ebenfalls Erkenntnisse vorliegen könnten, die im Rahmen eines Informationsaustauschs (§ 25h Abs. 3 KWG) nutzbar gemacht werden können?

Auch die Frage nach dem Tatort beantwortet sich nicht von allein. Sie umfasst nicht nur die Fragestellung, von wo aus der mögliche Täter gehandelt hat, sondern eröffnet über die Betrachtung, in welchem Unternehmensbereich, Sachbereich oder welcher Geschäftseinheit der Vorfall eingetreten ist, weiteren Erkenntnisspielraum. Die Analysefelder können dann mit den berühmten sieben **W-Fragen** weiter analysiert werden:

Wer – was – wann – wo – wie – warum – womit?

Die Beantwortung dieser Fragen im Rahmen der Analysefelder ermöglicht im Wege der Induktion und der Deduktion unter Anwendung kriminalistischen Erfahrungswissens die Bildung von **Hypothesen**. Bei der Methode der Induktion werden aus Einzelfällen Regeln und Gesetzmäßigkeiten (z. B. Typologien) erschlossen. Bei der Deduktion wird vom Allgemeinen auf das Besondere, von der vorhandenen oder bekannten Typologie auf die Umstände des Einzelfalles geschlossen. Die sich daraus ergebenden Hypothesen setzen sich aus Annahmen und Voraussetzungen zusammen, die dem Beweis durch die vorhandenen Beweismittel im Wege des Sach- oder Personalbeweises zugänglich sind.

Hypothesen sind dabei stets so zu bilden und zu formulieren, dass sie auf tatsächlichen Anhaltspunkten basieren und objektiv nachvollziehbare, möglichst widerspruchsfreie und plausible Geschehensabläufe formulieren. Die Hypothesenbildung macht nur Sinn, wenn die Hypothesen anschließend abgearbeitet und überprüft werden. Zu diesem Zweck bedient man sich dann der vorhandenen und rechtlich zulässigen Ermittlungsmethoden, wie z. B. der Datenauswertung, der Befragung von Zeugen, der Heranziehung anderer Datenquellen (z. B. Auswertung von Video- oder Raumüberwachungsanlagen) und gelegentlich auch der Beobachtung, Observation oder Tatprovokation (z. B. beim Testkauf oder der fingierten Geschäftsanfrage beim Tatverdächtigen).

Die Ermittlungsergebnisse sind in einem abschließenden **Ermittlungsbericht** zusammenzustellen. Dies gilt nicht nur, um dem Dokumentationserfordernis von § 25h Abs. 3 KWG gerecht zu werden, sondern auch, um die Untersuchungsergebnisse einer zusammenfassenden Gesamtschau, kritischen Überprüfung und Abgabe einer Empfehlung für Folgemaßnahmen zuzuführen.

Das eindeutige Votum, ob Strafanzeige erstattet werden soll oder nicht, dient nicht nur der Erfüllung der Beratungspflicht des Ermittlers gegenüber seinem Auftraggeber und der Erfüllung der gesetzlichen Pflicht, eine Entscheidung herbeizuführen, sondern ist auch genügender Anlass, die Ermittlungsergebnisse kritisch zu hinterfragen und die Festigkeit des eigenen Standpunkts in der Sache zu kontrollieren. Wer gründlich und sinnvoll ermittelt, sollte auch in der Lage sein, eine Überzeugung hinsichtlich der Ermittlungsergebnisse zu formulieren.

2. Einzelne Ermittlungsmethoden

2.1 Befragung von Mitarbeitern

Dem **Personalbeweis** kommt bei der Untersuchung unklarer Sachverhalte neben dem Urkundenbeweis nach wie vor größte Bedeutung zu. Er ist zum Nachweis von subjektiven Tatbestandsmerkmalen, von Vorsatz und Fahrlässigkeit ebenso unentbehrlich wie bei der Feststellung, wer was wann gewusst hat oder hätte wissen müssen. Diese Fragen sind z. B. unabdingbar, wenn beim Tatbestand des Betruges Täuschung und Irrtumserregung nachvollzogen werden sollen. Im Zusammenhang interner Ermittlungen sind mithin die Mitarbeiter des Unternehmens diejenigen Auskunftspersonen, die am ehesten zur Verfügung stehen und die qua Sachkompetenz und Aufgabenzuweisung am meisten über einen Sachverhalt wissen müssten. Die **Befragung von Mitarbeitern** stellt aber zugleich auch immer eine rechtliche Herausforderung für die Durchführung der Untersuchung dar, da mit ihr arbeitsrechtliche und zivilrechtliche Fragen ebenso verknüpft sind wie strafprozessuale und datenschutzrechtliche Einflüsse. Nicht zuletzt bedeutet sie eine nicht zu unterschätzende Belastung des Vertrauensverhältnisses zwischen Arbeitgeber und Arbeitnehmer und sollte daher inhaltlich wie juristisch gut vorbereitet werden.

Bevor wir uns mit den allgemeinen kriminaltaktischen und kommunikationstechnischen Gegebenheiten bei der Befragung von Personen näher auseinandersetzen wollen, soll daher zunächst die Sach- und **Rechtslage** im Hinblick auf sogenannte Mitarbeiterinterviews näher dargestellt werden.

Im Strafprozess wird zwischen der Vernehmung von Zeugen einerseits und Beschuldigten andererseits deutlich unterschieden. Während der Zeuge nur unter bestimmten Umständen Zeugnisverweigerungsrechte geltend machen kann, sonst aber der Aussagepflicht und der Wahrheitspflicht unterliegt, kann der Beschuldigte schweigen oder zu seiner Verteidigung sogar die Unwahrheit erzählen, wenn er dies für angebracht hält. Auf sein Schweigerecht ist er sehr formal hinzuweisen, d. h. ihm muss sein Beschuldigtenstatus ebenso mitgeteilt werden, wie eine Belehrung über das Schweigerecht. Dieses Schweigerecht wird im Strafprozess auch „nemo-tenetur-Prinzip" genannt und hat nach einer Entscheidung des Bundesverfassungsgerichts (BVerfGE 56, 37) seinen Ursprung im allgemeinen Persönlichkeitsrecht und – im Hinblick auf verbotene Vernehmungsmethoden – in der Menschenwürde.

Die Befragung des Arbeitnehmers in einer internen Ermittlung findet jedoch nicht im Strafverfahren statt, sondern innerhalb des Arbeitsverhältnisses als arbeitsrechtlich oder zivilrechtlich (leitende Angestellte) geprägtem Rechtsverhältnis. Das gilt selbst dann, wenn die Ergebnisse einer Befragung seitens des Arbeitgebers später den Ermittlungsbehörden zur Verfügung gestellt werden.

In der juristischen Literatur ist umstritten, inwieweit das strafprozessuale **Schweigerecht** und die damit einhergehende Selbstbelastungsfreiheit auch auf die zivil- und arbeitsvertraglichen Rechte und Pflichten der Beteiligten Einfluss hat (Fritz/Nolden, 2010; Lützeler/Müller-Sartori, 2011; Schürrle/Olbers, 2010).

Der Strafrechtsausschuss der Bundesrechtsanwaltskammer hat in den jüngst veröffentlichten Thesen der Bundesrechtsanwaltskammer zum Unternehmensanwalt im Strafrecht (BRAK-Stellungnahme Nr. 35/2010) keine eindeutige Stellungnahme zu dieser Rechtsfrage abgegeben. In These 3 heißt es: „Bei internen Erhebungen, insbesondere bei der Befragung von Mitarbeitern des Unternehmens, wahrt der Unternehmensanwalt die allgemeinen Gesetze und die sich aus den rechtsstaatlichen Grundsätzen ergebenden Standards." In den Ausführungen zu der These heißt es weiter: „Da unternehmensinterne Erhebungen – wie auch die Recherche des Verteidigers – nicht durch unmittelbar anwendbare gesetzliche Verfahrensregeln begrenzt sind, sollte die Einhaltung bestimmter Standards gewährleistet werden. Je mehr interne Erhebungen an den rechtsstaatlichen Standards eines staatlichen, justizförmigen Verfahrens ausgerichtet sind, umso tragfähiger und belastbarer sind ihre Ergebnisse. Nur durch die Einhaltung dieser Standards ist gewährleistet, dass der nemo-tenetur-Grundsatz nicht unterlaufen wird und überdies die Ergebnisse der Untersuchung als seriöse und verwertbare Basis für die Ermittlungstätigkeit der Staatsanwaltschaft dienen können."

Die wohl herrschende Meinung verneint jedoch die Anwendbarkeit der Selbstbelastungsfreiheit dort, wo zivilprozessuale oder arbeitsrechtliche **Auskunftspflichten** bestehen. Der BGH hat in einer zivilrechtlichen Entscheidung (BGHZ 41, 318) darauf hingewiesen, dass sowohl dem Strafrecht selbst, aber auch anderen Rechtsgebieten durchaus eine Mitwirkungspflicht, die auch selbstbelastende Elemente enthalten könne, nicht fremd sei. Verwiesen wird dabei u. a. auf die Strafvorschrift der Unfallflucht, der unterlassenen Hilfeleistung und der Pflicht zur Anzeige geplanter Straftaten, in denen jeweils verlangt werde, die eigene Tatbeteiligung offenzulegen. Auch dem Steuerrecht ist die Mitwirkungspflicht des Steuerpflichtigen keineswegs fremd und der BGH schließt daraus, dass es Auskunftspflichten und prozessuale Wahrheitspflichten geben könne, die trotz des offenkundigen Interessenkonflikts des Betroffenen der Selbstbelastungsfreiheit vorgehen. Dieses Ergebnis entspricht auch den rechtslogischen Unterschieden zwischen den Verfahrensarten.

Während im Strafprozess die Selbstbelastungsfreiheit den Ausgleich zu strafprozessualen Zwangsmitteln darstellt und sicherstellt, dass es einen Inquisitionsprozess, bei dem der Beschuldigte zum Objekt des Verfahrens herabgewürdigt wird, nicht geben kann, stehen dem fragenden Arbeitgeber Zwangsmittel nicht zur Verfügung. Sein auf dem Vertragsverhältnis gegründetes Auskunftsrecht spiegelt sich vielmehr in der Auskunftspflicht des Arbeitnehmers, wodurch (zumindest theoretisch) die vertragliche „Waffengleichheit" beider Parteien hergestellt ist.

Als weiterer Sicherungsmechanismus ist zu berücksichtigen, dass über die Verwertbarkeit der im Arbeitsverhältnis gegebenen Auskünfte im Strafprozess immer noch nach den dort geltenden Regeln entschieden werden kann und muss, sodass die Rechtsposition des Beschuldigten dort gesichert werden muss und nicht im privatrechtlich begründeten Arbeitsverhältnis.

Im Einzelnen leiten sich die Auskunftspflichten des Arbeitnehmers namentlich aus den dienstvertraglichen Pflichten (§§ 666, 667 BGB) des Dienstverhältnisses (§ 675 BGB) her. Daneben besteht die Auskunftspflicht als allgemeine Nebenpflicht des Arbeitsverhältnisses und kann sich auch aus vertraglichen Treuepflichten des § 242 BGB ergeben. Betreffen also die Fragen den direkten, arbeitsvertraglich geregelten Arbeitsbereich des Mitarbeiters, ergibt sich die Auskunftspflicht als dienstvertragliche Hauptpflicht. Betrifft der Sachverhalt einen Gegenstand, zu dem der Arbeitnehmer zwar Kenntnisse hat, die jedoch nicht seinen unmittelbaren Arbeitsbereich betreffen, wird man die Auskunftspflicht aus der arbeitsvertraglichen Treuepflicht herleiten und als Nebenpflicht ansehen müssen. Dem allgemeinen zivilrechtlichen Auskunftsanspruch, der sich aus Treu und Glauben (§ 242 BGB) ergeben kann, unterfallen dann Sachverhalte, die außerhalb des Arbeitsverhältnisses begründet sind, an deren Kenntnis der Arbeitgeber aber ein berechtigtes und schutzwürdiges Interesse hat, welchem bei der Interessenabwägung keine überwiegenden schutzwürdigen Interessen des Arbeitnehmers gegenüberstehen.

Die arbeitsvertraglichen Auskunftspflichten werden zusätzlich noch durch eine weitreichende arbeitsrechtliche Kasuistik konkretisiert, in der eine Reihe von unzulässigen Fragen (z. B. im Bewerbungsverfahren) herausgearbeitet wurden. Auch in diesem an sich klar geregelten Bereich bleibt damit Raum für eine Interessenabwägung. Die Interessenabwägung wird bei den direkt arbeitsbezogenen Fragen in aller Regel aber zugunsten der Zulässigkeit der Fragestellung ausschlagen, soweit der Arbeitgeber Opfer der untersuchten Tat ist, daraus einen Schaden erlitten hat und – wie hier in § 25h Abs. 3 KWG – sogar einer Untersuchungs- und Rechtspflicht zum Tätigwerden unterliegt.

Ein Schweigerecht, das dem Fragerecht des Arbeitgebers entgegengestellt werden kann, hat der Arbeitnehmer mithin nach der hier vertretenen Auffassung regelmäßig nicht. Zieht er es vor zu schweigen, so muss er mit den arbeitsrechtlichen Folgen seines Schweigens (Pflichtverletzung) leben. Zwangsmittel, eine Aussage herbeizuführen, stehen dem Arbeitgeber umgekehrt aber nicht zu. Diese Mechanismen – insbesondere den Vorgang der Interessenabwägung – anglo-amerikanisch geprägten Anwälten in einer Cross-Border-Untersuchung deutlich zu machen und ihnen klarzumachen, dass die Wahrnehmung seiner Rechte durch den Arbeitnehmer (z. B. die Verweigerung der Zustimmung, aufgezeichnete Telefonate abzuhören und zu verwerten oder höchstpersönliche Datensätze auszuwerten) nach europäischer Rechtstradition keine Obstruktion des Verfahrens darstellt, fällt nicht immer leicht. Hier sind die bereits zitierten Thesen der Bundesrechtsanwaltskammer ebenso hilfreich wie bei der Interessenabwägung und Einbeziehung der Arbeitnehmerrechte generell.

Unbeschadet arbeitsrechtlicher Auskunftspflichten sollten, so das Thesenpapier, die sich aus der rechtsstaatlichen Ordnung ergebenden Standards eingehalten werden. Zu diesen **Standards** zählen:

- das Recht des Mitarbeiters, bei Befragungen einen eigenen Anwalt seiner Wahl und seines Vertrauens zu konsultieren und die Belehrung über dieses Recht.
- die Vermeidung unlauterer Einwirkungen, insbesondere unerlaubter Vernehmungsmethoden im Sinne des § 136a StPO oder der Einschüchterung, Täuschung oder Bedrohung und Nötigung zur Aussage.

- die Belehrung, dass die Ergebnisse der Befragung gegebenenfalls an Behörden weitergegeben und dort zu seinem Nachteil verwendet werden können.

- die schriftliche Dokumentation der Befragung.

Zu dem letzten Punkt wird ergänzend hervorgehoben, dass auf Verlangen der Auskunftsperson eine Niederschrift über ihre Befragung aufzunehmen, in diese Einsicht zu gewähren und sie von der Auskunftsperson zu genehmigen sei. Diese Forderung ist in der Tat sehr weitgehend und nicht in allen Untersuchungshandlungen praktikabel. Richtig ist, dass die beschriebene Vorgehensweise das Befragungsergebnis sehr weitgehend gegen späteren Widerruf oder Unstimmigkeiten absichert, zumal wenn der vom Befragten beigezogene Vertrauensanwalt mit unterzeichnet. In der Praxis bleibt im Falle von Streitigkeiten über die Richtigkeit der Niederschrift allerdings immer noch die Möglichkeit, beide Protokolle – das ursprüngliche und das vom Befragten redigierte – den Ermittlungsbehörden vorzulegen, damit diese sich ein eigenes Bild über den Gang und Inhalt der Befragung machen können. Zusätzlich zu beachten sind eine etwaige Betriebsvereinbarung und Beteiligungsrechte des Betriebsrats, die sich aus dem Betriebsverfassungsgesetz ergeben können.

Der Forderung nach einer **Belehrung** ist ausdrücklich zuzustimmen, auch wenn sie in dem Sinne wie im Strafverfahren nicht erforderlich ist. Es macht aber Sinn, analog zu der Unterscheidung im Strafverfahren in dieser Belehrung zwischen der Befragung eines Verdächtigen und der Befragung von Zeugen zu unterscheiden. Bei denjenigen Mitarbeitern, denen deutlich erklärt wird, dass sie „nur" als Zeugen befragt werden sollen, dürfte dieser Hinweis deutlich zur Entspannung der Situation beitragen. Gegenüber dem verdächtigen Mitarbeiter erscheint es als Gebot der Fairness, ihm den möglichen Interessenkonflikt deutlich zu machen, verbunden mit dem Hinweis auf die mögliche Weiterleitung der Erkenntnisse an Strafverfolgungsbehörden und die Rechtsauffassung des Arbeitgebers zur Auskunftspflicht.

In Fällen, in denen bereits ein verdichteter Verdacht gegen den Mitarbeiter besteht, die Befragung neben der Tataufklärung vielleicht auch schon der arbeitsrechtlichen Anhörung zur Vorbereitung einer Kündigung dient, kann der Hinweis auf die Beiziehungsmöglichkeit eines eigenen Anwalts nicht schaden, auch wenn eine grundsätzliche Verpflichtung hierzu nicht besteht. In Fällen der „bloßen" Zeugenbefragung erscheint ein solcher Hinweis – nach Auffassung der Bundesrechtsanwaltskammer, verbunden mit einer Kostenübernahme durch den Arbeitgeber – allerdings überzogen.

Eine rechtzeitige **Vorankündigung** des Gesprächs ist eher ein Akt der Fairness und Höflichkeit als ein rechtliches Muss. Eine solche Vorankündigung mit gleichzeitiger Belehrung, die ohnehin schriftlich dokumentiert und vom Befragten gegengezeichnet werden sollte, kann etwa wie folgt lauten:

Sehr geehrter Herr …, sehr geehrte Frau ...,

die Zentralstelle zur Kriminalprävention, hier der/die Geldwäschebeauftragte …, führt in einem Fall des Verdachts des Betruges, der Untreue und der Gewährung unerlaubter Vorteile im Auftrag des Vorstands eine Sonderuntersuchung mit externer Unterstützung durch.

Diese Unterstützung erfolgt durch Rechtsanwälte X und Y. In dieser Eigenschaft vertreten die Rechtsanwälte das Unternehmen anwaltlich und können daher eine individuelle Vertretung von Mitarbeitern der Gesellschaft nicht übernehmen und ein Mandatsverhältnis mit Einzelpersonen nicht herbeiführen.

Gegenstand der Untersuchung ist es festzustellen, ob im Projekt … Zuwendungen gewährt und mit Rechnungen für angeblich erbrachte Beratungsleistungen im Zusammenhang mit … verschleiert wurden.

Im Zusammenhang mit dem erwähnten Verdacht sind zur weiteren Aufklärung des Sachverhalts zusätzliche Informationen erforderlich, zu denen

Sie persönlich befragt werden sollen. Wir bitten Sie daher, am ... um ... Uhr im Raum ... für ein Informationsgespräch zur Verfügung zu stehen. Die Befragung betrifft das genannte Projekt, in dem Sie in der Abteilung ... mitgearbeitet haben und für ... verantwortlich waren. Wir möchten Sie bitten, die bei Ihnen zu diesem Themenkomplex vorhandenen Unterlagen, wie z. B. Schriftstücke, Memos, Notizen und Ausdrucke des E-Mail-Verkehrs zu dem Gesprächstermin – soweit bei Ihnen vorhanden – vollständig mitzubringen. Vorsorglich teilen wir Ihnen mit, dass Ihre Antworten und die Niederschrift dieses Gesprächs gegebenenfalls in einem Strafverfahren oder in einem Zivilverfahren in einem späteren Stadium der Untersuchung Verwendung finden könnten.

Sie werden gebeten, die Ihnen bekannten Informationen und das Ihnen bekannte Wissen im Zusammenhang mit dem beschriebenen Vorgang offenzulegen. Wir bitten Sie, auf die gestellten Fragen vollumfänglich und wahrheitsgemäß zu antworten.

(Wahlweise: Wir möchten Ihnen versichern, dass gegen Sie persönlich in der vorliegenden Angelegenheit kein Verdacht besteht und Ihre Befragung daher ausschließlich zur Erlangung eines Zeugenbeweises dienen soll.)

Sie werden gebeten, zur Wahrung der Integrität der Untersuchung durch vertrauliche Behandlung des Sachverhalts, der Untersuchung als solcher und ihrer Befragung beizutragen und den Inhalt des Gesprächs gegenüber den betroffenen Kunden, anderen Mitarbeitern sowie Außenstehenden streng vertraulich zu behandeln.

Im Fall von Rückfragen wenden Sie sich bitte unmittelbar an einen der oben genannten Rechtsanwälte.

Herzlichen Dank für Ihre Unterstützung. Die Terminbestätigung bitte ich Sie an ... zu senden.

(Grußformel, Unterschriften)

Je nach Entscheidung des Auftraggebers der Untersuchung können die erwähnten Hinweise auf Zuziehung eines Anwalts, eines Betriebsratsmitgliedes oder eines neutralen Zeugenbeistands eingearbeitet werden. Eine Aufnahme des Gesprächs auf Tonträger oder eine Protokollierung von Fragen und Antworten durch einen der Interviewer auf Tonträger zum Zwecke der späteren Protokollerstellung ist nur mit ausdrücklicher Einwilligung des Befragten zulässig. Sollte die Einwilligung nicht gegeben werden, müsste eine andere Methode der Protokollierung, also im Regelfall die Mitschrift, gewählt werden. Die Mitschrift wird wesentlich erleichtert, wenn die ohnehin zu stellenden Leitfragen zuvor schriftlich niedergelegt und in Protokollform vorbereitet werden. Die schriftliche Festlegung einiger wesentlicher Fragen hat auch den Vorteil, die Befragung mehrerer Mitarbeiter zu standardisieren und die Auswertung der Antworten zu erleichtern. Darüber hinaus bieten vorformulierte Fragen eine höhere Protokollierungsgenauigkeit und helfen ebenfalls, spätere Dissonanzen über Gang und Inhalt der Befragung zu vermeiden.

2.2 Befragungsmethoden

Ein gut geführtes Interview (im Ermittlungsverfahren: Vernehmung) setzt einiges an Erfahrung, Vorbereitung und kommunikativen Fähigkeiten aufseiten der Interviewer voraus.

Neben Mitarbeitern, die verdächtig oder unverdächtig sein können, kommen auch unternehmensexterne Gesprächspartner in Betracht, bei denen man im Rahmen der Vorbereitung ebenfalls zwischen verdächtigen und unverdächtigen Personen unterscheiden sollte. Solchen externen Gesprächspartnern gegenüber, mögen sie nun Kunden, Mitarbeiter anderer Unternehmen oder sonstige Zufallszeugen sein, besteht keine gesetzliche Verpflichtung zu irgendeiner Form der Belehrung. Eine Erklärung, warum man mit ihm sprechen möchte, wird man dem unverdächtigen Zeugen im Geschäftsleben aber schon geben müssen, nicht zuletzt um seine Aussagebereitschaft zu fördern und die Reputation des Unternehmens im Außenverhältnis zu wahren. Von „verdeckten" Vernehmungen sollte mit diesem Personenkreis also unter allen Umständen Abstand genommen werden.

Beim Verdächtigen mag sich das bisweilen anders darstellen. Den Betrüger, der versucht, das Institut mit einer mutmaßlich gefälschten Urkunde zu täuschen oder den Bestecher, der bereits Mitarbeiter durch unerlaubte Zuwendungen zu beeinflussen versucht hat, im Rahmen weiterer „Verhandlungsgespräche“ dazu zu bewegen, seine wahren Absichten zu offenbaren und sich dabei „um Kopf und Kragen zu reden“, ist nicht verboten. Verboten wäre es allerdings, in einem solchen Gespräch die in § 136a StPO aufgezählten Methoden anzuwenden, das Gespräch heimlich mittels Video oder Tonträger aufzuzeichnen oder ihm das Gespräch in sonstiger Form aufzunötigen.

Es versteht sich von selbst, dass die **verbotenen Vernehmungsmethoden**, die die Strafprozessordnung in § 136a auflistet, auch in einer internen Ermittlung keinen Platz finden können. § 136a StPO schützt die Freiheit der Willensentschließung und der Willensbetätigung eines Beschuldigten im Ermittlungsverfahren und im Strafprozess, verkörpert also letztlich die Abkehr des freiheitlichen Rechtsstaats vom Inquisitionsprozess und seinen Methoden.

Ausdrücklich genannt werden Misshandlung, Ermüdung, körperliche Eingriffe, die Verabreichung von Mitteln, Quälerei, Täuschung und Hypnose.

Im deutschen Recht wäre auch die Anwendung eines Lügendetektor-Tests, selbst wenn der Befragte sich diesem freiwillig stellt, eine unzulässige Vernehmungsmethode. Von besonderer Bedeutung sind auch die **Drohung** mit einer unzulässigen Maßnahme oder das Versprechen eines gesetzlich nicht vorgesehenen Vorteils.

Hier ist jeweils eine Abwägung, aber auch sorgfältiges Formulieren erforderlich. Arbeitsrechtliche Hinweise auf die Möglichkeit einer Verdachtskündigung, einer verhaltensbedingten Kündigung oder einer Abmahnung dürfen nicht mit dem Einfordern einer bestimmten Verhaltensweise verbunden oder im Sinne einer nötigenden Drohkulisse ausgesprochen werden. Als bloße Hinweise, welche Reaktionen der Arbeitgeber sich vorbehält, sind sie möglich, bei Verknüpfung der Befragung mit einer arbeitsrechtlichen Anhörung teilweise sogar erforderlich.

Das Gleiche gilt im Umkehrschluss für das Versprechen, keinen Schadenersatz geltend zu machen (z. B. Amnestieprogramm) oder von Strafanzeige abzusehen, wenn der Verdächtige sich offenbart und kooperiert. Beide Aussagen sind als einzusetzende Mittel nicht rechtswidrig, können jedoch bei Überbetonung ihres Wirkungsbereichs und zu enger Verknüpfung mit bestimmten Forderungen oder Erwartungen (sogenannte Zweck-Mittel-Relation) dennoch zur Verwirklichung einer Nötigung führen. Dies gilt insbesondere, wenn die Androhung einer an sich rechtmäßigen Maßnahme oder eines zulässigen Vorteils mit der Verpflichtung zu einem Verhalten verknüpft wird, auf das kein Anspruch besteht (Beispiel: „Wir sehen **nur** von Schadenersatzforderungen ab, wenn Sie gegen Ihren Kollegen aussagen.“).

Werden **Zusagen** gemacht oder Vorteile gewährt, so sollten diese schriftlich protokolliert und zur Dokumentation der Befragung hinzugenommen werden. Zusagen zu machen, die man hinterher nicht einhält oder auf deren Verwirklichung man keinen Einfluss hat (z. B. Straffreiheit im Strafverfahren), ist vielleicht der schwerste Fehler, den man im Zusammenhang mit einer Befragungssituation machen kann: Ein solcher Untersuchungsführer oder Interviewer ist im Unternehmen ein für alle Mal „verbrannt“.

Schwierig ist auch die Abgrenzung, wo bei einer Befragung die **Täuschung** beginnt. Fangfragen, Suggestivfragen oder die Ausnutzung eines Überraschungsmoments sind noch keine Täuschung, auch unbeabsichtigte Irreführungen fallen nicht darunter. Das Verschweigen von Tatsachen ist ebenso wenig eine Täuschung wie die Ausnutzung eines beim Befragten ohnehin schon vorhandenen Irrtums. Insoweit ist also eine gewisse (kriminalistische) List in der Befragung erlaubt, falsche Tatsachenbehauptungen, gefälschte Beweismittel, untergeschobene Beweismittel („dieses Schriftstück haben wir in Ihrem Schreibtisch gefunden“) sind allerdings ebenso tabu wie die fehlerhafte Wiedergabe der Aussagen von anderen Befragten als Vorhalt oder falsche Zitate aus den Akten.

Über die unerlaubten Vernehmungsmethoden des Strafprozessrechts hinaus ist auch an arbeitsrechtliche Beschränkungen des Fragerechts des Arbeitgebers zu denken. Ohne an dieser Stelle näher auf die Unterschiede zwischen arbeitsrechtlichen Situationen, wie z. B. dem Bewerbungsgespräch oder dem Beurteilungsgespräch, und der Befragung im Rahmen einer internen Ermittlung eingehen zu wollen, sei hier nur kursorisch auf Fragen zur politischen, religiösen, weltanschaulichen oder sexuellen Orientierung und die allgemeinen Grundsätze des AGG verwiesen.

Näher beschäftigen wollen wir uns aber noch mit der Fragetechnik und einigen taktischen Überlegungen zur Befragungssituation.

2.3 Fragetechnik und Strategie

An dieser Stelle bleiben Glaubwürdigkeitslehre, Wahrnehmungslehre und die Frage von Fehlerquellen bei Aussagen zunächst außen vor. Dafür ist neben durch nichts zu ersetzender praktischer Erfahrung die Lektüre geeigneter Fachliteratur zur Vernehmungspsychologie und zur Wahrheitsfindung im Strafprozess dringend anzuraten. Einige Hinweise zu den Umständen, wie Befragungen stattfinden können, was dabei zu beachten ist und welche Art von Fragen in welchen Situationen Sinn machen können, erscheinen im Zusammenhang dieser Ausführungen aber angebracht.

Jede Befragung muss gut vorbereitet sein; genaue Kenntnis der Sachlage und der bisherigen Ermittlungsergebnisse sind unverzichtbar. Für Vorhalte erforderliche Unterlagen sollten wohl geordnet und in erforderlicher Anzahl vorbereitet werden, um den flüssigen Verlauf des Gesprächs nicht durch Suche in den Akten und „Zettelwirtschaft“ unnötig zu unterbrechen.

Als Grundsatz kann festgehalten werden, dass Interviewpartner, gegen die ein Verdacht in der Sache vorliegt, erst vernommen werden sollten, wenn genügend andere Beweismittel ausgewertet sind, untermauerte Indiztatsachen vorliegen und ein einigermaßen klares Bild des Sachverhalts vorhanden ist. Zeugen hingegen sollten so bald wie möglich vernommen werden, um der Verringerung der Aussagegenauigkeit durch Zeitablauf, durch Gespräche mit anderen Beteiligten, mögliche Beeinflussung durch Verdächtige oder Täter und psychologische Verdrängungsmechanismen wie Rationalisierungen vorzubeugen.

Es empfiehlt sich, eine möglichst sachliche Gesprächsatmosphäre durch Wahl der Räumlichkeit zu schaffen und die zu befragende Person nicht durch die Anwesenheit zu vieler Fragesteller zu überfordern. Vier oder gar mehr Fragesteller, ergänzt durch Zuhörer aus anderen Abteilungen oder neutrale Personen, wie z. B. Personalabteilung oder Betriebsratsmitglieder, schaffen allein durch die Anzahl von Personen, denen sich der Befragte gegenübersieht, ein aussagefeindliches Klima. Kommt dann unter Umständen noch ein Übersetzer bei Sprachproblemen und eine Person zur Führung des Protokolls hinzu, wird die Situation in einer Weise überfrachtet, die keinen positiven Einfluss auf die Aussage hat.

Wünscht der Befragte ausdrücklich, eine Vertrauensperson hinzuzuziehen, so spricht selten etwas dagegen, diesem Wunsch Folge zu leisten. Andererseits sollten grundsätzlich zwei Fragesteller vorhanden sein, deren Rolle und inhaltliche Vorgehensweise zuvor festgelegt sein muss. Einzelbefragungen verbieten sich schon aus Beweisgründen von selbst. So macht es Sinn, dass ein Fragesteller grundsätzlich das Gespräch führt, während die zweite anwesende Befragungsperson zunächst Zurückhaltung übt, dem Gespräch folgt, etwaige Widersprüche oder wichtige Aussagen notiert und sich an der Gesprächsführung nur nach Absprache oder zu bestimmten Befragungsthemen beteiligt.

Es bietet sich an, das Gespräch zunächst mit einigen Fragen zur Person des Befragten zu eröffnen, die ohne Probleme und ohne Antworthemmung beantwortet werden können. Diese sogenannten **Einleitungsfragen** eröffnen das Gespräch und geben den Fragestellern zugleich Hinweise auf das fachliche und sprachliche Niveau des Aussagenden. Diese Fragen sollten nach Möglichkeit unkompliziert sein, noch nicht zum Sachverhalt gehören und erst nachdem ein nachhaltiger Gesprächskontakt hergestellt ist, zum Sachverhalt überleiten. Um Gehemmtheit, Ängstlichkeit und Anspannung beim Befragten abzubauen, empfiehlt es sich auch, zunächst eine angenehme Gesprächsatmosphäre herzustellen, indem etwa nach Getränkewünschen, dem Befinden und den aktuellen Arbeitsthemen gefragt wird. Über eine Reihe von Kontaktfragen, die sich an das eigentliche Befragungsthema annähern, kann dann in die eigentlichen Sachfragen übergegangen werden. Beispiele für solche Kontaktfragen sind die Frage nach Gerüchten im Haus, die zu der Sonderuntersuchung bereits aufgekommen sein können, nach der Lektüre etwaiger Presseartikel oder der Stimmung in der Abteilung nach der Offenbarung bestimmter Sachverhalte.

Ziel jeder Befragung ist die sogenannte **Sachvernehmung**, die mit der Erörterung des Sachverhalts in chronologischer Folge, dem Vorhalt von Beweismitteln und anderen Aussagen sowie der Diskussion etwaiger Widersprüche zum bisherigen Ermittlungsergebnis eng am Sachverhalt orientiert ist und den Regelfall der Vernehmung darstellt.

Eine sogenannte **abtastende Vernehmung** kommt zur Anwendung, wenn der Befragte einer Tat oder eines Fehlverhaltens verdächtigt wird, das Ausmaß des Fehlverhaltens, weitere Beteiligte oder der Umfang des Problems noch nicht vollständig bekannt sind. Hier können die Erkenntnisse aus dem Fraud-Triangle Anwendung finden, da sowohl davon auszugehen ist, dass Motivationslagen offenbar werden als auch typische Rationalisierungen, also der Versuch, etwas zu rechtfertigen, unaufgefordert hervortreten können. Das Gegenstück zur abtastenden Vernehmung ist die sogenannte **Festlegevernehmung**, die mit dem Versuch einhergeht, durch Befragung im Detail, sich wiederholende Vorhalte und gezielte Anwendung von Fragetechniken den Befragten dazu zu veranlassen, sich auf bestimmte Geschehensabläufe oder Varianten festzulegen. Diese Befragungsart macht insbesondere Sinn, wenn die Beweislage noch unzureichend ist und die Aufdeckung von Widersprüchen ein deutlicheres Bild der Sachlage herbeiführen soll.

Noch weitergehend ist die Technik der sogenannten **Überraschungsvernehmung**, bei der nach den skizzierten Einleitungsfragen sehr direkt, unmittelbar und für den Befragten überraschend ein Sachverhalt dargelegt wird, zu dem er Stellung nehmen soll. Eine Variante der Überraschungsvernehmung wäre es auch, einen Mitarbeiter ohne schriftliche Einladung und ohne Vorankündigung von seinem Arbeitsplatz wegzuholen (gegebenenfalls unter einem Vorwand) und ihn dann mit der entsprechenden Fragestellung zu konfrontieren. Bei dieser Variante ist sehr genau zu überlegen, ob die Gebote der Fairness der Befragung eingehalten werden und ob die konfrontative Vorgehensweise dem innerbetrieblichen Frieden wirklich zuträglich ist. Hier wird die Methode der Überraschungsvernehmung nur in den Fällen empfohlen, in denen gegen einen Verdächtigen bereits erhebliche, belegte Anhaltspunkte vorhanden sind.

Auch einige **Fragetechniken** sollten die Interviewer beherrschen und sich gegebenenfalls vorher im Rahmen eines taktischen Konzepts zurechtlegen.

Während es im Strafprozess aus gutem Grund nicht geduldet wird, dass bereits beantwortete Fragen abermals gestellt werden (§ 241 Abs. 2 StPO), sind diese in einer Befragungssituation durchaus geeignet, die Widerspruchsfreiheit der Aussage auf den Prüfstand zu stellen und die Glaubwürdigkeit der Aussageperson zu überprüfen. Auch Mehrfachfragen und ganze Fragebatterien, ebenso wie ein mögliches Unterbrechen der Antwort durch ins Wort fallen, können eine gezielte Fragetechnik darstellen. So gehört es beispielsweise zur Verunsicherungstaktik, den Befragten bewusst im Glauben zu lassen, die Untersuchungsergebnisse stünden bereits fest und die Fragesteller wüssten schon alles. Das scheinbare desinteressierte Hinnehmen von Antworten ohne weitere Nachfragen kann genauso zur Verunsicherung beitragen, wie überraschende Aggressivität des Fragestellers („Wem wollen Sie das denn erzählen?“; „Das glaubt Ihnen doch keiner.“). Bei alledem sind jedoch die oben aufgezeigten Grenzen unzulässiger Vernehmungsmethoden einzuhalten. Das Gleiche gilt für das Stellen von Suggestiv- oder Fangfragen. Suggestivfragen sind z. B. erlaubt, wenn der Befragte die Frage ganz offensichtlich nicht verstanden hat, zur Umschreibung eines Fragezusammenhangs, als Zusammenfassung oder Zwischenergebnis oder auch zur Aufdeckung von Widersprüchen. Ähnliches gilt für die Voraussetzungsfrage: Das Allgemeine wird vorausgesetzt und einfach übersprungen, die Besonderheit wird infrage gestellt (Beispiel: „Haben Sie den Buchungsdatensatz eingegeben?“, wenn noch gar nicht erörtert worden ist oder feststeht, dass der Buchungsdatensatz überhaupt im System eingegeben wurde.).

Täuschung und Irreführung sind bei dieser Art der Fragestellung aber, wie bereits gesagt, zu vermeiden. Die Erwartungsfrage unterstellt bestimmte Sichtweisen oder z. B. eine Best Practice, von der man erwartet, dass sie den Befragten bekannt sei oder von ihm angewendet und eingehalten wurde („Müsste ein ordentlicher Buchhalter die Gegenbuchung nicht an dieser Stelle verbucht haben?“). Diese Frageform zeigt zugleich, dass man mit der Erwartungsfrage das Gegenüber provozieren oder seinen Widerspruch herausfordern kann, wenn die unterstellte Erwartung von der tatsächlichen Situation oder ihrer Handhabung abweicht.

Oft wird die Erwartungsfrage für die Wahrheitsfindung aber ebenso ungeeignet sein, wie z. B. in Strafprozessen häufig anzutreffende Schätz-Fragen an Zeugen („Wie viele Meter war das herannahende Fahrzeug ungefähr entfernt?“) oder Rechtsfragen an Nichtjuristen bzw. an solche, die mit der Sachbearbeitung des Vorgangs nicht betraut waren.

Zu den Provokationsstrategien zählen neben der Behauptung von Widersprüchen in der bereits getätigten Aussage des Befragten auch die Taktik, intensiv das Fachwissen des Befragten „abzufragen“ und in der Arbeitsweise Unklarheiten und Unsauberkeiten „herauszuarbeiten“. Auch bei diesen Strategien muss wohl überlegt sein, wie weit man gehen will und ob sie der Verdachtssituation tatsächlich angemessen sind.

Die sogenannte Verstrickungstaktik hingegen, mit der man dem Befragten die Gelegenheit gibt, sich immer tiefer in Widersprüche zu verwickeln, bis er die Details seiner Lügen schließlich selbst nicht mehr ordnend im Griff hat, verlangt viel Geduld und in aller Regel den Verzicht auf Provokationsstrategien.

Insofern bieten sich eine Vielzahl höchst unterschiedlicher Herangehensweisen an, die nur dann zu einer Erfolg versprechenden Gesprächsführung verdichtet werden, wenn sie hinreichend vorbereitet und eingeübt sind.

Auch insofern gilt: Nur Übung macht den Meister. Wenn und soweit die entsprechende Gesprächserfahrung nicht vorhanden ist, sollte man – jedenfalls in bedeutsamen Angelegenheiten – auf die Heranziehung professioneller Unterstützung setzen, anstatt laienhaft zusammengetragene, vielleicht sogar unverwertbare Ergebnisse zu produzieren.

3. Sonderuntersuchungen und Datenschutz

3.1 Einleitung

In der Vergangenheit kam es bei Sonderuntersuchungen oder Ermittlungshandlungen in Unternehmen, deren Gegenstand forensische Datenanalysen waren, häufiger zu sog. „Datenschutzskandalen". Man denke an die medial bekanntesten Fälle bei Lidl, Deutsche Bahn und Telekom.

Die Herausforderung bei internen Ermittlungen wegen Betrugsverdachts besteht darin, effiziente Ermittlungen mit zutreffenden Feststellungen vorzunehmen, ohne gegen Datenschutzgesetze zu verstoßen oder schwerwiegende Reputationsverluste durch die Skandalisierung an sich zulässiger Methoden zu erleiden. Besonders wichtig ist in diesem Zusammenhang der rechtlich zulässige Umgang mit dem Bereich der forensischen Datenanalyse und dabei insbesondere die Auswertung von Mitarbeiter-E-Mails. Denn der E-Mail-Verkehr im Institut stellt häufig die wichtigste Erkenntnisquelle bei der Rekonstruktion von Abläufen dar, sei es beim Zustandekommen von Handelsgeschäften mit Gegenparteien oder Abschlüssen im Kundenauftrag beim Wertpapierhandel, der vermuteten Nichteinhaltung von Vertraulichkeitsbereichen und dem Verdacht des Insiderhandels oder bei der Gewährung von Provisionen mit strafbarem Charakter. Die **forensische Datenanalyse** hat in den letzten Jahren kontinuierlich an Bedeutung und Notwendigkeit gewonnen. Dieser „Trend“ wird sich in den kommenden Jahren weiter fortsetzen. Umso wichtiger ist es für die Auftraggeber solcher forensischen Analysen, ihren Handlungsspielraum genau zu kennen.

Über die Aufklärung von sonstigen Straftaten hinaus sind es bankaufsichtsrechtlich relevante Vorgänge aus den Bereichen Compliance, Fehlverhalten von Mitarbeitern, Kundenbeschwerden oder auch des Außenwirtschaftsrechts (Sanktionen/Embargorecht), die eine interne Aufklärung, häufig unter Beteiligung externer Aufklärungsgehilfen, erfordern können.

Nicht immer werden betroffene Institute über das erforderliche „Know-how“ verfügen, um den Sachverhalt aufzuklären und verwertungsfähiges Beweismaterial zu sichern, sodass forensisch erfahrene Dienstleister mit dieser Aufgabe betraut werden müssen. Dabei sprechen nicht nur die besonderen Kenntnisse Externer für deren Beauftragung, sondern viel häufiger auch Gründe der dadurch gewährleisteten Objektivität und forensischen Sicherheit der Datenanalyse. Diese haben sich dabei an alle einschlägigen gesetzlichen Bestimmungen zu halten. Denn ein Verstoß gegen Schutzgesetze kann für den Dienstleister und unter Umständen auch für das geschädigte Unternehmen erhebliche strafrechtliche Konsequenzen haben und Reputationsrisiken mit sich bringen, die den ursprünglichen Schaden noch übersteigen. Die Beweissicherung und -auswertung hat so zu erfolgen, dass die Beweismittel in späteren gerichtlichen Verfahren verwertbar sind.

In diesem frühen Stadium tritt die erste rechtliche Weggabelung in Erscheinung, wenn ein externer Untersuchungsführer eingeschaltet werden soll. Denn bei den dem Unternehmen zur Verfügung stehenden Daten, die für die Aufklärung des Sachverhalts von Nutzen sein könnten, handelt es sich z. B. bei E-Mails um **personenbezogene Daten** des Mitarbeiters. Eine Weitergabe dieser Daten könnte eine „Übermittlung an einen Dritten“ darstellen. Diese Vorgehensweise unterliegt dem Bundesdatenschutzgesetz (BDSG). Eine andere Möglichkeit der Weitergabe der Daten ist der Auftragsdatenverarbeitungsvertrag gem. § 11 BDSG.

3.2 Auftragsdatenverarbeitungsvertrag

Die Auftragsdatenverarbeitung zeichnet sich vor allem dadurch aus, dass es an einem Übermittlungstatbestand fehlt. Gem. § 4 Abs. 1 BDSG ist u. a. die Verarbeitung einschließlich der Übermittlung personenbezogener Daten an einen Dritten nur zulässig, wenn das BDSG oder eine andere Rechtsvorschrift dies erlaubt oder der Betroffene eingewilligt hat. In § 3 Abs. 8 S. 3 BDSG ist geregelt, dass „Dritte“ nicht Stellen sind, die „im Auftrag“ personenbezogene Daten erheben, verarbeiten oder nutzen. Demnach bedarf es innerhalb des Auftragsdatenverarbeitungsverhältnisses auch keiner Einwilligung des Betroffenen oder anderer Erlaubnistatbestände.

Bedient sich ein Unternehmen der Möglichkeit der Auftragsdatenverarbeitung durch einen externen Dienstleister, ist dieser streng an die Weisungen des Auftraggebers gebunden und darf ausschließlich in dessen Interesse tätig werden. Außerdem muss sich der Auftraggeber gem. § 11 Abs. 2 S. 4 BDSG von der Einhaltung der technischen und organisatorischen Maßnahmen des Auftragnehmers überzeugen. Dieses Kontrollrecht bzw. diese Kontrollpflicht verdeutlicht, dass der Auftraggeber auch weiterhin „Herr der Daten“ bleibt und allein über die Verarbeitung der Daten bestimmt.

Sollen Daten i. S. d. Auftragsdatenverarbeitung weitergeleitet werden, ist darauf zu achten, dass auch tatsächlich eine Auftragsdatenverarbeitung vorliegt und keine von dieser abzugrenzende **Funktionsübertragung**. Liegt eine Funktionsübertragung vor, entfällt die Auftragsdatenverarbeitung, wodurch in der Weitergabe von Daten ein Übermitteln i. S. v. § 3 Abs. 4 Nr. 3 BDSG zu sehen ist. Eine Funktionsübertragung ist gegeben, wenn dem externen Unternehmen eine eigene rechtliche Zuständigkeit für die Aufgabe, deren Erfüllung die Datenverarbeitung oder Nutzung dient, zugewiesen wird. Die

Entscheidung darüber ist eine Einzelfallbetrachtung. Wichtigstes Abgrenzungskriterium stellt die Entscheidungsbefugnis über die Daten und die damit verbundene datenschutzrechtliche Verantwortlichkeit dar.

Demnach ist unbedingt darauf zu achten, dass in Abgrenzung zu einer Funktionsübertragung klare Aufträge bzw. konkrete Verfahrensvorgaben formuliert und eindeutige Ermittlungsziele vorgegeben werden. Die Ermittlungsziele können natürlich nicht bestimmen, wie das Ergebnis auszufallen hat, sondern müssen eine Zielrichtung vorgeben und dementsprechend ergebnisoffen formuliert werden.

3.3 Übermittlung an einen Dritten

Ein weiterer möglicher Weg, die Daten an ein externes Unternehmen weiterzuleiten, ist die Übermittlung von Daten an einen Dritten. Die Übermittlung personenbezogener Daten gilt gem. § 3 Abs. 4 S. 1 BDSG als Verarbeiten von Daten. Die Verarbeitung personenbezogener Daten bedarf jedoch gem. § 4 Abs. 1 BDSG für deren Zulässigkeit einer Erlaubnisnorm des BDSG, einer anderen Rechtsvorschrift, die dieses erlaubt oder der Einwilligung der Betroffenen. Möglicherweise werden die an einer Straftat Beteiligten ein geringes Interesse daran haben, ihre Einwilligung zu erteilen. Auch könnte es ermittlungstaktisch problematisch sein, die Verdächtigen über die anstehende Untersuchung bereits jetzt durch Anfragen zur Einwilligung zu informieren. Demnach bleiben, um sich weiterhin im rechtlich zulässigen Rahmen zu bewegen, nur die Erlaubnistatbestände des BDSG und anderer Rechtsvorschriften, die eine Übermittlung an einen Dritten erlauben.

Die zentrale **Erlaubnisnorm** für nicht-öffentliche Stellen im BDSG ist § 28. Nach dieser gibt es verschiedene Möglichkeiten, die Zulässigkeit der Übermittlung zu begründen. Dabei ist jedoch darauf zu achten, dass hier Abwägungsgesichtspunkte eine große Rolle spielen und der Verhältnismäßigkeitsgrundsatz in Erscheinung tritt. Die einzelnen Tatbestände des § 28 BDSG können hier aufgrund des Umfangs nicht einzeln und in Gänze dargestellt werden. Für die

Übermittlung von Daten kommen § 28 Abs. 1, 2 und 3 BDSG in Betracht. Dabei ist u. a. auf das Verhältnis der verschiedenen Alternativen zu achten.

Eine „andere Rechtsvorschrift“ i. S. v. § 4 Abs. 1 BDSG ist einem Beschluss des BAG in Übereinstimmung mit dem Großteil der Literatur zufolge z. B. auch eine **Betriebsvereinbarung**. Ist es möglich, auf eine derartige Betriebsvereinbarung zurückzugreifen, bestimmt sich die Zulässigkeit der Verwendung der Daten ausschließlich nach der Betriebsvereinbarung, sofern in ihr konkret auf die einzelnen Phasen der Datenverwendung eingegangen wird.

3.4 Verarbeitung und Nutzung der Daten

Nachdem die Daten auf den oben beschriebenen Wegen an einen Externen weitergeleitet oder übermittelt wurden, folgt die eigentliche forensische Auswertung, also die Verarbeitung und Nutzung der Daten. Dabei ist fraglich, ob Verarbeitung und Nutzung der Daten, die durch die verschiedenen Arbeitsschritte während der Datenanalyse verwirklicht werden, zulässig sind.

Verarbeitung von Daten ist gem. § 3 Abs. 4 S. 1 BDSG das Speichern, Verändern, Übermitteln, Sperren und Löschen personenbezogener Daten. Speichern ist gem. § 3 Abs. 4 S. 2 Nr. 1 BDSG das Erfassen, Aufnehmen oder Aufbewahren personenbezogener Daten auf einem Datenträger zum Zwecke ihrer weiteren Verarbeitung oder Nutzung. Verändern ist nach Nr. 2 das inhaltliche Umgestalten gespeicherter personenbezogener Daten. Eine Nutzung von Daten ist gem. § 3 Abs. 5 BDSG jede Verwendung von personenbezogenen Daten, soweit es sich nicht um Verarbeitung handelt.

Als Beispiel kann hier die Extrahierung von bestehenden Datensätzen (E-Mail-Postfach) oder ihr Export in neue, der Untersuchung dienende Listen und Dateien genannt werden. Auch die Benutzung verschiedener Minimalisierungsprogramme stellt eine solche vom Gesetz nicht näher spezifizierte „Nutzung“ dar. Die Grunddaten bleiben unverändert, ein Extrakt wird verwendet für die Erstellung und Analyse der Charts und Dateien, die oft mit Informationen aus verschiedenen Datenquellen erstellt werden.

In Bezug auf die Verarbeitung und Nutzung von Daten ist zu unterscheiden, ob der Arbeitgeber den Arbeitnehmern nur die dienstliche oder auch die private Nutzung des Computers und des Internets erlaubt hat. Hat der Arbeitgeber „nur" die dienstliche Nutzung des Computers erlaubt, gibt es unter rechtlichen Gesichtspunkten gute Möglichkeiten, den Bestand der E-Mails des Arbeitnehmers untersuchen zu können. Das soll allerdings keinesfalls bedeuten, dass pauschal alle E-Mails aller Mitarbeiter verarbeitet werden können. Diese Vorgehensweise würde gegen das Verhältnismäßigkeitsprinzip verstoßen und damit unzulässig sein. Dies gilt sowohl für die äußeren Verbindungsdaten als auch für die Verbindungsinhalte. Eine Eingrenzung des Untersuchungsgegenstandes ist also vonnöten. Massendatenabgleiche sind per se kaum angemessen, konkrete Einzelfälle aufzuklären, ihre kriminalistische Sinnhaftigkeit für unternehmensinterne Untersuchungen kann ohnehin bezweifelt werden.

Die Zulässigkeit von Datenverarbeitung und -nutzung für nicht-öffentliche Stellen, also private Unternehmen, richtet sich grundsätzlich nach § 28 BDSG, bei Untersuchungshandlungen mit Straftatenverdacht gegen einen Mitarbeiter nach § 32 BDSG.

3.5 Rechtliche Grundlagen der Untersuchung

Die Zulässigkeit von Datenauswertungen im Rahmen von Untersuchungen hat sich bisher aus § 28 Abs. 1 S. 1 Nr. 2 BDSG ergeben. Danach sind sie zulässig, soweit es zur Wahrung berechtigter Interessen der verantwortlichen Stelle erforderlich ist und kein Grund zu der Annahme besteht, dass das schutzwürdige Interesse des Betroffenen an dem Ausschluss der Verarbeitung oder Nutzung überwiegt.

Unter dem Begriff des **berechtigten Interesses** wird ein nach vernünftiger Erwägung durch die Sachlage gerechtfertigtes tatsächliches Interesse verstanden, das wirtschaftlicher oder ideeller Natur sein kann. Es muss sich um einen Zweck handeln, dessen Verfolgung vom durchschnittlichen Rechtsempfinden gebilligt wird. In vielen Fällen wird tatsächlich ein Straftatverdacht im Raum stehen, an dessen Aufklärungsinteresse kaum ein Zweifel besteht. Aber auch schwerwiegende Ordnungswidrigkeiten oder aufsichtsrechtliche Verfehlungen aufzuklären, liegt im Unternehmensinteresse. Schließlich können Geldbußen nicht nur gegen den eigentlichen Täter, sondern im Rahmen des sog. „Einheitstäterprinzips" des Ordnungswidrigkeitenrechts gegen jeden weiteren Beteiligten, insbesondere auch die Geschäftsleitung bei mangelhafter Beaufsichtigung und das Unternehmen selbst, verhängt werden.

Ferner sind die Wirkungen möglicher Einziehungs- und Verfallsmaßnahmen ebenso zu berücksichtigen wie Reputationsschäden, die dem Institut aus einer unterbliebenen Sachverhaltsaufklärung erwachsen können. Außerdem drohen mögliche versicherungsrechtliche Nachteile bei Obliegenheitspflichtverletzungen. Vermögensrechtlich gehört es darüber hinaus zu den Pflichten der Unternehmensleitung, etwaige Schadensersatzforderungen gegen den oder die Schädiger prüfen und realisieren zu lassen. Diese Bereiche sind von der Regelung in § 32 BDSG nicht erfasst (dazu gleich) und es ist letztlich ungeklärt, ob daraus zu schließen ist, dass Untersuchungshandlungen im Hinblick auf diese Tatbestände nun nicht mehr zulässig sein sollen, wenn Mitarbeiter involviert sind, oder ob die Neuregelung ausschließlich den Sonderfall des Straftatverdachts gegen Mitarbeiter erfasst, alle anderen Untersuchungsgegenstände aber unberührt lässt, sodass insoweit § 28 auch weiterhin seine Wirkung entfaltet.

Eine „herrschende Meinung" hat sich insoweit noch nicht herausgebildet, mit Ausnahme der überall verbreiteten Ansicht, dass der gesetzgeberische Schnellschuss des § 32 BDSG gründlich misslungen ist. Das hat wohl inzwischen der zuständige Innenminister selbst eingesehen und daher nunmehr ein Eckpunkte-Papier zum Arbeitnehmerdatenschutz vorgelegt, um die Reform der Reform einzuleiten (Budras, FAZ vom 01.04.2010). Das Problem dabei: die Eckpunkte sind im politischen Diskurs über mehrere Jahre nicht weiter verfolgt worden. Der Gesetzgeber scheut sich offensichtlich, diesen Bereich zu reformieren bzw. in verschiedenen politischen Konstellationen und Koalitionen ist Einigkeit zu dem Thema nicht zu erzielen. Das heißt: Die betroffenen Unternehmen müssen vorläufig weiterhin mit der verunglückten Regelung arbeiten, Abhilfe ist nicht in Sicht.

Ein Verbot, interne Ermittlungen unter Verwendung von Daten von Mitarbeitern in allen anderen, nicht strafrechtlich relevanten Verdachtssituationen durchzuführen, kann nicht ernsthaft Absicht des Gesetzgebers gewesen sein. Wesentlich ist hier, dass sich gerade im Finanzsektor aus anderen Vorschriften die Pflicht zu Ermittlungen ergibt, auch wenn das Fehlverhalten nur als Ordnungswidrigkeit sanktioniert ist oder sich ausschließlich aufsichtsrechtliche oder zivilrechtliche Folgen daraus ergeben. Infolgedessen wird hier die Auffassung vertreten, dass Untersuchungshandlungen unter Rückgriff auf Mitarbeiter-Daten auch weiterhin im Rahmen des § 28 BDSG gestattet sind. Bezieht sich der Verdacht auf eine Straftat durch den Mitarbeiter, ist einschränkend § 32 BDSG zu beachten.

Es kann im Zuge der fortdauernden Rechtsunsicherheit nur dringend geraten werden, die weiteren Voraussetzungen des § 32 BDSG in allen jenen Fällen zu beachten, in denen arbeitsrechtliche Folgen einer Untersuchung absehbar sind oder – wegen eines Verdachts gegen den Mitarbeiter – nicht ausgeschlossen werden können. Insbesondere die noch zu erörternde Dokumentationspflicht hinsichtlich des Verdachts sollte in diesen Fällen analog § 32 BDSG eingehalten werden.

Die Feststellung des berechtigten Interesses des Arbeitgebers aber richtet sich in diesen außerstrafrechtlichen Fällen weiterhin nach § 28 BDSG, solange nicht das Gesetz zum Beschäftigtendatenschutz in Kraft getreten ist.

Es finden sich auch außerhalb der bloßen strafrechtlichen Betrachtung eine Reihe guter Gründe, das berechtigte Interesse des geschädigten Unternehmens an Aufklärung und damit an der Anwendung datenschutzrechtlich relevanter Nachforschungsmethoden festzustellen. Schließlich werden auch die bereits erwähnten bankaufsichtsrechtlichen Verpflichtungen zur Sachverhaltsaufklärung ein berechtigtes (weil zugleich rechtliches) Interesse der Bank oder des Finanzdienstleisters begründen. § 25h KWG enthält insoweit die datenschutzrechtlich erforderliche Ermächtigungsnorm für die Durchführung der

Untersuchung, dürfte aber nicht jegliche denkbare Untersuchungshandlung ohne Rücksicht auf Verhältnismäßigkeitserwägungen rechtfertigen.

Demgegenüber dürfen aber in diesen Fällen keine **schutzwürdigen Interessen** des Betroffenen an dem Ausschluss der Verarbeitung oder Nutzung überwiegen. Grundsätzlich ist es nicht denkbar, dass derjenige, dessen E-Mails aufgrund eines Verdachts überprüft werden, ein schutzwürdiges Interesse an der Nichtentdeckung der Straftat hat. Selbst wenn man ein Schweigerecht des Verdächtigen gegenüber dem Arbeitgeber konstatieren wollte, lässt sich daraus ein schutzwürdiges Interesse am Nichtzugriff auf den Mailverkehr nicht ableiten.

Das hat nach der hier vertretenen Auffassung auch für denjenigen Arbeitnehmer zu gelten, der nicht selbst Verdächtiger der zu untersuchenden Verfehlungen ist, auf dessen Computer sich aber tatrelevante Datensätze befinden können. Ähnlich wie bei der Durchsuchung beim Nichtverdächtigen gem. § 103 StPO ist auch hier von einer passiven Duldungspflicht auszugehen, der ein überwiegendes Schutzinteresse nicht entgegensteht, wenn für eine fokussierte, möglichst wenig belastende Suchweise Sorge getragen wird.

Im Rahmen der Verhältnismäßigkeit einer solchen Untersuchung beim Nichtverdächtigen wird ferner davon auszugehen sein, dass andere, naheliegende Untersuchungsmöglichkeiten mit geringerem Eingriffsgehalt ausgeschöpft sein müssen und vorrangig eine Konzentration auf die Sphäre des Verdächtigen zu erfolgen hat, bevor in den Bereich eines Nichtverdächtigen eingegriffen wird.

Für ein schutzwürdiges Interesse des Betroffenen bzw. die Rechtmäßigkeit nach § 28 Abs. 1 S. 1 Nr. 2 BDSG ist weiter maßgeblich, ob der E-Mail-Verkehr dem Schriftverkehr oder der Telefonkommunikation zugerechnet wird. Denn die inhaltliche Kontrolle von dienstlichen Briefen durch den Arbeitgeber wird, im Gegensatz zu den dienstlichen Telefongesprächen, unstreitig als zulässig erachtet.

3.6 Straftatermittlungen nach § 32 BDSG

§ 32 BDSG, der seit 1. September 2009 in Kraft ist, lautet wie folgt:

> ***§ 32***
>
> ***Datenerhebung, -verarbeitung und -nutzung für Zwecke des Beschäftigungsverhältnisses***
>
> *(1) Personenbezogene Daten eines Beschäftigten dürfen für Zwecke des Beschäftigungsverhältnisses erhoben, verarbeitet oder genutzt werden, wenn dies für die Entscheidung über die Begründung eines Beschäftigungsverhältnisses oder nach Begründung des Beschäftigungsverhältnisses für dessen Durchführung oder Beendigung erforderlich ist. Zur Aufdeckung von Straftaten dürfen personenbezogene Daten eines Beschäftigten nur dann erhoben, verarbeitet oder genutzt werden, wenn zu dokumentierende tatsächlicher Anhaltspunkte den Verdacht begründen, dass der Betroffene im Beschäftigungsverhältnis eine Straftat begangen hat, die Erhebung, Verarbeitung oder Nutzung zur Aufdeckung erforderlich ist und das schutzwürdige Interesse des Beschäftigten an dem Ausschluss der Erhebung, Verarbeitung oder Nutzung nicht überwiegt, insbesondere Art und Ausmaß im Hinblick auf den Anlass nicht unverhältnismäßig sind.*

Mit dieser Regelung und der ersten expliziten Erwähnung des Beschäftigungsverhältnisses ist eine Ermächtigungsgrundlage für datenschutzrechtliche Maßnahmen im Arbeitsverhältnis bei Straftatenverdacht in das BDSG aufgenommen worden. Wir sind hiermit genau in jenem Bereich der Ermittlungen, die in § 25h KWG zur Pflichtaufgabe für Institute erhoben wurden: sonstige Straftaten, die zu einer Gefährdung des Vermögens des Instituts führen können, müssen untersucht werden.

Im Gegensatz zu § 28 BDSG, der von „Erfüllung eigener Geschäftszwecke" und in Abs. 1 Nr. 1 von einem Vertragsverhältnis spricht, ist § 32 BDSG somit spezieller und demnach lex specialis gegenüber § 28 BDSG. Auch § 28 BDSG erhebt die Forderung einer „Dokumentationspflicht tatsächlicher Anhaltspunkte", um sich weiterhin im zulässigen Rahmen zu bewegen. Denn der Arbeitgeber muss über jeden Tatverdacht eine Dokumentation anfertigen, die es anschließend zu archivieren gilt. Diese Pflicht besteht auch bei Verdächtigungen, die sich später als unbegründet herausstellen. Die Pflicht besteht vor Einleitung jener Untersuchungsschritte, mit denen die Daten genutzt werden.

Die Formulierung „Aufdeckung von im Beschäftigungsverhältnis begangenen Straftaten" deutet ferner darauf hin, dass nur die Beiziehung der Daten des Verdächtigen erlaubt sein soll. Eine solche Einschränkung kollidiert nicht nur mit den Interessen des Unternehmens, wenn es sich um eine von Dritten verübte Straftat zum Nachteil des Unternehmens handelt, deren Spuren auf dem Computer des Mitarbeiters zu finden sind, sie widerspräche auch allen bereits erwähnten gesetzlich fixierten Nachschaupflichten des Unternehmens und damit den oben aufgeführten aufsichtsrechtlichen Pflichten der Institute.

Häufig wird die Heranziehung der Daten – bislang – Unverdächtiger zur Verdachtsaufklärung unausweichlich sein. Einer vorherigen Einholung der Zustimmung steht in der Praxis von Ermittlungen allzu oft entgegen, dass eine vorzeitige Warnung des Verdächtigen nicht ausgeschlossen werden kann. Hier sind abermals Wertungswidersprüche erkennbar, die aufzulösen den Unternehmen fast nicht möglich sein wird. Ungewollte Schlussfolgerung daraus wird nicht selten sein, dass Strafanzeigen oder aufsichtsrechtliche Meldungen bzw. Anzeigen wesentlich früher erstattet werden, ohne die intern zu Gebote stehenden Aufklärungsmöglichkeiten ausgeschöpft zu haben, da eine Beschlagnahme oder Anforderung (Auskunftsersuchen) der Beweismittel durch die Ermittlungs- oder Aufsichtsbehörden den Arbeitgeber jedenfalls von den schwierigen Bewertungsfragen bei der Verdachtsbeurteilung entbinden würde.

Die aufgeworfenen Fragen zeigen, dass die Debatte mit dem vorliegenden Gesetz nicht abgeschlossen sein kann. Gerade im Finanzdienstleistungssektor geht die Tendenz eindeutig zu mehr Aufklärungs- und Transparenzgeboten und nähert sich damit anglo-amerikanischen Vorbildern an. Mit dem vorliegenden § 32 BDSG ist aber Unternehmen in Deutschland partiell eine entscheidende Aufklärungsmethodik aus der Hand genommen, entsprechenden regulatorischen Zwangseingriffen zuvorzukommen.

Grundsätzlich ist es zu begrüßen, dass dem redlichen Arbeitnehmer gesetzlicher Schutz zu Hilfe kommt und der Arbeitgeber Befugnisse erhalten soll, mit denen er gegen Mitarbeiter vorgehen kann, die zulasten des Unternehmens gearbeitet haben. Aber ob das aufgezeigte Ergebnis tatsächlich vom Gesetzgeber gewollt ist, erscheint zweifelhaft.

Zusammenfassend lässt sich festhalten, dass die inhaltliche Analyse von Mitarbeiter-E-Mails bei einem Verdacht auf Straftaten, aber auch bei anderen schwerwiegenden Verfehlungen nach gültigem Recht zulässig ist. Art und Umfang der Auswertungen stehen in Abhängigkeit von der erlaubten Nutzungsart des Computers. Auch Eingriffe Dritter, die zu einem erheblichen Schaden des Unternehmens geführt haben oder führen können, können untersucht werden, wenn Spuren der Tat auf Computern von Mitarbeitern festzustellen sind. Dabei kommt dem Verhältnismäßigkeitsprinzip entscheidende Wirkung zu. Die Suche muss zielgerichtet vorgenommen werden; Massenscreenings sind insoweit untaugliche Aufklärungsmittel. Zunächst sind Analysen beim Verdächtigen vorzunehmen, bevor auf die Daten Nichtverdächtiger zurückgegriffen wird. Privater E-Mail-Verkehr kann überhaupt nur beim Verdächtigen und nur in Fällen sehr starken Verdachts in die Untersuchung einbezogen werden.

3.7 Besonderheiten beim E-Mail-Verkehr

Eine verbreitete juristische Ansicht, die wohl auch vom Bundesinnenminister geteilt wird, stellt den E-Mail-Verkehr der betrieblichen Telefonnutzung gleich. Im Bereich der dienstlichen Telefonate ist ein Mitschnitt des Gespräches generell nicht zulässig. Folglich ist auch eine inhaltliche Auswertung unzulässig. Eine Ausnahme, auch bzgl. einer prozessualen Verwertbarkeit von **Telefonmitschnitten**, ist nur bei Notwehr oder Notstand gegenüber einem rechtswidrigen Verhalten sowie zur berechtigten Wahrnehmung höherrangiger Interessen möglich. Die inhaltliche Kontrolle von E-Mails ist dieser Ansicht zufolge grundsätzlich unzulässig, außer, wenn ein begründeter bzw. konkreter Verdacht einer strafbaren Handlung besteht.

Eine andere Ansicht sieht den E-Mail-Verkehr dem traditionellen Schriftverkehr zugeordnet und hält die inhaltliche Kontrolle grundsätzlich für zulässig. Innerhalb dieser Auffassung wird teilweise differenziert, ob es sich um eine zentrale E-Mail-Adresse des Unternehmens oder um eine dem einzelnen Arbeitnehmer zugeordnete Adresse handelt. Im Falle einer zentralen Adresse ist die Kontrolle durch den Arbeitgeber zulässig. Wird die E-Mail an eine auf den Namen des Empfängers lautende Adresse versandt, ist die inhaltliche Kontrolle, dieser differenzierenden Auffassung zufolge, nur bei einem Verdacht in Bezug auf eine Straftat zulässig.

Gegen die Annahme der Nähe zur Telefonkommunikation spricht, dass es sich bei E-Mails durch die schriftliche Fixierung des Gedankeninhalts nicht um das gesprochene Wort handelt. Das besondere Schutzinteresse der Telekommunikation ergibt sich jedoch aus der Situation des flüchtig gesprochenen Wortes und daraus, dass der Telefonierende ein erhöhtes Vertrauen darauf hat, dass das zwischen ihm und dem Gesprächspartner gesprochene Wort nur diesem zugeht. Richtig erkennen die Vertreter der weiteren Ansicht, dass sich der Absender einer E-Mail hingegen nicht darauf verlassen kann, dass nur der Empfänger diese lesen wird, insbesondere wenn die E-Mail nicht gelöscht wird und im Gegensatz zum Telefonat später von Dritten eingesehen werden kann. Weiter begründet die Verwendung schriftlicher Zeichen die Nähe zum traditionellen Schriftverkehr. Auch das Argument der einschränkenden Ansicht, dass aufgrund des häufig formlosen Stils in E-Mails eine Nähe zum Telefongespräch begründet werden kann, vermag nicht zu überzeugen. Denn selbst der Zugang einer stilistisch unzulänglichen E-Mail wird nach § 130 Abs. 1 S. 1 BGB beurteilt. Im Gegensatz zu einer am Telefon geäußerten Willenserklärung, die nach der Vernehmungstheorie mit der Abgabe als zugegangen gilt (die Feinheiten der Vernehmungstheorie hier einmal außer Acht gelassen), zeigt sich ein deutlicher Unterschied zu der in einer E-Mail geäußerten. Demnach ist richtigerweise die E-Mail dem üblichen Schriftverkehr zuzuordnen.

3.8 Private Nutzung der E-Mail

Soweit der Arbeitgeber auch die private Nutzung des E-Mail-Zugangs am Arbeitsplatz erlaubt, stellen sich weitergehende Fragen hinsichtlich möglicher Ermittlungsmaßnahmen. Selbst wenn technisch eine Trennung zwischen privaten und dienstlichen Inhalten aufgrund getrennter Speicherung möglich sein sollte, wird ohne das Vorliegen einer entsprechenden Betriebsvereinbarung der juristische Ausgangspunkt der Diskussion im Schutz der Privatsphäre des betroffenen Mitarbeiters zu sehen sein.

Im Ergebnis ist die inhaltliche Kontrolle der privaten E-Mails nur ausnahmsweise in Einzelfällen bei einem begründeten, konkreten Verdacht von Straftaten zulässig. Von dieser Möglichkeit, bei einem begründeten/konkreten Verdacht auch die Inhalte der privaten E-Mails zu analysieren, sollte allerdings aufgrund der folgenden rechtlichen Darstellung restriktiv Gebrauch gemacht werden.

Erlaubt der Arbeitgeber die private Nutzung des Internets, wird er unabhängig davon, ob er für die Nutzung ein Entgelt der Arbeitnehmer verlangt, nach einer teilweise vertretenen Ansicht in der juristischen Literatur zum Diensteanbieter i. S. d. TMG und des TKG. Ein Zugriff auf die private Mail wäre dann nur unter sehr engen Voraussetzungen überhaupt möglich.

Demgegenüber wird mit guten Gründen argumentiert, im Arbeitsverhältnis fehle es gerade an dieser typischen Verknüpfung zwischen einem Anbieter und einem Kunden, da die Mail zuerst Arbeitsmittel sei und eine geringfügige private Nutzung den Arbeitgeber nicht zum „Anbieter“ mache.

Höchstrichterliche Rechtsprechung dazu ist allerdings bislang nicht ersichtlich. Es spricht aber viel dafür, eine Anbieter-Eigenschaft des Arbeitgebers und damit die Anwendung von TKG und TMG abzulehnen (ausführlich dazu: Thüsing 2014, Wybitul, 2014, jeweils mit weiteren Nachweisen).

Hat der Arbeitgeber dem Arbeitnehmer die private Nutzung der Mailserver verboten, gilt der Arbeitgeber richtigerweise nicht als Diensteanbieter i. S. d. TMG und TKG. Folglich kommen diese beiden Gesetze im Gegensatz zum BDSG dann nicht zur Anwendung. Der Arbeitgeber kann, da es sich bei dem zu untersuchenden E-Mail-Verkehr ausschließlich um dienstliche Korrespondenz handeln dürfte, im Rahmen des § 32 BDSG uneingeschränkt Einsicht nehmen. Sobald dennoch privater Inhalt erkennbar wird, ist die jeweilige Nachricht allerdings wieder zu schließen, da es sich letztlich um eine private E-Mail handelt.

Eine „andere Rechtsvorschrift“ i. S. v. § 4 Abs. 1 BDSG kann ferner eine Betriebsvereinbarung sein. Ist es möglich, auf eine derartige Betriebsvereinbarung zurückzugreifen, bestimmt sich die Zulässigkeit der Verwendung der Daten ausschließlich nach der Betriebsvereinbarung. Die Betriebsvereinbarung muss nichtsdestotrotz die rechtlichen Vorgaben bzgl. des Schutzes der Rechte des Mitarbeiters wahren. In der Betriebsvereinbarung kann z. B. geregelt werden, dass bei einem konkreten/begründeten Verdacht auf eine Straftat die Möglichkeit seitens des Arbeitgebers besteht, eine inhaltliche Kontrolle der E-Mails durchzuführen. Demnach ermöglicht sie nicht die wahl- und ziellose Durchforstung des gesamten E-Mail-Bestandes des Firmenservers, sondern ersetzt gem. § 4 Abs. 1 BDSG die Einwilligung des Betroffenen bzw. die Notwendigkeit einer Erlaubnisnorm des BDSG (§§ 28, 32 BDSG). Denn den obigen Ausführungen zufolge, ist eine inhaltliche Analyse bei einem Verdacht zulässig.

Mithin ist die Rechtslage bei dieser Art von Untersuchungshandlungen extrem kompliziert und von den unternehmensinternen Regelungen zur E-Mail-Benutzung abhängig. Die Rechtsprechung entwickelt sich aktuell sprunghaft weiter.

Im Ergebnis ist daher anzuraten, eine solche Untersuchung von datenschutzrechtlich relevantem Material, insbesondere E-Mail-Verkehr, nicht ohne rechtliche Absicherung und Einbeziehung sowohl des internen Datenschutzbeauftragten wie externer Rechtsberater mit eingehenden Fachkenntnissen vorzunehmen.

Insoweit bleibt die Nutzung von Mitarbeiterdaten zum Zwecke der Tataufklärung eine rechtlich schwierige Materie und wird auch weiterhin eine besondere Herausforderung innerhalb möglicher Untersuchungshandlungen darstellen.

4. Die Rolle der Ermittlungsbehörden

4.1 Polizei und Staatsanwaltschaft – Befugnisse im Überblick

Die zentrale Stelle zur Kriminalprävention soll – ganz ähnlich der Rolle des Geldwäschebeauftragten, wie sie bislang in § 14 GWG und nunmehr auch in § 25h KWG definiert ist – den Ermittlungsbehörden als Ansprechpartner und Kontaktstelle im Institut zur Verfügung stehen. Sie soll darüber hinaus aber auch über die Erstattung von Strafanzeigen nach der Durchführung von Untersuchungen entscheiden oder zumindest ein Votum an den Entscheider vortragen können.

Hierfür ist es erforderlich, dass sich die Mitarbeiter in der zentralen Stelle auch ein gewisses Grundwissen über die Arbeitsweisen von Polizei und Staatsanwaltschaft, ihre gesetzlichen Befugnisse, aber auch ihre gesetzlichen Pflichten aneignen.

Die Arbeit beider Organe wird geprägt vom **Legalitätsprinzip**. Es ist ganz wichtig zu wissen, dass dieses in §§ 152 (für die Staatsanwaltschaft) und 163 (für die Polizei) StPO verankerte Prinzip zu den Grundfesten des deutschen Strafverfahrensrechts zählt und Staatsanwaltschaft wie Polizei verpflichtet, bei Vorliegen eines Anfangsverdachts tätig zu werden. Das heißt, verkürzt ausgedrückt, nichts anderes, als dass Polizei und Staatsanwaltschaft ermitteln müssen, wenn sie vom Verdacht einer Straftat erfahren. Die in der Geldwäschebekämpfung in den Anfangsjahren erprobte und oft eingespielte Diskussion teilanonymisierter Sachverhalte vor Anzeigenerstattung am Telefon, um zunächst einmal herauszufinden, ob die Erstattung einer Verdachtsanzeige überhaupt Sinn macht, ist auf den hier vorliegenden Bereich der Straftatenermittlung und die Entscheidung, ob Strafanzeige erstattet werden soll, nur bedingt übertragbar.

Was in den Anfangsjahren der Geldwäschebekämpfung unter dem Gesichtspunkt der erstmaligen Einbindung privater Rechtssubjekte (hier der Banken und Finanzdienstleister) in die Strafverfolgung durch gesetzliche Formulierung einer Anzeige- bzw. Meldepflicht möglich war und von Staatsanwaltschaften zur Schaffung gegenseitigen Vertrauens und der Gewinnung von Erfahrungen auch mitgetragen wurde, ist auf den Bereich der allgemeinen Kriminalität schwer übertragbar. Das Legalitätsprinzip schließt solche informellen Diskussionen eigentlich aus, denn wenn der Polizeibeamte oder der Beamte der Staatsanwaltschaft von einem Tatverdacht in einem bestimmten Institut erfährt – und sei es in anonymisierter Form –, so muss er Ermittlungen in Gang setzen und hat Ermittlungsmethoden zur Hand, die eine weitere Aufklärung des Sachverhalts ermöglichen. Zuvorderst könnte er den Anrufer als Zeugen vorladen und unter Hinweis auf die Wahrheitspflicht zur umfassenden Aussage unter Nennung von Fakten und Namen veranlassen. Zum anderen stünde das Mittel der Durchsuchung bereit, um so an die Unterlagen zu dem telefonisch geschilderten Sachverhalt zu gelangen.

Eine solche Vorgehensweise mag nicht in allen Fällen von Polizeibehörden oder der Staatsanwaltschaft bevorzugt werden, bei schwerwiegenden Sachverhalten oder wenn anderweitige Hinweise bei diesen Behörden bereits vorliegen, wird eine entsprechende Vorgehensweise unter dem Gesichtspunkt des Legalitätsprinzips jedoch nahezu unvermeidbar sein, auch wenn sie zuvor mühsam und über Jahre aufgebautes Vertrauen wahrscheinlich erschüttern würde.

Insofern sei vor einer unreflektierten Übertragung hergebrachter Gewohnheiten aus der Geldwäschebekämpfung in die Straftatenbekämpfung neuen Typs eindringlich gewarnt.

Das Zusammenspiel von Polizei und Staatsanwaltschaft ist relativ schnell umrissen:

Die **Staatsanwaltschaft** leitet die Ermittlungen, sie bestimmt, welche Ermittlungsmaßnahmen in welchem Ermittlungsstadium ergriffen werden sollen; die Polizeibeamten sind gem. § 152 Gerichtsverfassungsgesetz Ermittlungspersonen der Staatsanwaltschaft, die in dieser Eigenschaft verpflichtet sind, den Anordnungen der Staatsanwaltschaft Folge zu leisten.

Soweit das gesetzliche Vorstellungsbild, das sich in speziellen Ermittlungsbereichen, wie der organisierten Kriminalität und der Bekämpfung der Wirtschaftskriminalität durchaus Geltung verschafft. Im Bereich der Massenkriminalität wird hingegen die Einschaltung der Staatsanwaltschaft sehr häufig erst am Ende der Ermittlungen erfolgen, wenn die Polizei ihre „Verhandlungen" (so nennt es das Gesetz), also die Ermittlungsergebnisse der Staatsanwaltschaft vorlegt.

Sobald allerdings richterliche Verfügungen von **Eingriffsmaßnahmen** erforderlich sind, tritt die staatsanwaltliche Sachleitungsbefugnis wieder in den Vordergrund. Anträge auf Anordnung von Ermittlungshandlungen, wie z. B. Durchsuchungen, Beschlagnahme, Erlass eines Haftbefehls, Telefon- oder Postüberwachung usw., sind vonseiten der Staatsanwaltschaft beim Ermittlungsrichter zu stellen. Dieser entscheidet und erlässt die entsprechende Maßnahme, die dann als Durchsuchungsbeschluss oder Haftbefehl oder Anordnung der Telefonüberwachung wiederum von der Polizei im Auftrag der Staatsanwaltschaft umgesetzt wird.

Bei den meisten vom Richter anzuordnenden Ermittlungsmaßnahmen gibt es den Ausnahmetatbestand der „Gefahr im Verzuge", der es dann der Staatsanwaltschaft, in besonderen Einzel- und Eilfällen auch der Polizei, erlaubt, die Maßnahme selbst im Wege der Eilanordnung anzuordnen und erst im Nachhinein durch den Richter bestätigen zu lassen.

Gefahr im Verzuge liegt regelmäßig vor, wenn die Vernichtung und wesentliche Verschlechterung von Beweismitteln zu befürchten ist, bevor eine richterliche Anordnung ergehen kann. Hierzu zählen i. d. R. typische Situationen der Flucht- und Verdunkelungsgefahr, wenn der Täter bereits weiß oder ahnt, dass Ermittlungsmaßnahmen drohen und ein weiteres Zuwarten ihm die Möglichkeit zur Beweisvernichtung eröffnen würde.

Der Anwendung der Gefahr im Verzuge ist in den letzten Jahren durch eine restriktive Rechtsprechung der Obergerichte verstärkt ein Riegel vorgeschoben worden. In Großstädten und Ballungsgebieten ist es mittlerweile üblich, dass rund um die Uhr ein Ermittlungsrichter erreicht werden kann. Moderne Kommunikationsmittel und insbesondere die allgegenwärtige Einsetzbarkeit von Mobiltelefonen haben Situationen der Unerreichbarkeit von Richtern oder Staatsanwälten so weit reduziert, dass nur noch wenige Spielräume für eigenständige Entscheidungen der polizeilichen Ermittler oder auch der Bereitschaftsstaatsanwälte ohne die Einschaltung des zuständigen Ermittlungsrichters offen bleiben.

Gerade in Wirtschaftsstrafsachen wird es selten auf den sofortigen Zugriff ankommen und die berechtigte Befürchtung, dass der Täter schon mal mit Vernichtung der Beweismittel beginnt, eher selten sein. Dabei darf aber nicht verkannt werden, dass die Vernichtung von Beweismitteln häufig genug mit wenigen Mausklicks einhergehen kann und stundenlanges Arbeiten am Aktenschredder heute eher den Ausnahmefall der Verdunkelung darstellen dürfte.

Wesentliche Ermittlungsmaßnahmen, die ebenfalls der Staatsanwaltschaft selbst obliegen, sind die Vernehmung von Zeugen und Sachverständigen im Rahmen der Vorladung und der Vorführung, insbesondere dann, wenn Zeugen der polizeilichen Vorladung keine Folge geleistet haben. Vor der Staatsanwaltschaft besteht Erscheinenspflicht, ob Aussagepflicht besteht, ist eine Frage des Einzelfalls, insbesondere wenn Verstrickung in die Strafvorwürfe nicht auszuschließen ist. Sind die Ermittlungen abgeschlossen, so obliegt der Staatsanwaltschaft die Entscheidung, ob Anklage erhoben werden soll oder die Ermittlungen gem. § 170 Abs. 2 StPO eingestellt werden. Die Einstellungsverfügung berücksichtigt nicht nur die Frage der Schuld oder Unschuld des Verdächtigen, sondern auch prozessuale Nachweisfragen der vorgeworfenen oder ermittelten Straftat. Ist eine überwiegende Wahrscheinlichkeit für die Verurteilung gegeben, so besteht hinreichender Tatverdacht und eine Anklage ist zu erheben. In einfach gelagerten Fällen kann auch die Beantragung eines Strafbefehls bei Gericht erfolgen oder, im Falle geringer Schuld und mangelnden öffentlichen Verfolgungsinteresses, eine Einstellung unter Auflagen (z. B. Geldauflagen oder Schadenswiedergutmachung).

In einer etwaigen Hauptverhandlung nach Anklageerhebung ist die Staatsanwaltschaft Vertreterin der Anklage und hat im Rahmen des Schlussvortrags (sog. Plädoyer) einen Antrag auf Freispruch oder Verurteilung zu stellen.

Die Aufgaben der **Polizeibehörden** sind an den soeben skizzierten Aufgaben der Staatsanwaltschaft ausgerichtet. Auch die Polizei kann und muss eigenständige Ermittlungen einleiten, wenn ein Anfangsverdacht i. S. d. § 152 StPO vorliegt. Die Polizei führt die Ermittlungen im Auftrag der Staatsanwaltschaft durch; sie ist damit hauptsächlich für den kriminalistischen (und im weitesten Sinne forensischen) Teil der Ermittlungen zuständig. Regelmäßig werden also ermittlungsrichterliche Beschlüsse ebenso durch die Polizei durchgeführt und umgesetzt wie die Vernehmung von Zeugen und Beschuldigten sowie kriminalistische wie kriminaltechnische Untersuchungen.

Gerade die Durchführung von Durchsuchungen und Beschlagnahme der aufgefundenen Beweismittel ist ureigenstes Terrain der polizeilichen Ermittlungen. Aber auch zu spezialisierten Ermittlungsmethoden, wie z. B. Telefonüberwachungen, dem Einsatz verdeckter Ermittler oder von V-Leuten, wäre die

Staatsanwaltschaft ohne die Mitwirkung der Polizeibehörden weder personell noch fachlich imstande.

Das Zusammenspiel beider Ermittlungsorgane ist also ein durchaus differenziertes, das hier und da auch zu unterschiedlichen Auffassungen über die Gestaltung von Ermittlungen, über die Anwendung von Ermittlungsmethoden und Zwangsmitteln sowie über die Bewertung der Ermittlungsergebnisse führen kann. Hierüber müssen sich die Verantwortlichen im Institut bewusst sein, wenn sie im Rahmen der Kooperation oder der Duldung von Ermittlungsmaßnahmen mit dem Auftreten der Ermittlungsbehörden konfrontiert werden.

Vornehmstes Gebot der staatsanwaltlichen Ermittlungen ist bei alledem das oben bereits zitierte Prinzip der **Objektivität**: Die Staatsanwaltschaft hat alles für und gegen den Beschuldigten Sprechende zu ermitteln. Sie ist nicht Partei in einem Parteienprozess, sondern objektives Ermittlungsorgan, das der Wahrheitsfindung verpflichtet ist und nicht nur der Vollständigkeit der Ermittlungen Rechnung trägt, sondern auch für deren Rechtmäßigkeit und Rechtsstaatlichkeit eintritt. Diese Haltung ist – bei allem Ermittlungseifer, den Täter zu überführen – auch den meisten Polizeibeamten verinnerlicht und gegenwärtig.

4.2 Durchsuchung im Unternehmen

Die wohl einschneidendste Begegnung für ein Institut mit den Ermittlungsbehörden tritt zum Vorschein, wenn das Institut Objekt einer Durchsuchungsmaßnahme wird. Für diesen Fall sollten im Institut einige wenige **Verhaltensanordnungen** existieren, die klar und leicht verständlich formuliert sein müssen. Es ist weder ein Zeichen mangelnder Kooperationsbereitschaft noch gar genereller Verdunkelungsabsicht, wenn die Geschäftsleitung und die Mitarbeiter des Instituts auf diese für sie ungewohnte Situation vorbereitet werden. Ein Beispiel, wie eine solche Anweisung, die auch Bestandteil des Organisationshandbuchs sein kann, aussehen kann, ist im Folgekapitel abgedruckt.

Grundsätzlich gibt es zwei Möglichkeiten, Zielobjekt einer Durchsuchungsmaßnahme zu werden: Ein Mitarbeiter des Instituts kann Beschuldigter des zugrunde liegenden Ermittlungsverfahrens sein; der Durchsuchungsbeschluss ergeht in diesem Fall nach § 102 StPO (**Durchsuchung beim Verdächtigen**) und richtet sich direkt auf Räumlichkeiten, die allein und ausschließlich vom Beschuldigten benutzt werden (z. B. sein Arbeitszimmer). Auch das Institut selbst kann im Rahmen von Ermittlungen wegen des Verdachts einer Ordnungswidrigkeit (Verbandsgeldbuße, §§ 30, 130 OWiG) Betroffener des Ordnungswidrigkeitenverfahrens sein, sodass auch in diesem Fall der Durchsuchungsbeschluss nach § 102 StPO i. V. m. § 46 OWiG ergehen würde.

Die andere, wesentlich häufigere Variante ist, dass im Institut im Rahmen der sog. **Durchsuchung bei anderen Personen** gem. § 103 StPO durchsucht wird, um auf Beweismittel zu stoßen. In diesem Fall ist der Inhaber der Räumlichkeiten, die durchsucht werden sollen, selbst nicht Beschuldigter oder Betroffener des Ermittlungsverfahrens, dementsprechend ist die Eingriffsschwelle und die Bedeutung des Verhältnismäßigkeitsgebots höher anzusiedeln als bei der Verdächtigen-Durchsuchung. Während beim Verdächtigen der einfache Tatverdacht und die aus kriminalistischer Erfahrung zu begründende Wahrscheinlichkeit, dass Beweismittel aufgefunden werden können, ausreichen, müssen zur Durchsuchung bei Nichtverdächtigen Tatsachen vorliegen, die darauf hinweisen, dass solche Beweismittel zu finden sein werden.

Die Durchsuchung ist, wie im vorherigen Kapitel dargestellt, eine der typischen Zwangsmaßnahmen im Ermittlungsverfahren, die vom Ermittlungsrichter auf Antrag der Staatsanwaltschaft angeordnet werden muss. Auch an Inhalt und Umfang des richterlichen Beschlusses sind gewisse Anforderungen zu stellen. So müssen die aufzufindenden Beweismittel möglichst genau bezeichnet werden; der bloße abstrakte Verweis auf „Schriftstücke" oder „Unterlagen" reicht nicht aus. Ebenso reicht es nicht aus, wenn der der Maßnahme zugrunde liegende Verdacht nur allgemein umrissen und nicht in nachvollziehbarer Weise, d. h. im Hinblick auf verdächtige Personen, Tatzeiten und Tatorte, hinreichend konkretisiert dargestellt wird.

Beim Durchsuchungsbeschluss gegenüber einem nicht verdächtigen Dritten war lange Zeit umstritten, ob die Darstellung des Tatverdachts den gleichen Umfang und Darstellungsgrad haben dürfe, wie dies dem Beschuldigten gegenüber erforderlich ist. Gerade durch die Aushändigung des Durchsuchungsbeschlusses vor Beginn der Durchsuchungsmaßnahme sollen nach weit verbreiteter Ansicht die Persönlichkeitsrechte des Verdächtigen einer solch ausführlichen Darstellung entgegenstehen. Dem ist jedoch entgegenzuhalten, dass in der spezifischen Durchsuchungssituation die von der Durchsuchung betroffenen Nichtverdächtigen (hier also Geschäftsleitung und Gesellschafter des durchsuchten Instituts) ein ebenso hoch zu bewertendes Interesse daran haben, zu erfahren, warum bei ihnen durchsucht werden soll und wonach gesucht wird. Dem Durchsuchungsbetroffenen ist es nur dann möglich, von den gesetzlichen Abwendungsbefugnissen (freiwillige Herausgabe, § 95 StPO) oder von bestehenden Zeugnisverweigerungsrechten, die auch zu Beschlagnahmehindernissen führen können (§ 97 StPO), Gebrauch zu machen, wenn der Gegenstand der Durchsuchung, das Durchsuchungsziel und der Durchsuchungsumfang hinreichend beschrieben sind.

In jedem Falle ist es dem betroffenen Institut anzuraten, noch während der Durchsuchung mit einem Rechtsanwalt Kontakt aufzunehmen und diesen als Unternehmensvertreter zur Durchsuchung hinzuzubitten. Im Regelfall und bei kurzen Anfahrtswegen wird es sogar möglich sein, mit dem Leiter der Durchsuchung ein Zuwarten des Beginns der Durchsuchung bis zum Eintreffen des Anwalts zu vereinbaren. Ein Anspruch besteht hierauf allerdings nicht, ebenso wie grundsätzlich kein Anspruch auf Anwesenheit des Anwalts besteht.

Umgekehrt kann der Anwalt von den Durchsuchungskräften aber auch nicht an der Anwesenheit gehindert werden. Das Hausrecht bleibt in seiner hergebrachten Form erhalten, d. h. der Hausrechtsinhaber bestimmt, wer am Durchsuchungsort auch während der Durchführung der Durchsuchungsmaßnahme anwesend sein darf.

Einzige Ausnahme, die die Durchsuchungsbeamten ermächtigt, Platzverweise auszusprechen oder gar eine Festnahme durchzuführen, ist die **Störung von Ermittlungshandlungen** i. S. d. § 164 StPO. Da der Störer festgenommen werden kann, sind mildere Maßnahmen, die ebenfalls geeignet sind, die Störung zu unterbinden, von dieser Vorschrift ebenso umfasst.

Die Vorschrift umreißt damit aber auch die wesentlichen Leitlinien des Verhaltens während der Durchsuchung. Mitarbeiter und Anwesende haben sich so zu verhalten, dass die Durchsuchungsmaßnahme in ihrem Ablauf nicht gestört wird. Sie müssen nicht aktiv kooperieren, indem sie z. B. den Durchsuchungsbeamten Hinweise auf die Auffindung von Unterlagen geben, Passwörter zum Zugang zu Computern oder Dateien offenbaren oder Wege durch das Unternehmen weisen; sie sind aber zur passiven Duldung der entsprechenden Maßnahmen verpflichtet. Umgekehrt bedeutet dies natürlich, dass Durchsuchungsbeamte Türen durch einen Schlüsseldienst öffnen lassen, die nicht freiwillig geöffnet werden; Unterlagen, die sie vor Ort nicht vollständig sichten können, nehmen sie mit und Computer bzw. deren Festplatten – unter Umständen auch die gesamte Computeranlage – werden beschlagnahmt, um sie einer späteren Auswertung zugänglich zu machen.

Es stellt sich in einer solchen Situation also immer die Frage nach der **Kooperation**, um die unvermeidlichen Eingriffe so gering wie möglich zu halten und die Arbeitsfähigkeit des betroffenen Unternehmensteils schnellstmöglich wiederherzustellen. Bei schriftlichen Unterlagen zeigt sich das bei der Frage, ob von den Ermittlungsbeamten die Herstellung von Arbeitskopien, die dann zum Weiterarbeiten im Unternehmen zurückbehalten werden, gestattet wird. Umgekehrt ist den Ermittlungsbeamten die Durchsicht schriftlicher Unterlagen ohne Zustimmung des Durchsuchungsbetroffenen grundsätzlich nicht gestattet – sie hat gem. § 110 StPO durch die Beamten der Staatsanwaltschaft selbst zu erfolgen. § 110 StPO gilt unmittelbar auch für elektronisch archivierte Unterlagen, Dateien-Mail-Verkehr etc.

Wird den Ermittlungsbeamten eine zumindest kursorische oder oberflächliche Durchsicht hingegen gestattet, haben diese die Möglichkeit, relevante von nicht relevanten Unterlagen zu unterscheiden und auf die Beschlagnahme und Mitnahme der nicht relevanten Funde zu verzichten.

Wie bereits angedeutet, können die Durchsuchungsbeamten die Mitwirkung anwesender Mitarbeiter, auch wenn sie als Zeugen in Betracht kommen und damit im späteren Verfahren einer Aussage- und Wahrheitspflicht unterliegen, ad hoc regelmäßig nicht erzwingen. Lediglich ein anwesender Staatsanwalt könnte sofortige Vorladungen (schriftlich) aussprechen und den anwesenden Zeugen aushändigen, sodass diese zum Erscheinen vor dem Staatsanwalt ohne zeitlichen Verzug verpflichtet sind. Diese Methode ist in der Praxis nicht ganz unumstritten, da sie dem Recht des Zeugen auf eine faire Verfahrensweise und darauf, nicht zum Objekt der Ermittlungen herabgewürdigt zu werden, widersprechen soll. Wie stringent und forsch der einzelne Staatsanwalt vor Ort vorgeht, ist daher eine Frage der Güterabwägung und der Verhältnismäßigkeit. Es kommt auf den Untersuchungsgegenstand ebenso an, wie auf die Gefahr, dass Beweismittel vernichtet oder verfälscht, Täter gewarnt oder sonstige Verdunkelungshandlungen vorgenommen werden könnten.

Konfliktfälle der beschriebenen Art werden aber auch bei Durchsuchungen in Wirtschaftsstrafsachen immer seltener, da die Ermittlungsbehörden zwischenzeitlich hinlänglich ausgerüstet sind bzw. über EDV-Experten verfügen, denen eine Spiegelung der vorhandenen Daten und damit eine forensische Sicherung des Ist-Zustandes mit anschließender forensischer Auswertemöglichkeit (die oft lange Zeiträume in Anspruch nehmen kann) zur geübten Routine geworden sind.

Die Strafprozessordnung sieht regelmäßig vor, dass bei Durchsuchungen neutrale Dritte als Zeugen anwesend sein sollen. Gegen die Hinzuziehung eines „Gemeindebeamten“ wird das betroffene Unternehmen selten etwas einzuwenden haben; gegen die Hinzuziehung des Anzeigeerstatters oder des Mitarbeiters eines Konkurrenzunternehmens schon eher.

Ein letzter Punkt taucht in vielen Ratgebern für betroffene Unternehmen immer wieder auf, obwohl er in der Praxis kaum noch eine Rolle spielen dürfte: Da sog. Vorratsbeschlüsse in der Strafprozessordnung nicht zulässig sind, darf ein Durchsuchungsbeschluss nicht älter als etwa sechs Monate sein. Eine richterliche Durchsuchungsanordnung hat zwar kein Verfallsdatum; nach Ablauf von sechs Monaten ist jedoch davon auszugehen, dass sich sowohl der Erkenntnisstand der Ermittlungen als auch die tatsächliche Sachlage so weit geändert haben können, dass die bisherige Anordnung obsolet geworden ist und erneut überprüft und ggf. dem neuen Sachstand angepasst werden muss. Ein Blick auf den Durchsuchungsbeschluss gibt hier schnellen Aufschluss.

Etwaige Verstöße gegen die sehr strengen Formalitäten einer Durchsuchung sollten zwar vor Ort bereits gerügt werden, zur Einstellung der Durchsuchungsmaßnahme werden sie in aller Regel jedoch nicht führen. Insoweit bleibt dem Durchsuchungsbetroffenen nur die nachträgliche Beschwerde und der Antrag auf **richterliche Entscheidung**.

Auf mögliche Durchsuchungsmaßnahmen vorbereitet zu sein, hilft auch den Mitarbeitern, die für sie ungewohnte Stresssituation zunächst einmal geordnet durchzustehen. Mindestens genauso wichtig sind aber auch Folgemaßnahmen, um die von der Durchsuchung ausgehenden Negativeffekte abzumildern, Folgeschäden wie z. B. Reputationsschäden zu vermeiden und die richtigen Lehren aus dem Geschehnis zu ziehen.

Folgende Reaktionsmechanismen der mittel- und langfristigen Art sollten in Erwägung gezogen werden:

- **Generell:** Vorbereitung einer Anweisung (Merkblatt) für Mitarbeiter

- **Ad-hoc-Maßnahmen:**
  - Benachrichtigung der Verantwortlichen, insbesondere Rechtsabteilung, Compliance, zentrale Stelle zur Kriminalitätsbekämpfung
  - Beiziehung Unternehmensanwalt

- Legitimation der Ermittler prüfen
- Durchsuchungsbeschluss prüfen
- intern: Festlegung der Verhaltensstrategie (Passivität, Kooperation, Abwendungsbefugnisse)
- extern: Festlegung rechtlichen und tatsächlichen Umfangs mit Einsatzleiter (z. B. warten auf Anwalt; Verbleib von Mitarbeitern, Aufrechterhaltung des normalen Geschäftsbetriebes etc.)
- Herausgabe und Beschlagnahme klären, Frage der Herstellung von Kopien
- Einhaltung der Grenzen der Verhältnismäßigkeit (z. B. Datenzugriff; informelle Befragungen, Vernehmungen etc.)
- Verzeichnis der sichergestellten / beschlagnahmten Gegenstände
- Widerspruch prüfen – Beschwerde – richterliche Entscheidung
- Beendigung oder Fortsetzung der Durchsuchung

- **Folgemaßnahmen – mittelfristig**
  - Reporting sicherstellen
  - Presseerklärung erarbeiten
  - Information für Mitarbeiter
  - Personalentscheidungen (Kündigungsfristen beachten)
  - vorläufige Organisationsentscheidungen
  - Kontakt zu Staatsanwaltschaft suchen, Verfahren begleiten, Rechtsstellung des Unternehmens klären
  - Entscheidung über interne Sonderuntersuchung (Fall; ähnliche Konstellationen; organisatorische und operative Schwächen)

- **Folgemaßnahmen - langfristig**
  - Auswertung Verfahrensergebnisse Staatsanwaltschaft
  - Auswertung interner Sonderuntersuchung
  - Projekt „Lessons learnt“
  - Neuausrichtung betroffener Bereiche

4.3 Beispiel einer Organisationsanweisung

Eine Organisationsanweisung zum Verhalten bei Durchsuchungsmaßnahmen im Institut könnte etwa wie folgt aussehen:

Organisationsanweisung
Verhalten bei Durchsuchungen in der Gesellschaft

A. Beim Erscheinen der Fahnder

1. *Uhrzeit des Erscheinens der Fahnder im Betrieb notieren. Dienstausweise von allen zeigen lassen; Namen und Dienstbezeichnung festhalten.*
2. *Geschäftsleitung, Rechtsabteilung, Zentralstelle zur Kriminalitätsbekämpfung, Geldwäschebeauftragten oder Innenrevision verständigen.*
3. *Anwälte telefonisch verständigen.*

Es stehen jeweils kurzfristig hierfür folgende Rechtsanwälte zur Verfügung:

– Hier die Kanzlei und die Erreichbarkeiten der Mitarbeiter (Mobilfunknummern) eintragen –

Wird dies von den Fahndern (vorläufig) unterbunden:

a) praktisch: möglichst andere Mitarbeiter verständigen, die noch telefonieren oder die Kanzlei aufsuchen können.

b) formal-rechtlich
aa) Es besteht ein Recht auf Kontaktaufnahme zum Anwalt. Ggf. soll der Leiter der Durchsuchung selbst den entsprechenden Anwalt anrufen und dann das Gespräch übergeben.
bb) Auf Ziffer 63 Abs. 8 der RiStBV hinweisen. Dieser lautete: „Gespräche mit dem Verteidiger oder Steuerberater sind stets zulässig!"

B. Formalitäten des Durchsuchungsbeschlusses prüfen

1. Beschluss von einem Richter unterzeichnet?

2. Adressaten des Durchsuchungsbeschlusses:
Inhaber der Räume, d. h. das Institut, muss mit der im Beschluss genannten natürlichen oder juristischen Person oder Personenvereinigung identisch sein. Bei einer Durchsuchung im Institut muss daher stets als Inhaber der Räume das Institut und nicht etwa ein einzelner Bankangestellter als Beschuldigter benannt sein. Sonst kann der Zutritt verweigert werden. Die Möglichkeit der Adressatenverwechselung besteht insbesondere bei selbständigen, wenn auch verbundenen und ähnlich firmierenden Gesellschaften im selben Gebäudekomplex.

3. Umfang der betroffenen Räume überprüfen. Für welche Räumlichkeiten ist der Durchsuchungsbeschluss ausgestellt (für andere Räume gilt weiterhin der Schutz der Unverletzlichkeit der Wohnung nach Art. 13 GG, also wieder: Zutritt verweigern).

4. *Wer ist Verdächtiger oder Beschuldigter des Ermittlungsverfahrens?*

   Ist ein Mitarbeiter beschuldigt, so sind automatisch alle Räume von der Durchsuchung betroffen, zu denen dieser regelmäßig Zutritt hat (auch Gemeinschaftsräume).

   Räume, zu denen der verdächtige Mitarbeiter nachweislich keinen Zutritt hat (z. B. Vorstandsbüro oder zutrittsbeschränkte Räume) sind i. d. R. nicht erfasst.

5. *Zeit feststellen, die der Beschluss zur Durchsuchung bezeichnet, falls ein Passus „Durchsuchung zur Nachtzeit" aufgenommen ist.*

Meistens kommen die Fahnder morgens ab 7 Uhr, spätestens 9 Uhr

6. *Auf welche Fahnder (Personen) erstreckt sich die Durchsuchungsbefugnis?*

   Unaufgeführte Begleitpersonen können abgewiesen werden. Grauzone besteht, da regelmäßig der Beschluss die Personen nur allgemein („ …die Stelle…, deren Beamte mit der Durchsuchung beauftragt…") bezeichnet.

   Auch wenn sie im Durchsuchungsbeschluss nicht genannt sind, sollte die Anwesenheit von Vorgesetzten der Fahnder nicht beanstandet werden. Diese wirken nämlich eher mäßigend und sichern eher die Beachtung der Formalitäten.

C. Inhaltliche Prüfung des Durchsuchungsbeschlusses

1. *Genaue Bezeichnung des Tatvorwurfs.*
   Bloße Wiedergabe des Gesetzestextes und Floskeln genügen nicht, sodass dies beanstandet werden sollte.

2. *Aufgeführte Tat und Vorwurf festhalten.*

3. *Aufzuklärende Straftat, d. h. ein konkretes Vorkommnis, muss angegeben sein.*

4. *Art der Beweismittel (Kontoauszüge, Kontenspiegel, Datenbänder etc.) festhalten, nach denen gesucht wird. Es muss auch der mögliche Inhalt der Beweismittel angeführt werden, z. B. Belege zum Zahlungsverkehr der Fa. XY.*

D. Betriebliche Organisation während der Durchsuchung

1. *Als* ***Beschuldigte*** *während der Durchsuchung nichts zur Sache aussagen. Diese sollten allenfalls nach Abschluss der Durchsuchung und Gespräch mit dem Anwalt aussagen.*

2. *Anweisungen an die Mitarbeiter, während der Durchsuchung keine Aussagen zu machen.*

   Zeugen brauchen gegenüber den Fahndern als Hilfsbeamte der Staatsanwaltschaft nicht auszusagen, sondern allenfalls nach Ladung. Diese sollte abgewartet werden. Vorschnelle Aussagen ohne Chance zur Überlegung in der aufgeregten Atmosphäre der Durchsuchung sind zu vermeiden.

3. *Mit dem Leiter der Durchsuchung Ablauf und Umfang der Durchsuchung abstimmen:*

   a) Zu durchsuchende Räume.
   b) Für Fahnder Büro bereitstellen, um im Betrieb vor allem gegenüber Kunden Aufsehen zu vermeiden.
   c) Klärung des Abtransportes der Akten.
   d) Kopiermöglichkeiten für Fahnder schaffen. Am Kopiergerät sollte eine Vertrauensperson der Bank bleiben, die festhält, was kopiert wird. Notwendigkeit wegen Bankgeheimnisses betonen.
   e) Klärung, ob Festplatten gespiegelt oder beschlagnahmt werden.

4. *Sicherstellen, dass sich in jedem Raum, der gerade durchsucht wird, mindestens ein Mitglied der Geschäftsleitung oder der Rechtsabteilung aufhält (Recht auf Anwesenheit nach § 106 StPO), der das Vorgehen der Fahnder beobachtet.*

5. *Ein Mitglied der Geschäftsleitung oder der Rechtsabteilung entscheidet, wie und in welcher Form kooperiert wird (Öffnen von Dateien, Heraussuchen von Unterlagen etc.).*

E. Beschlagnahme

1. *Geben Sie keine Unterlagen freiwillig ohne Beschlagnahme und ohne Befolgung der nachstehenden Punkte heraus. Dies schließt nicht aus, dass man den durchsuchenden Beamten zur Vermeidung eines größeren Umfangs der Durchsuchung und Beschlagnahme im Einzelfall beim Auffinden der an sich gesuchten Unterlagen behilflich ist. Entscheidung durch Rechtsabteilung, Compliance oder Geschäftsleitung.*

2. *Jeden beschlagnahmten Gegenstand in ein Verzeichnis aufnehmen (§ 107 StPO) und genau bezeichnen (§ 109 StPO) lassen.*

3. *Kopien von wichtigen Geschäftspapieren und Schriftstücken zum Verbleib im Betrieb anfertigen.*

F. Tätigkeiten nach Abschluss der Durchsuchung

1. *Gesamtprotokoll der Durchsuchungsbehörde erstellen und aushändigen lassen.*

2. *Mit dem Einsatzleiter klären, ob/dass die Durchsuchung beendet ist (förmliche Aussage dazu ist wichtig, da z. B. bei Fortsetzung der Durchsuchung am Folgetag Auflagen (Versiegelung von Räumen, Betretungsverbot etc.) gemacht werden können.*

3. *Protokoll von jeder Person anfordern, die zur Beobachtung in einen durchsuchten Raum entsandt worden war.*

G. Rechtsmittel

Geschäftsleitung, Rechtsabteilung und Anwälte werden nach Abschluss der Durchsuchung beraten und beschließen, ob Durchsuchungsbeschluss und Durchsuchungsmaßnahmen mit Beschwerde (§ 304 StPO) oder Antrag auf gerichtliche Entscheidung (§ 98 II 2 StPO, § 23 EGGVG) angefochten werden sollen. Dies ist möglich, da die Durchsuchung bis zur vollständigen Sichtung der Unterlagen durch die Fahndung noch nicht als beendet gilt, so dass Rechtsbehelfe noch möglich sind.

4.4 Auskunftsersuchen

Das Auskunftsersuchen ist eine andere Methode der Staatsanwaltschaft, auf vereinfachtem Wege Informationen beim Institut in seiner Eigenschaft als Zeuge zu erheben. Es ergeht regelmäßig schriftlich und fordert den Zeugen auf, bestimmte, näher bezeichnete Unterlagen zu den Ermittlungsakten zu reichen. Abgeleitet wird das Herausgabeersuchen aus dem Recht der Staatsanwaltschaft, Zeugen vorzuladen, die auf staatsanwaltliche Vorladung verpflichtet sind, zu erscheinen und zur Sache auszusagen (§§ 161a Abs. 1, 163a StPO).

Gegen das staatsanwaltliche Auskunftsersuchen ist vor allem von Bankenseite vielfach eingewendet worden, es stelle eine Umgehung des Richtervorbehalts bei der Beschlagnahme (§ 98 StPO) dar und sei eine unzulässige Ausdehnung der Herausgabepflicht, die für Beweismittel gemäß § 95 StPO besteht. Ferner wurde gegen die Herausgabe umfangreicher Unterlagen aufgrund Auskunftsersuchens argumentiert, dieses könnte nicht Gegenstand einer Analogie zur erzwingbaren Zeugenvernehmung sein, da ein Zeuge z. B. nicht in der Lage sei, aus dem Gedächtnis Kontobewegungen zu zitieren oder gar ganze Monatsausweise bzw. Kontoverdichtungen über mehrere Monate zu memorieren und wiederzugeben.

In der Praxis hat sich das Auskunftsersuchen dennoch als geeignete und rechtlich zulässige Maßnahme in einfach gelagerten Fällen etabliert, in denen mit einer freiwilligen Herausgabe der Dokumente (im Sinne des § 95 StPO) zur Vermeidung von umfangreichen Zeugenvorladungen zu rechnen ist. Für die betroffenen Institute, deren soeben aufgezeigte Argumente vielfach aus dem Datenschutz und dem Bankgeheimnis abgeleitet waren, stellt das staatsanwaltliche Auskunftsersuchen und damit die Vermeidung aufwändiger Termine zur Vernehmung, zu denen die Mitarbeiter erscheinen müssten, einen zulässigen Akt der Wahrung berechtigter Interessen im Sinne des § 28 BDSG dar, zumal auch die Vollstreckung eines richterlichen Durchsuchungs- und Beschlagnahmebeschlusses den ungleich gewichtigeren Eingriff in die Abläufe des Instituts darstellen würde, der durch die freiwillige Herausgabe vermieden werden kann.

Zu betonen ist aber, dass das Auskunftsersuchen von der Staatsanwaltschaft ergehen muss, da nur sie die Zeugenvorladung mit Zwangsmitteln durchsetzen könnte. Einem polizeilichen Auskunftsersuchen ohne Einschaltung der Staatsanwaltschaft, wie es sich teilweise im Rahmen der Zusammenarbeit in der Geldwäschebekämpfung entwickelt hat, sollte von Seiten der Institute nicht Vorschub geleistet werden. Es stellt keine ausreichende Rechtsgrundlage für die Offenbarung von Kundendaten dar, da die Polizei Zeugenvorladungen auch nicht mit Zwangsmitteln durchsetzen könnte. Insofern fehlt es an einem geeigneten rechtlichen Anknüpfungspunkt für die Anerkennung eines polizeilichen Auskunftsersuchens. Dieser Grundsatz sollte auch Beachtung finden, wenn das Institut zuvor selbst Strafanzeige erstattet hat und von Seiten der Ermittlungsbehörden Ergänzungen hierzu angefragt werden.

Bei der Bearbeitung von Auskunftsersuchen sollte im Institut sichergestellt werden, dass sowohl der Geldwäschebeauftragte als auch die zentrale Stelle zur Kriminalitätsbekämpfung Kopien aller Auskunftsersuchen übermittelt bekommen, um Feststellungen treffen zu können, ob aus dem Sachverhalt Hinweise zu ersehen sind, die eigenständige Untersuchungshandlungen im Institut erforderlich machen. Auskunftsersuchen sind insoweit eine wichtige Quelle für die Verdachtsgewinnung.

5. Schadenersatz: Asset Recovery

Neben der Entscheidung über die Frage, ob Strafanzeige erstattet werden soll, ist die wichtigste Entscheidung bei der Feststellung eines Schadens die Frage, ob und gegen wen Schadensersatzansprüche entstanden sind und wie diese durchgesetzt werden können. Die Neufassung von § 25h KWG gibt dem Anwender zu dieser Thematik keinerlei Hinweise und unterschlägt deren Wichtigkeit im Hinblick auf den engen Fokus der Strafanzeigenerstattung.

Es ist, wie bereits dargestellt, jedoch Pflicht des Vorstandes und der Geschäftsleitung, nicht nur Schäden vom Institut abzuwenden (Risikomanagement, Prävention), sondern in diesem Sinne auch der Perpetuierung eines Schadens entgegen zu treten, indem alle zureichenden Maßnahmen zur Schadenswiedergutmachung ergriffen werden.

Auch wenn die Staatsanwaltschaft nach Erstattung einer Strafanzeige Maßnahmen der Rückgewinnungshilfe ergreift, also aus der Straftat erlangte Werte beim Täter sicherstellt, muss das betroffene Unternehmen selbst aktiv am Wiedergutmachungsprozess teilnehmen. Es muss einen Titel gegen den oder die Schädiger erwirken, auf dessen Grundlage die Staatsanwaltschaft später die bei den Tätern sichergestellten Taterlöse an das geschädigte Institut auskehren kann. Hierbei ist zu berücksichtigen, dass bei einer Mehrzahl von Geschädigten diese nicht nach einer Quote befriedigt werden, sondern derjenige Schadenersatz erlangt, der seine Ansprüche zuerst in der strafprozessual richtigen Form bei der Staatsanwaltschaft anmeldet und das Auskehrungsverfahren betreibt. Ohne vollstreckungsfähigen Titel des Geschädigten kann die Staatsanwaltschaft nichts auszahlen.

Findet Rückgewinnungshilfe nicht statt oder führt sie nicht zum Erfolg, so ist unabhängig davon dennoch zu prüfen, welche zivilrechtlichen Handlungsmöglichkeiten zur Wiedererlangung der Verluste bestehen.

Über das Ausbringen von Arresten in das Tätervermögen ist ebenso nachzudenken wie über die streitige Geltendmachung von Schadenersatz vor Gericht. Zum Schaden zählen in diesen Fällen nicht nur die vom Täter veruntreuten oder durch Betrug erlangten Vermögenswerte, sondern regelmäßig auch Folgekosten wie die Ermittlungskosten, Rechtsverfolgungskosten und mögliche Kosten aufsichtsrechtlicher Maßnahmen, die durch die Tat adäquat kausal ausgelöst wurden.

Ein Verzicht auf Rechtsverfolgung ist dem Vorstand des Instituts (oder dem Aufsichtsrat, wenn der Schädiger ein ehemaliger Vorstand sein sollte) nicht ohne Weiteres möglich: Vorstände, die vorschnell darauf verzichten, möglichen Schadensersatz beizutreiben, können sich selbst einer Untreue gegenüber dem Unternehmen strafbar machen. Mithin hat die Abwägung, ob es sich

„lohnt", zivilrechtlich gegen den Täter vorzugehen, auf einer umfassenden Tatsachenbasis stattzufinden und neben der Erfolgswahrscheinlichkeit eines Schadensersatzprozesses, der Vollstreckbarkeit eines erstrittenen Titels und den dafür entstehenden Rechtsverfolgungskosten und sonstigen Aufwänden auch außerrechtliche Einflüsse, wie z. B. die Reputation des Unternehmens, die voraussichtliche Verfahrensdauer und ähnliche Komponenten in Erwägung zu ziehen.

Der Abwägungsvorgang ist nicht nur ähnlich komplex wie jener zur Erstattung oder Nichterstattung einer Strafanzeige. Beide Abwägungsvorgänge müssen vielmehr miteinander kombiniert und in Übereinstimmung gebracht werden. Das richtige Timing von zivilrechtlichen Maßnahmen, z. B. der Zustellung eines Arrests, und strafprozessualen Maßnahmen ist ausschlaggebend für Erfolg oder Misserfolg des gesamten Maßnahmenpakets. Ohne hinreichende Verfahrensplanung drohen auch hier Maßnahmen ins Leere zu laufen.

Handelt es sich bei dem Täter um einen ehemaligen Mitarbeiter des Instituts, sind auch die arbeitsrechtlichen Auswirkungen zu bedenken. Schadenersatz muss teilweise vor den Arbeitsgerichten geltend gemacht werden; für Kündigungen bestehen enge Fristen und erheblicher Begründungszwang.

Die zivilrechtliche Folgenbeseitigung nimmt mithin in der Fallbearbeitung mindestens einen ebenso breiten Raum ein wie die Erstattung einer Strafanzeige. Darauf muss die Organisation vorbereitet sein und ausgerichtet werden.

Literaturverzeichnis

Ackermann, Rolf/Clages, Horst/Roll, Holger (2011): Handbuch der Kriminalistik.

Aldenhoff, Hans-Hermann (2009): BGH verschärft strafrechtliche Haftung der Compliance Officer, in: GmbH-Report, 2009, S. 369.

Anderson, Geraint (2008): Cityboy.

Artkämper, Heiko/Schilling, Karsten (2012): Vernehmungen – Taktik, Psychologie, Recht.

Auerbach, Dirk/Vitzthum, Stephan A. (2005): Prüfung der Anti-Geldwäsche-Organisation international tätiger deutscher Kreditinstitute durch den Jahresabschlussprüfer, in: Die Wirtschaftsprüfung, 2005, S. 957.

Banke, Bernd (2005): Wirtschaftsethik, Einführung in die Theorien der Ethik, Studienheft der Europäischen Fernhochschule, Hamburg.

Banke, Bernd (2005): Wirtschaftsethik, Wirtschaftsethik in der Praxis, Studienheft der Europäischen Fernhochschule, Hamburg.

Bannenberg, Britta/Schaupensteiner, Wolfgang (2007): Korruption in Deutschland, 3. Auflage.

Bay, Karl-Christian/Hastenrath, Katharina (2014): Compliance Management Systeme.

Becker, Axel/Berndt, Michael/Klein, Jochen (Hrsg.), (2009): Kreditbetrug: Früherkennung und Prävention.

Beckschulze, Martin/Henkel, Wolfram (2001): Der Einfluss des Internets auf das Arbeitsrecht, in: Der Betrieb, 2001, S. 1491.

Boos, Karl-Heinz/Fischer, Reinfrid/Schulte-Mattler, Herrmann (2012): Kreditwesengesetz, Kommentar, 4. Auflage.

Budras, Corinna (2010): Verhängnisvolle Datensammlung, in: FAZ vom 01. 04.2010, Nr. 77, S. 20.

Bundeskriminalamt (Hrsg.) (2013): Zentralstelle für Verdachtsmeldungen – Jahresbericht 2013 für Deutschland.

Bundesverband deutscher Banken/Institute Risk & Fraud Management (Hrsg.), (2008): Leitfaden zur Erstellung einer institutsinternen Risikoanalyse.

Bundesverband öffentlicher Banken Deutschlands (Hrsg.), Boos, Karl-Heinz/ Achtelik, Olaf (2005): Leitfaden zur Erstellung der Gefährdungsanalyse nach § 25a Abs. 1 S. 3 Nr. 6 KWG.

Bundesverband öffentlicher Banken Deutschlands (Hrsg.), Boos, Karl-Heinz/ Achtelik, Olaf (2008): Betrugsbekämpfung – Leitfaden zur Erstellung der Gefährdungsanalyse zur Verhinderung betrügerischer Handlungen zulasten des Instituts nach § 25c KWG-E.

Bundesverband öffentlicher Banken Deutschlands (Hrsg.), Boos, Karl-Heinz u.a. (2010): Prävention und Bekämpfung von betrügerischen Handlungen / Wirtschaftskriminalität – Leitfaden zur praxisorientierten Einführung in die Gefährdungsanalyse und Maßnahmen.

Dann, Matthias/Gastell, Roland (2008): Geheime Mitarbeiterkontrollen: Straf- und aufsichtsrechtliche Risiken bei Unternehmensinterner Aufklärung, in: NJW, 2008, S. 2945.

Dann, Matthias/Schmidt, Kerstin (2009): Im Würgegriff der SEC? – Mitarbeiterbefragungen und die Selbstbelastungsfreiheit, in: NJW, 2009, S. 1851.

Deutsch, Markus/Diller, Martin (2009): Die geplante Neuregelung des Arbeitnehmerdatenschutzes in § 32 BDSG, in: Der Betrieb, 2009, S. 1462.

Diller, Martin (2009): „Konten-Ausspäh-Skandal" bei der Deutschen Bahn: Wo ist das Problem?, in: Betriebs-Berater, 2009, S. 438.

Dreher, Meinrad (2009): Die BaFin geriert sich als Ersatzgesetzgeber, in: FAZ vom 17.09.2009.

Eckert, Jan (2013): Wettrüsten mit Strafverfolgungsbehörden, in: Unternehmensjurist 4/2013, S. 35.

El Samalouti, Peter (2008): Der risikobasierte Ansatz zur Bekämpfung der Terrorismusfinanzierung – Herausforderungen und Folgen für Banken und Finanzdienstleister, in: Risikoorientierte Geldwäschebekämpfung.

Fischer, Thomas (2015): Strafgesetzbuch und Nebengesetze, Kommentar, 62. Auflage.

Fisher, Kenneth (2009): How to Smell a Rat: The Five Signs of Financial Fraud.

Fritz, Hans-Joachim/Nolden, Dagmar (2010): Unterrichtungspflichten und Einsichtsrechte des Arbeitnehmers im Rahmen von unternehmensinternen Untersuchungen, in: CCZ, 2010, S. 170.

Früh, Andreas (2010): Legal & Compliance – Abgrenzung oder Annäherung (am Beispiel einer Bank), in: CCZ, 2010, S. 121.

Fuchs, Andreas (2009): Wertpapierhandelsgesetz (WpHG), Kommentar.

Gabriel, Wolfgang/Scherp, Dirk (2014): Basis-Seminar und Aufbau-Seminar zur Betrugsbekämpfung, Vortragsunterlagen der Akademie für Fortbildung Heidelberg.

Gola, Peter/Schomerus, Rudolf (2012): Bundesdatenschutzgesetz, Kommentar, 11. Auflage.

Göhler, Erich (2012): Ordnungswidrigkeitengesetz, Kommentar, 16. Auflage.

Gramke, Jürgen (Hrsg.), (2009): Kodex zur Abgrenzung von legaler Kundenpflege und Korruption, Arbeitskreis Corporate Compliance.

Gündel, Gerhard/Feiler, Harald (2014): Rechtsgrundlagen für Sonderuntersuchungen, in: Compliance-Berater, 2014, 78.

Gündel, Gerhard (2014): Handlungspflichten und Haftungsrisiken der Geschäftsführung im Zusammenhang mit Hinweisen auf Unregelmäßigkeiten und Regelverstöße, in: Compliance Berater, 2014, 397.

Haffner, Wolfgang (2002): Im Schatten der Derivate.

Hartung, Wilhelm/von Hehn, Paul (2010): Corporate Investigation, Independent Investigation, in: Wieland/Steinmeyer/Grüninger (Hrsg.) Handbuch Compliance Management.

Hauschka, Christoph (2010): Corporate Compliance – Handbuch der Haftungsvermeidung im Unternehmen, 2. Auflage.

Heck, Meinrad (2006): Der Flowtex-Skandal.

Herzog, Felix (1996): Der Banker als Fahnder? in: WM 1996, S. 1753.

Herzog, Felix (1999): Geldwäschebekämpfung - quo vadis? in: WM 1999, S. 1905.

Herzog, Felix (2014): Geldwäschegesetz, Kommentar, 2. Auflage.

Hesse, Martin (2014): Kultur des Wegsehens, in: Der Spiegel 2/2014, S. 61.

Hetzer, Wolfgang (2014): Ist die Deutsche Bank eine kriminelle Vereinigung?, in: Die Kriminalpolizei 2014, S. 26.

Hohnel, Andreas (Hrsg.), (2013): Kapitalmarktstrafrecht, Kommentar.

Jacob, Alexander (2010): Das Ganze ist mehr als die Summe seiner Teile – Eine praxisorientierte Anwendung des „Ampel-Kodex“ im Kontext von Einladungen und Geschenken, in: CCZ, 2010, S. 61.

Jahn, Matthias (2009): Ermittlungen in Sachen Siemens/SEC, in: Strafverteidiger, 2009, S. 41.

Jauernig, Othmar (Hrsg.), (2009): Bürgerliches Gesetzbuch, Kommentar, 13. Auflage.

Kark, Andreas (2013): Compliance Risikomanagement.

Kaup/Schäfer/Band/Zawilla (Hrsg.), (2005): Unregelmäßigkeiten im Kreditgeschäft.

Käppel-Schäfer, Beate/Schäfer, Dieter (2008): Gefährdungsanalyse als Basis für die Implementierung von Geldwäschepräventionsmaßnahmen, in: Risikoorientierte Geldwäschebekämpfung.

Kirchhof, Paul (2002): Gesetzgebung braucht Form und Stil, in: FAZ, vom 04.09.2002.

Klindt/Pelz/Theusinger (2010): Compliance im Spiegel der Rechtsprechung, in: NJW, 2010, S. 2385.

Knoll, Thomas/Kaven, Aram (2010): Compliance Risk Assessment: Einordnung und Abgrenzung, in: Wieland/Steinmeyer/Grüninger (Hrsg.) Handbuch Compliance Management.

Kovacich, Gerald (2008): Fighting Fraud.

Krämer, Lutz (2014): Die Bafin will mit hohen Bußgeldern Zähne zeigen. in: FAZ vom 08.01.2014.

Krause, Hartmut (2014) : Kapitalmarktrechtliche Compliance: neue Pflichten und drastisch verschärfte Sanktionen nach der EU-Marktmissbrauchsverordnung, in: CCZ, 2014, S. 248.

Krekeler, Wilhelm/Schütz, Thomas (1995): Die Durchsuchung von bzw. in Unternehmen, in: wistra, 1995, S. 296.

Kuthe/Rückert/Sickinger (2008): Compliance-Handbuch Kapitalmarktrecht, 2. Auflage.

Leyendecker, Hans (2007): Die große Gier.

Lilley, Peter (2006): Dirty Dealing, 3. Auflage.

Lützeler, Martin/Müller-Sartori, Patrick (2011): Die Befragung des Arbeitnehmers – Auskunftspflicht oder Zeugnisverweigerungsrecht?, in: CCZ, 2011, S. 19.

Meyer-Goßner, Lutz/Schmitt, Bertram (2014): Strafprozessordnung, Kommentar, 57. Auflage.

Moosmayer, Klaus (2011): Compliance: Praxisleitfaden für Unternehmen.

Moosmayer, Klaus u.a., (2012): Interne Untersuchungen: Praxisleitfaden für Unternehmen.

Müller, Leo (2009): Die Spur des Verführers, in: Kapital, 12/2009, S. 131.

Müller, Christof (1992): Geldwäsche.

Oberhuber, Nadine (2010): Der Fluch der Karibik, in: FAZ vom 14.02.2010.

Park, Tido (Hrsg.), (2008): Kapitalmarktstrafrecht, 2. Auflage.

Peek, Thomas/Rode, Matthias (Deloitte) (Hrsg.), (2010): Compliance im Wandel.

PriceWaterhouseCoopers/Martin-Luther-Universität, Halle-Wittenberg (Hrsg.), (2010): Compliance und Unternehmenskultur zur aktuellen Situation in deutschen Großunternehmen.

PriceWaterhouseCoopers/Martin-Luther-Universität, Halle-Wittenberg (Hrsg.), (2013): Wirtschaftskriminalität und Unternehmenskultur.

Rengier, Rudolf (1981): Praktische Fragen bei Durchsuchungen, insbesondere in Wirtschaftsstrafsachen, in: NStZ, 1981, S. 372.

Renz, Hartmut/Hense, Dirk (Hrsg.), (2010): Wertpapier-Compliance in der Praxis – eine Kommentierung aktueller Rechtspflichten.

Roth, Jürgen (2007): Der Deutschland Clan, 2. Auflage.

Rudkowski, Lena (2011): Die Aufklärung von Compliance-Verstößen durch „Interviews", in: NZA, 2011, 612.

Scherp, Dirk (2010): Geldwäschebekämpfung außerhalb des Finanzsektors, in: Kriminalistik, 2010, S. 282.

Scherp, Dirk (2003): Gesetze gegen die Geldwäsche und gegen die Finanzierung des Terrorismus – eine stille Verfassungsreform?, in: WM, 2003, S. 1254.

Scherp, Dirk/Stief, Alexander (2009): Compliance – Sonderuntersuchungen in Banken und der Datenschutz, in: BKR, 10/2009, S. 404.

Scherp, Dirk/Schmitt, Susanne (2008): Arbeitsauftrag: Geldwäscheverhinderung, 3. Auflage.

Scherp, Dirk/Feiler, Harald (2013): Die Vierte EU-Geldwäscherichtlinie – Weitere geldwäscherechtliche Pflichten für Bereiche außerhalb des Finanzsektors, in: Compliance-Berater, 8/2013 vom 04.11.2013, S. 316.

Scherp, Dirk (2013): Compliance und Wirtschaftskriminalität, in: Compliance-Berater, 4/2013 vom 08.07.2013, S. 168.

Schneider, Hendrik (2007): Das Leipziger Verlaufsmodell wirtschaftskriminellen Handelns, in: NStZ, 2007, S. 555.

Schneider, Hendrik/John, Dieter (2009): Der Wirtschaftsstraftäter in seinen sozialen Bezügen, (Hrsg. Rölfs WP Partner AG).

Schneider, Hendrik/John, Dieter (2013): Das Unternehmen als Opfer von Wirtschaftskriminalität, (Hrsg. Rölfs RP AG).

Schröder, Christian (2015): Handbuch Kapitalmarktstrafrecht, 3. Auflage.

Schürrle, Thomas/Olbers, Lucie Anne Mary (2010): Praktische Hinweise zu Rechtsfragen bei eigenen Untersuchungen im Unternehmen, in: CCZ, 2010, S. 178.

Schwennicke, Andreas/Auerbach, Dirk (2013): Kreditwesengesetz – Kommentar.

Thüsing, Gregor (2014): Beschäftigungsdatenschutz und Compliance, 2. Auflage.

Thum, Rainer/Szczesny, Christian (2007): Background Checks im Einstellungsverfahren: Zulässigkeit und Risiken für Arbeitgeber, in: Betriebs-Berater, 2007, S. 2405.

Transparency International Deutschland e. V. (Hrsg.), (2007): Checkliste für „Self-Audits" zur Korruptionsprävention in Unternehmen.

Vona, Leonard (2008): Fraud Risk Assessment.

von Rosen, Rüdiger/Deutsches Aktieninstitut (Hrsg.), (2010): Internal Investigations bei Compliance-Verstößen, in: Studien des Deutschen Aktieninstituts, Heft 48, 08/2010.

Vortmann, Jürgen (2012): Aufklärungs- und Beratungspflichten der Banken, 10. Auflage.

Walter, Norbert (2009): Marktwirtschaft, Ethik und Moral.

Wastl/Litzka/Pusch (2009): SEC-Ermittlungen in Deutschland – Eine Umgehung rechtsstaatlicher Mindeststandards!, in: NStZ, 2009, S. 68.

Wehnert, Anne (2009): Die US-amerikanischen Richtlinien zur Strafverfolgung von Unternehmen – Ein importiertes Schrecknis auf dem Rückmarsch, in: NJW, 2009, S. 1190.

Wellhöfer/Peltzer/Müller (2008): Die Haftung von Vorstand Aufsichtsrat Wirtschaftsprüfer mit GmbH-Geschäftsführer.

Wieland, Josef (2010): Compliance Management als Corporate Governance – Konzeptionelle Grundlagen und Erfolgsfaktoren, in: Wieland/Steinmeyer/Grüninger (Hrsg.) Handbuch Compliance-Management.

Wieland, Josef (2010): Psychologie der Compliance – Motivation, Wahrnehmung und Legitimation von Wirtschaftskriminalität, in: Wieland/Steinmeyer/Grüninger (Hrsg.) Handbuch Compliance-Management.

Wolf, Thomas/Mulert, Gerrit (2008): Die Zulässigkeit der Überwachung von E-Mail-Korrespondenz am Arbeitsplatz, in: Betriebs-Berater, 2008, S. 442.

Wybitul, Tim (2009): Strafbarkeitsrisiken für Compliance-Verantwortliche, in: Betriebs-Berater, 2009, S. 2590.

Wybitul, Tim (2009): Interne Ermittlungen auf Aufforderung von US-Behörden – ein Erfahrungsbericht, in: Betriebs-Berater, 2009, S. 606.

Wybitul, Tim (2014): Handbuch Datenschutz im Unternehmen, 2. Auflage 2014.

Wybitul, Tim (2014): E-Mail-Auswertung in der betrieblichen Praxis – Handlungsempfehlungen für Unternehmen, in: NJW, 2014, 3605.

Zawilla, Peter (2008): Bekämpfung betrügerischer Handlungen in: Risikoorientierte Geldwäschebekämpfung.

Zawilla, Peter (2008): Korruptionsbekämpfung, in: Risikoorientierte Geldwäschebekämpfung.

Zeidler, Simon-Alexander (2014): Irrungen und Wirrungen – Die unzulängliche staatliche Regulierung im Geldwäscherecht, in: CCZ, 2014, S. 105.

Stichwortverzeichnis